PM BOK 第7版

実践活用術

最新プロジェクトマネジメントのすべて

ACTIVITY / ADAPTIVE LIFE CYCLE / AGILE LIFE CYCLE / BACKLOG / BAC / BASELINE / CONTROL SCOPE / CRITICAL PATH / EVM / ITERATION / MILESTONE / MONITORING / PORTFOLIO MANAGEMENT / PRODUCT LIFE CYCLE / PROJECT CHARTER / RACI CHART / SCHEDULE / STAKEHOLDER / TAILORING / WBS

中谷公巳
HIROMI NAKATANI

日本能率協会マネジメントセンター

まえがき

　私たちは連続する大規模な変動の時代に生きています。持続可能性が危ぶまれる地球環境、未知の病原体や感染症の蔓延、想像を超えた自然災害、AIや人工知能の普及・発展による人間の知の台頭といった出来事が、ビジネスと社会の構造を根底から変えています。

　プロジェクトは、厳しい条件のもとでも、顕著な成果をあげる個人の努力や、夢を実現する手段として動き出します。

　私たちは組織や文化に深刻な影響を与える前例のない変革を目撃していますが、もしも現在のプロジェクトの成功率をより一層高めることができれば、組織や社会にどれほどの利益がもたらされるか想像してみてください。即座にその利益を得ることができる可能性が高まるとしたら社会、環境、教育にどれだけの価値をもたらすでしょうか。

　プロジェクトベースの仕事は変革と進化を加速させ、社会全体に刺激を与え、科学と文化の領域を拡げ、また、それぞれを交差させることで、大きな成果をもたらします。物事のあり方や進め方を超えて、長年にわたる科学的および文化的な限界をさらに超えるよう促します。

　プロジェクトは、価値を創造するための不可欠なモデルとなっていることは間違いありません。

　さらに、前人未到で魅力的なプロジェクトは仕事に意味を与えることができます。行動科学や社会科学の視点からは、プロジェクトでの作業や協力はチームメンバーにとって強い動機付けやインスピレーションを与えることがあるとされます。プロジェクトが高い志や野心的な目標、明確な締め切りを持っていると、そこに携わる人たちはそれを他のどんなことよりもはっきりと記憶する傾向があります。

そして、最も誇りに思う瞬間は、そうした人たちが取り組んだプロジェクトに対するものです。それはもちろん、成功したものであることが多いですが、失敗したものも思い出深いものです。

　私は25年以上、数々のプロジェクトに直接関わり、そこで培った実践知に基づきプロジェクトマネジメントの最前線で課題と解決策に向き合い、多岐にわたる業界でプロジェクトの成功を支えてきました。
　また、プロジェクトマネジメントの国際支援団体の認定トレーナーとしてプロジェクト・マネジャーや実務家の育成に携わり、いくつかの教育・研究機関や専門家団体での活動と交流を通して、その知見を広めてきました。

　活動の焦点としているのは、成功するプロジェクトの実現です。成功の本質と失敗の理由を探求し、理解する活動を通じて、これまでも数々の成果を目の当たりにしてきました。
　一貫性を保ちながらもプロジェクトの特性や状況に応じた適切な調整、つまりはテーラリングを通して、どのようにしてプロジェクトの母体組織の独自のニーズに対応するかが重要であり、それがプロジェクト成功のカギとなります。
　このアプローチにより、プロジェクト・マネジャーやチームは、標準的なプロセスを自らの状況に合わせて最適化し、プロジェクトを通して、より良い成果を出すことができます。

　プロジェクトは世界を変えます。それらは不可能な夢を可能にします。危機管理、AIによる変革、多様性・公平性・包摂（DE&I）、持続可能な社会の実現等々——。
　これらの主張とトレンドが広がる中で、その機会と課題もまたプロジェクトによって解決されるでしょう。

本書の構成

　本書は、プロジェクトマネジメントに携わるすべての方々に向けて、その基礎知識や取り組み方を実践事例で解説し、『PMBOK® ガイド』に沿って活用できることを目的にしています。

　プロジェクトマネジメントに関わるすべての方々を読者に想定していることから、解説はできるだけわかりやすく、図や表を適宜添えながら、「プロジェクトマネジメントとは何か」を具体的に理解できるように努めました。

　そこで、序章では『PMBOK® ガイド』を概説し、続く第1章から実際のプロジェクトのプロセスに沿って進行するよう全体を構成しています。

　第1章は、「プロジェクト」「プロジェクトマネジメント」についての基本を解説します。

　第2章から第5章は、プロジェクトの立ち上げから実行および終結までのプロセスを実践例を交えながら解説していきます。

　ここでは、『PMBOK® ガイド』の姉妹書である『プロセス群：実務ガイド』から「5つのプロセス群と49のプロジェクトマネジメント・プロセス」を紹介しながら、プロジェクトの立ち上げから実行、終結のそれぞれのプロセスに対応した効率的かつ効果的なマネジメントを可能にするプロセス・アプローチを示します。

　ここまでで基本と実践の理解が得られたところで、第6章では企業変革やチェンジマネジメントを、そして第7章ではプロジェクトの品質について取り扱います。

　最終章となる第8章ではプロジェクト・マネジャーに求められるリーダーシップについて、あるべき姿や行動の要点を解説します。

以上の内容が具体的に理解いただけるよう、架空の商業用不動産開発会社「アスミ・プランニング」が手掛けるホープ半島の地域活性化プロジェクトの取り組みをケーススタディとして織り込みました。

　このように、本書はプロジェクトのプロセスや活動が事例などを使って実務プロセスに沿って理解できるように配慮し、それとともにプロジェクト・マネジャーやプロジェクト・チームがすべきことや想定される課題への取り組み方が現場感覚でわかる構成になっています。

　また、プロジェクトのタイプに応じて、プロジェクトの開始から完了までのプロジェクト・ライフサイクルについての進め方も紹介していることも本書の特徴の1つにあげることができます。

◎プロジェクトのタイプ別プロジェクト・ライフサイクルの例
- 商業施設の再開発等の建設プロジェクト
  →予測型開発アプローチのプロジェクト・ライフサイクルで進行
- 地域交通案内アプリの制作等のソフトウェア開発プロジェクト
  →適応型開発アプローチのプロジェクト・ライフサイクルで進行
- 地域コミュニティ活性化を図るイベントの企画、運営プロジェクト
  → 予測型と適応型のアプローチを併用したハイブリッドなプロジェクト・ライフサイクルで進行

　そしてこれらの解説は、『PMBOK® ガイド第7版』にある「プロジェクトマネジメント標準」の原理・原則、『PMBOK® ガイド』のパフォーマンス領域、『プロセス群：実務ガイド』で解説している5つのプロセス群と49のプロジェクトマネジメント・プロセスに準じているため、PMP試験の受験対策副読本にも使えることにも配慮しています。

　以上のように、本書では実務者の視点からプロジェクトマネジメントの知識やフレームワークを説明し、さまざまなプロジェクトマネジメント手法の活用術を紹介しています。

　読者の皆様にとって、現場で直面する問題解決の手助けとなることを願っています。

■ 5つのプロセス群とおよび49のプロジェクトマネジメント・プロセス

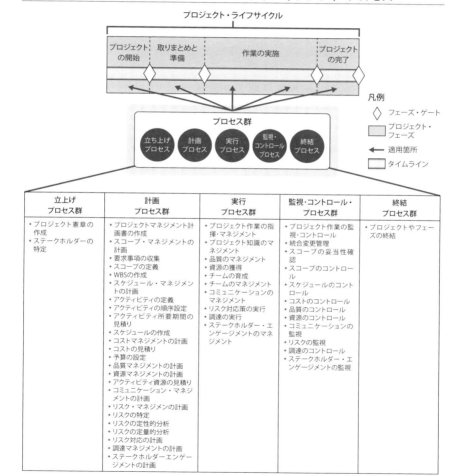

立上げ プロセス群	計画 プロセス群	実行 プロセス群	監視・コントロール・ プロセス群	終結 プロセス群
・プロジェクト憲章の作成 ・ステークホルダーの特定	・プロジェクトマネジメント計画書の作成 ・スコープ・マネジメントの計画 ・要求事項の収集 ・スコープの定義 ・WBSの作成 ・スケジュール・マネジメントの計画 ・アクティビティの定義 ・アクティビティの順序設定 ・アクティビティ所要期間の見積り ・スケジュールの作成 ・コストマネジメントの計画 ・コストの見積り ・予算の設定 ・品質マネジメントの計画 ・資源マネジメントの計画 ・アクティビティ資源の見積り ・コミュニケーション・マネジメントの計画 ・リスク・マネジメンの計画 ・リスクの特定 ・リスクの定性的分析 ・リスクの定量的分析 ・リスク対応の計画 ・調達マネジメントの計画 ・ステークホルダーエンゲージメントの計画	・プロジェクト作業の指揮・マネジメント ・プロジェクト知識のマネジメント ・品質のマネジメント ・資源の獲得 ・チームの育成 ・チームのマネジメント ・コミュニケーションのマネジメント ・リスク対応策の実行 ・調達の実行 ・ステークホルダー・エンゲージメントのマネジメント	・プロジェクト作業の監視・コントロール ・統合変更管理 ・スコープの妥当性確認 ・スコープのコントロール ・スケジュールのコントロール ・コストのコントロール ・品質のコントロール ・資源のコントロール ・コミュニケーションの監視 ・リスクの監視 ・調達のコントロール ・ステークホルダー・エンゲージメントの監視	・プロジェクトやフェーズの終結

INDEX

PMBOK 第 7 版実践活用術

第**2**章

プロジェクトを立ち上げる

第 **3** 章

プロジェクトを計画する

第 **4** 章

計画を具体化する

第**5**章

プロジェクトを実行する

第 6 章

プロジェクトとしての企業変革

第 **7** 章

プロジェクトにおける品質管理

第**8**章

プロジェクト・マネジャーのリーダーシップ

『PMBOK® ガイド』の概説

　1996年にPMIから発行された『PMBOK® ガイド』第1版は、その前身である1983年発行の『PMBOK®』を大幅に改訂したものです。

　その後のものと比べると簡潔な内容の第1版は、「倫理、標準、認証」に焦点を当て、プロジェクトマネジメントによる全体最適化のプロセス、知識エリア、および用語の枠組みを提供するものであり、後の版の基礎となりました。

　日本では1997年に日本語版第1版が登場すると、建設やエンジニアリング関連の大企業の活用が始まりました。その後、エンタープライズ分野のIT企業に広がり、現在ではシステム開発現場のプロジェクトマネジメントの教科書ともいうべき存在になっています。

　米国規格協会（ANSI）の規格である『PMBOK® ガイド』は4〜5年ごとに更新、再確認、廃止が行われてきています。

0-01 『PMBOK® ガイド第7版』の構成

　2021年7月に発行された日本語版『PMBOK® ガイド第7版』の正式名称は『プロジェクトマネジメント知識体系ガイド（PMBOK® ガイド）第7版＋プロジェクトマネジメント標準』です。その名称とは逆に、はじめに「プロジェクトマネジメント標準」が、その後に「PMBOK® ガイド」を解説する構成になっています。

　「プロジェクトマネジメント標準」は、プロジェクトマネジメントを理解するための基礎知識を提供し、プロジェクトが意図した成果をどのように達成するかを中心に解説されています。

　一方の「PMBOK® ガイド」は、プロジェクトの実務者のために、作業を最適化するためのフレームワークや考え方などの「モデル」、成果を出すために必要な「方法」、その過程で発生する文書などの「作成物」を紹介するものです。

　特に『PMBOK® ガイド第7版』では、プロジェクトの遂行目的が成果を出すことにとどまらず、創出した成果によって組織とそのステークホルダーに対して価値を実現するとしており、それは、プロジェクトが戦略的な事業活動の集合体である「価値実現システム」の一部として行われるという考え方に基づいています。

成果物だけでなく、プロジェクトの成果にも焦点

　「プロジェクトマネジメント標準」にある価値を生み出すための全体的なアプローチは、「PMBOK® ガイド」にも反映されています。これは、プロジェクトだけでなく、それを取り巻くポートフォリオやプログラムの管理にも注目し、全体としての価値を最大化することを意図しています。

これにより、単にプロジェクトを管理するだけでなく、より広範なビジネスプロセスやバリューチェーン（価値創造の連鎖）に焦点を当てることにつながります。

予測型・適応型・ハイブリッドの開発アプローチ

また『PMBOK®ガイド第7版』では、予測型、適応型、ハイブリッドなどの開発アプローチの全範囲を反映したことも特徴の1つです。これは業界によってプロジェクトの進め方が異なることへの対応といえるものです。

例えば、「アジャイル」や「スクラム」などの開発手法が多く導入しているソフトウェア開発業界では、柔軟性と迅速な変更への対応が重視され、短い開発サイクルでリリースし、リリース後も頻繁にアップデートする特性に合わせて「適応型（アジャイル型）開発アプローチ」の導入が一般的です。

一方、設計・建設・検査などの各プロセスを順序立てて進行する建設業界では、「予測型（ウォーターフォール型）開発アプローチ」が主流です。また、製造業では無駄を極限まで削減し、品質管理を重視するうえで「リーン生産方式」や「シックスシグマ」といった開発手法が導入されることがありますが、これは「ウォーターフォール型」と親和性があります。

ちなみにリーン生産方式はトヨタ生産方式を起源とする開発手法であり、その特徴は徹底したプロセス管理により無駄の最小化を実現することにあります。シックスシグマは製品を100万個作ったうちの不良を3～4個に抑える、つまり不良率を6σ（シックシシグマ＝100万分の3.4）以下に実現する品質管理の考え方です。

このように開発アプローチは業界特性に応じて選択するということで

図 0-1 開発プロジェクトのさまざまなアプローチのイメージ

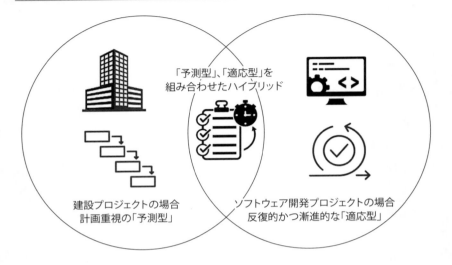

すが、現在では次の3つが主流と言えます。

- **予測型**：上流工程から下流工程へと開発プロセスを計画的に進める方式（ウォーターフォール型）
- **適応型**：柔軟で迅速な変更に対応できるよう、反復的で漸進的な「イテレーション」などの手法を活用する方式（アジャイル型）
- **ハイブリッド**：予測型（ウォーターフォール型）と適応型（アジャイル型）の双方を取り入れた方式

開発アプローチとプロセス群に対する「テーラリング」

『PMBOK® ガイド』では、プロジェクトマネジメントのアプローチを各プロジェクトとその状況の独自性に合わせてテーラリングすることを重視しています。

テーラリング（Tailoring）の原義は、「洋服の仕立て方」「仕立業」で

す。洋服の仕立てでは着る人の体型に合わせてサイズを調整していきますが、プロジェクトマネジメントではそのアプローチ、プロセス、ツール、技法、成果物などを、個々のプロジェクトの状況に応じて、適切な組み合わせを決定し、実用的な形に調整することです。つまり、プロジェクトごとの特性を踏まえて、「仕立てる」ということになります。

なお、『PMBOK®ガイド』では「テーラリング」のために1章を設けて、詳細に解説しています。

ツールと技法を拡張した「モデル・方法・作成物」

『PMBOK®ガイド』では、プロジェクトマネジメントの実務に有効活用できるよう、作業を最適化するためのフレームワークや考え方などの「モデル」、成果を出すために必要な「方法」、その過程で発生する文書などの「作成物」を多数紹介しています。これは、プロジェクトごとの特性に応じてツールや技法が選択できることへの対応だといえます。

これらのツールや技法は、『PMBOK®ガイド』の姉妹書であり、プロセス・アプローチを踏まえた実践的なガイド『プロセス群：実務ガイド』を補完するものです。プロセス・アプローチとは、目標達成のために行う活動をプロセスとして明らかにし、それら活動を相互に関連させながら運用することです。これによりプロジェクト・チームはプロジェクトに最適な方法やツールが選択しやすくなり、柔軟に適用することができるようになっています。

現場適用に活かせるようコンテンツをPMIstandards＋に統合

PMIstandards＋とは、現在の、新たに出現しつつある、そして将来の実務慣行、方法、作成物、およびその他の有用な情報を統合する対話型のデジタル・コンテンツによるプラットフォームです。このデジタ

図 0-2 『PMBOK ガイド第 7 版』の構成

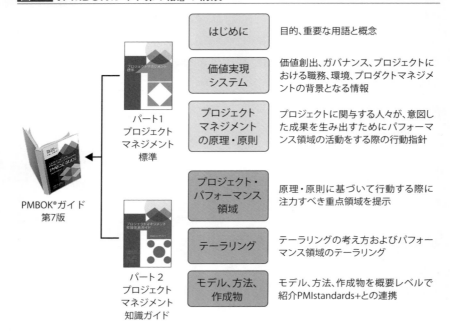

ル・コンテンツは、特定の実務慣行、方法、または作成物が、業界、プロジェクトの形態、またはその他の特性に基づいて、どのようにプロジェクトに適用されるかなど、プロジェクトマネジメントの継続的な進化を支援する新たな知見を紹介しています。

『PMBOK® ガイド』と実務ガイド群

　プロジェクトが単なるタスクの完了にとどまらず、それらのタスクがどのような意味を持ち、最終的にどのような価値を提供するかを考えます。例えば、新商品開発のプロジェクトでは、商品の完成だけでなく、市場の反応や顧客のニーズに応えているかが重要です。

　このように価値の提供に注目すると、成果物を提供する「プロセス指

向とは何か？」の基準だけでは不十分で、原理・原則に基づくコンセプトを示した基準が包括的で有益な指針となります。

そのため、「コンセプト指向とは何か？」の第7版ではプロセス指向の第6版のアプローチとの整合性を保ちながら、さらなる改良が施されています。

なお、プロセス指向とは手順や段階を重視するアプローチであり、コンセプト指向とはアイデアや概念を中心に据えるアプローチのことです。

多くの実務者や組織が、プロジェクトを成功させるためにプロセス・アプローチが役立つと評価していることはその1つです。

第7版の発行に伴い、プロセス・アプローチを扱う第6版の内容は『プロセス群：実務ガイド』に継承されています。インプット、ツールと技法、アウトプットをはじめプロジェクトマネジメントの継続的な進化を支援する新たな知見や取り組み、および、理論を実践にどう活かすかを具体的に示しています。特定の産業やプロジェクトにも焦点を当てており、実践的な選択肢やアドバイスが示されています。

なお、PMI提供の実践ガイドには他に次のものがあります。

- Managing Change Organizations A practice Guide
  （日本語版『組織のチェンジマネジメント実務ガイド』）
- Business Analysis for Practitioners A practice Guide
  （日本語版『実務者のためのビジネスアナリシス実務ガイド』）
- Agile Practice Guide
  （日本語版『アジャイル実務ガイド』）
- Navigating Complexity A practice Guide
  （「複雑さの舵取り実務ガイド」未邦訳）
- Governance of Portfolios, Programs, and Projects A practice Guide
  （「ポートフォリオ、プログラム、プロジェクトの統制管理実務ガイド」未邦訳）

- Requirements Management A Practice Guide
  （「要求管理実務ガイド」 未邦訳）
- Benefits Realization Management A practice Guide
  （「ベネフィット・リアライゼーション・マネジメント実務ガイド」 未邦訳）

　これらは、PMIstandards+ デジタル・コンテンツ・プラットフォームと連携し、さまざまな補足情報とともに公開されています。

図 0-3 『PMBOK® ガイド第 7 版』の全体構成

プロセス群：実務ガイド
■ はじめに
■ プロジェクト環境
■ プロジェクト・マネジャーの役割
■ 立上げプロセス群
■ 計画プロセス群
■ 実行プロセス群
■ 監視・コントロール・プロセス群
■ 終結プロセス群
■ インプットとアウトプット
■ ツールと技法
付属文書、用語集、索引

PMBOK® ガイド - 第7版
プロジェクトマネジメント標準：
■ はじめに
■ 価値実現システム
■ プロジェクトマネジメントの原理・原則
・スチュワードシップ　・テーラリング
・チーム　・品質
・ステークホルダー　・複雑さ
・価値　・リスク
・システム思考　・適応力と回復力
・リーダーシップ　・チェンジ
プロジェクトマネジメント知識体系ガイド：
■ プロジェクト・パフォーマンス領域：
・ステークホルダー　・計画
・チーム　・プロジェクト作業
・開発アプローチと　・デリバリー
ライフサイクル　・測定
・不確かさ
■ テーラリング
■ モデル、方法、作成物
付属文書、用語集、索引

PMI standards+ デジタルコンテンツプラットフォーム
・このプラットフォームは、「モデル、方法、作成物」の項を介して PMBOK® ガイドにリンクされており、その内容をさらに拡大している
・プラットフォームには、すべての PMI 標準の内容とプラットフォーム専用に開発された内容が組み込まれている
・内容は、新たな実務慣行を含め、実際の実務慣行の 「ハウツー」を反映している

0-02 プロジェクトマネジメントの 12の原理・原則

　『PMBOK® ガイド』に収録されている「プロジェクトマネジメント標準」では、プロジェクトマネジメントの原理・原則を提示しています。原理・原則は指針を提供するにとどまり、適用の度合いや方法は、組織やプロジェクト、成果物、プロジェクト・チーム、ステークホルダー、その他の要素や状況により異なります。

　また、プロジェクトマネジメントの原理・原則は、プロジェクトでは多少なりとも定常業務とは実施方法において異なる部分もありますが、「価値の実現」という点においては一般的なマネジメントの原理・原則と同様です。

　なお、『PMBOK® ガイド』におけるプロジェクトマネジメントの12の原理・原則は以下のとおりです。

■ プロジェクトマネジメントの12の原理・原則

❶スチュワードシップ	勤勉で、敬意を払い、面倒見の良いスチュワードである
❷チーム	協働的なプロジェクト・チーム環境を構築する
❸ステークホルダー	ステークホルダーと効果的に関わる
❹価値	価値に焦点を当てる
❺システム思考	システムの相互作用を認識し、評価し、対応する
❻リーダーシップ	リーダーシップを示す
❼テーラリング	状況に基づいてテーラリングする
❽品質	プロセスと成果物に品質を組み込む
❾複雑さ	複雑さに対処する
❿リスク	リスク対応を最適化する
⓫適応力と回復力	適応力と回復力を持つ
⓬チェンジ	想定した将来の状態を達成するために変革できるようにする

0-03 プロジェクトの成果に影響を与える 8つの要素

　プロジェクトの目標を達成するために取り組むべき活動がまとめられたのが「パフォーマンス領域」です。これはプロジェクトを成功させるために必要なポイントであり、『PMBOK® ガイド』では「ステークホルダー」「チーム」「開発アプローチとライフサイクル」「計画」「プロジェクト作業」「デリバリー」「測定」「不確かさ」の8つを示しています。

　これらは、プロジェクトの成果をステークホルダーに提供するために不可欠なものであり、相互に関連し合う活動です。この8つのポイントに依拠することで、プロジェクト・チームは最終ゴールに向けて何に取り組むべきかが具体的にイメージできるようになります。。

1. **ステークホルダー**：ステークホルダーとの関係性を具体的に考えるための目安。
2. **チーム**：チームの経験値や能力などを鑑みて、最高のパフォーマンスを発揮するためにはチームをどのようにマネジメントしていくかを考えるための目安。
3. **開発アプローチとライフサイクル**：予測型や適応型などの開発アプローチを選択する際の目安。
4. **計画**：プロジェクトの立ち上げから完了までのプロセスに必要なことを考える目安。
5. **プロジェクト作業**：プロジェクトを成功裡に完了させるためにその実行プロセスの中でステイクホルダーとのコミュニケーションの取り方や資源の管理などの作業が滞りなく進められるように留意すべきことは何かを考える目安。
6. **デリバリー**：プロジェクトの達成に向けて、スコープにおける作業範囲や活動範囲とともにその品質管理をどうしていくかを考えながら、成果

図 0-4 12の原理・原則と8つのパフォーマンス領域

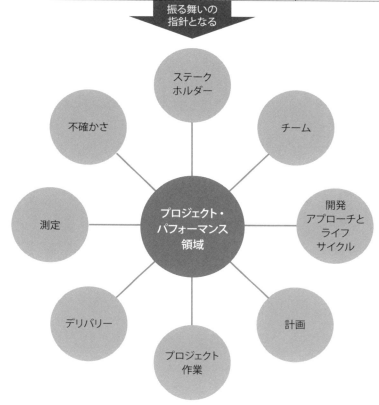

プロジェクトマネジメントの原理・原則			
勤勉で、敬意を払い、面倒見の良いスチュワードである	協働的なプロジェクト・チーム環境を構築する	ステークホルダーと効果的に関わる	価値に焦点を当てる
システムの相互作用を認識し、評価し、対応する	リーダーシップを示す	状況に基づいてテーラリングする	プロセスと成果物に品質を組み込む
複雑さに対処する	リスク対応を最適化する	適応力と回復力を持つ	想定した将来の状態を達成するために変革できるようにする

振る舞いの指針となる

- ステークホルダー
- チーム
- 不確かさ
- 開発アプローチとライフサイクル
- プロジェクト・パフォーマンス領域
- 測定
- 計画
- デリバリー
- プロジェクト作業

出所：『PMBOK®ガイド第7版』から引用した図を一部加工

を提供する（デリバリーする）対象であるクライアントなどに満足がいくような方法をどうするかも考えるための目安。

7. **測定**：上記のパフォーマンス領域を評価しながら、適切な行動は何かを考えるための目安。

8. **不確かさ**：予期せぬ事態などのリスクと不確実さなどを勘案し、期待される成果を出すためにそれらにどのように対処すればよいかを考える目安。

プロジェクト、そして
プロジェクトマネジメントとは

　プロジェクトとは何か、それが通常の業務とどう異なるのか、プロジェクトの基本的な概念とその種類を明確にすることで、プロジェクトと通常業務の違いはより明らかになります。

　第1章では、プロジェクトマネジメントの要点を押さえ、プロジェクト・マネジャーの役割と成功のカギとなるプロジェクトの資源について説明します。

　また、プロジェクトを進める2つの代表的な手法である

・予測型（ウォーターフォール型）

・適応型（アジャイル型）

について、それぞれの手法がプロジェクトの成功にどのように有用かを見ていきます。

1-01 プロジェクトとは

　プロジェクトとは、「**目標や期日に到達した時点で終了する新しい取り組み**」のことです。

　それは特有なものであるとともに一時的なものであり、例えば商業施設の企画や設計・施工、地域交通案内アプリの制作など、形のある製品を生み出す場合もあれば、地域コミュニティの活性化による住民満足度の向上など、形のない成果を目的にする場合もあります。

　プロジェクトマネジメントの国際標準である『PMBOK® ガイド 第7版』では、プロジェクトを次のように定義しています。

　「プロジェクト独自のプロダクト、サービス、所産を創造するために実施される有期性のある業務。プロジェクトの有期性とは、プロジェクト作業やプロジェクト作業のフェーズに明確な始まりと終わりがあることを示している。プロジェクトは単独で実行されることもあるし、プログラムやポートフォリオの一部として実行されることもある。」

　この定義にある「所産」「プログラム」「ポートフォリオ」の『PMBOK® ガイド 第7版』における用語説明は次のとおりです。

所産

　プロジェクト活動から生み出されるもの、プロジェクトの成果や成果物のこと。

　『PMBOK® ガイド』では「プロジェクトマネジメントのプロセスとアクティビティ（活動）を実行して得られるアウトプットの1つ」と定義されています。

Case

ホープ半島の地域活性化に取り組む商業用不動産開発会社「アスミ・プランニング」の「商業施設の再開発」に関わるプロジェクトの目的と所産の例（本プロジェクトの母体組織である「アスミ・プランニング」は架空の会社です。）

▷ 商業施設の再開発プロジェクト

プロジェクトの目的

- 商業地域の再開発計画を策定し、新たな商業施設やアトラクションの設計・施工を行う。
- 観光客を惹きつける魅力的な商業施設の整備を推進する。

プロジェクトの所産の例

- 市場調査レポートやマーケティング戦略計画書
- 商業施設の概念設計図や詳細な設計図面
- 建設プロジェクトの施工スケジュールや作業計画書
- 商業施設の建築許可書や法的規制遵守の文書
- 施工会社との契約書や請負契約書
- 完成した商業施設の写真やビデオドキュメント
- 商業施設の開業計画や運営戦略書

プログラム

関連のある複数のプロジェクトの集合体のこと。

　『PMBOK®ガイド』では、「調和のとれた方法でマネジメントされる、関連するプロジェクト、サブプログラム、プログラム活動。個別にマネジメントしていては得られないベネフィットを実現する。」と定義しています。

Case

商業用不動産開発会社「アスミ・プランニング」の「観光産業振興による地域活性化」に関わるプログラムの例

プログラムの目的

- 観光産業振興による地域経済の発展と地域コミュニティの活性化を目指す。

プログラムに関連するプロジェクト

- 商業施設の再開発プロジェクト
- 商業地域の再開発や新たな商業施設の開設
- 観光客を惹きつける魅力的なPR活動

地域交通案内アプリの制作プロジェクト

- 観光客向けの地域交通案内アプリの利用促進と観光スポットへのアクセス、観光ルート情報の提供
- 地域の特産品やグルメ情報を提供し購買意欲を促す

地域コミュニティの活性化プロジェクト

- イベントやフェスティバルを開催し、地元住民と観光客の交流を促進。
- 地域の伝統や文化を紹介し、地域住民のアイデンティティを醸し出せる取り組みを行う。

プログラムのベネフィット（成果）の例

- 経済面のベネフィット
  - 観光客の増加による地域経済への貢献
  - 観光施設や地域商業施設の売上増加
  - 新たな雇用機会の創出
- 社会面のベネフィット
  - 地域コミュニティの活性化と結束の強化
  - 地域文化や伝統の保護と促進

- ・地元住民の誇りとアイデンティティの向上
- 環境面のベネフィット
  - ・持続可能な観光産業を実践することによる環境保護
  - ・自然景観や生態系の保護と維持
- 教育面のベネフィット
  - ・観光客や地域住民に対する地域の歴史や文化に関する教育機会の提供
  - ・地域の文化的多様性への理解と尊重の促進

ポートフォリオ

戦略目標を達成するための事業群のこと。

　『PMBOK®ガイド』では、「戦略目標を達成するためにグループとしてマネジメントされるプロジェクト、プログラム、サブポートフォリオ、および定常業務」と定義されています。

 Case

商業用不動産開発会社「アスミ・プランニング」の「地域活性化」に関わるポートフォリオの取り組みの例

- 地域経済の成長を促進するために、観光産業の振興を主眼において、市場や商業施設を整備し、地域交通の便を高め、地域コミュニティの活性化を行う。
- 商業地域の再開発計画や観光客向けの交通案内アプリの制作、地域イベントの開催など、具体的な取り組みを通じて、地域の観光産業を活性化し、地域経済とコミュニティの発展を促進する。

そして、プロジェクトには次に示すような本質的ともいえる特徴があります。

- 独自の製品、サービス、所産（成果）を生み出す
- 始まりと終わりの期限がある
- 変化をもたらす
- ビジネスや組織のための価値を創造する

なお、「地域活性化」に関わるポートフォリオの取り組みの事例の場合、次のようなプロジェクトが含まれます。

- 商業施設の再開発プロジェクト
- 地域交通案内アプリの制作プロジェクト
- 地域コミュニティの活性化プロジェクト

図 1-1 プログラム、プロジェクト、定常業務の関係

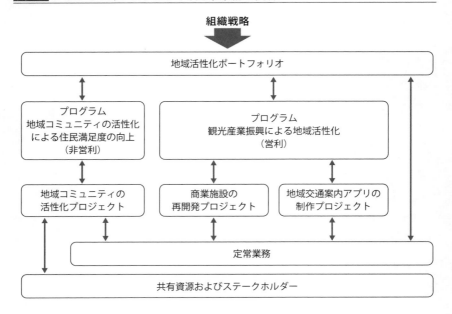

1-02 プロジェクトの種類

　プロジェクトの規模は、1人で行うものから何千人もの人たちが関わるものまで大小さまざまであり、1日で終わるものもあれば、何年もかかるものもあります。

　地域活性化プロジェクトの例では、商業施設の再開発、地域交通案内アプリの制作、地域コミュニティの活性化を取り上げましたが、このときの例のようにプロジェクトの種類はさまざまあります。

⯈ プロジェクトの種類の例

- 新築住宅物件の設計と建築の依頼
- 新商品の店内およびオンラインでの展示による新規顧客開拓
- 教育施設内の無線インターネットアクセス環境の提供および遠隔授業の配信環境の整備
- スマートフォンと連携する医療用機器の開発
- 子どもの音楽の才能を伸ばすための会社の立ち上げ
- 新薬やワクチンの開発・販売
- 映像配信サービスの視聴者が複数のデバイスを通じて、投票や番組へのフィードバックを行えるシステムの開発
- 政府系団体による予防接種追跡プログラムの開発

　あらゆる分野でさまざまに取り組まれているプロジェクトですが、共通しているのは特定の目的を達成し、価値の提供を果たすために行われていることです。

図 1-2 プロジェクトの発足につながる要因の例

A：規制や法的、社会的要求を満たす
B：ステークホルダー要求を満たす
C：製品開発と改善のため
D：戦略の実行や変革のため

要因	要因の例	A	B	C	D
新技術	コンピュータメモリや電子機器技術の進歩に伴い、電子機器メーカーがより高速、低価格、しかも小型のラップトップを開発するためのプロジェクトを承認する			✓	✓
競合他社の勢力	競合他社の価格引き下げに応じて生産コストの低減を図って競争力を維持する必要がある				✓
部材に関連する課題	開発した地方自治体管理の橋梁の支持部材に亀裂が生じ、プロジェクトに修理の必要性が伴う	✓		✓	
政治的な変化	新しく選出された議員が現行プロジェクトへの資金投入の変更を要求する				✓
市場の需要	自動車会社が、ガソリン不足に対応して低燃費車の開発プロジェクトを認可する		✓	✓	✓
経済的な変化	景気の悪化に伴い、現行プロジェクトの優先事項の変更を余儀なくされる				✓
顧客の要求	電力会社が、新しい工業団地向けの新変電所の建設プロジェクトを認可する		✓	✓	
ステークホルダーからの要求	新しい製品を当該組織で生産するよう求めている		✓		
法的要求事項	化学品メーカーがプロジェクトにて新しい有害物質の適正な取り扱いに関するガイドラインを制定する	✓			
ビジネスプロセスの改善	組織がシックスシグマによる品質改善評価を行った結果に基づいてプロジェクトを実行する			✓	
戦略的機会やビジネス・ニーズ	教育会社が収益アップをテーマにした新たなコースを開発に向けたプロジェクトを認可する			✓	✓
社会的ニーズ	新しいコースの作成に向けたプロジェクトを認可する		✓		
環境への配慮	発展途上国の非政府組織が伝染病の高い地域に飲料水施設や衛生施設を設置し、衛生教育を施すプロジェクトを認可する			✓	✓

出所：『PMBOK® ガイド第7版』から引用した図を一部加工

1-03 プロジェクトと定常業務の違い

　プロジェクトは、計画時の目的を達成することで終了します。一方で、定常業務は組織が事業を維持するために行う継続的な活動です。

　プロジェクトは一時的なものですが、終了後に成果がすぐに現れる場合もあれば、一定の時間を経てから成果が現れる場合もあります。

　後者の場合、プロジェクト・チームは成果が価値をもたらすまで、定常業務を主管する組織内の業務部門と連携し協働する必要があります。

　例えば、商業施設の再開発プロジェクトでは、商業地域の再開発計画を策定し、新たな商業施設やアトラクションの設計・施工を行います。

　しかし、賃貸料収入や商業資産の創出、市場の活性化と拡大、地域コミュニティとの関係強化、そして地域コミュニティと商業施設が結びついた経済圏構想の具現化と定着、地域経済の活性化という成果はプロジェクトが終了してからしばらく時間が経過し、新たな施策が実際に適用されてから初めて現れるものです。

■ プロジェクトと定常業務の違い

属性	プロジェクト	定常業務
時間	始まりと終わりがある	継続的かつ繰り返し
成果	独自の製品・サービス	既存の製品・サービス
人と資源	一時的なアサインまたは雇用	長期のアサインまたは雇用
権限	プロジェクト・マネジャー ・権限は弱いものから強いものまでさまざま	部門マネジャー ・人とプロセスに対する正式かつ直接的な権限を持つ
ライフサイクル	プロジェクト・ライフサイクルに従う ・プロジェクトがたどる開始から完了に至る一連のフェーズ ・予測型、適応型、反復型、漸進型、ハイブリッドなどのモデルに分けられる	製品ライフサイクルに従う ・製品・サービスが市場に導入されてから撤退するまでの一連の段階 ・導入期、成長期、成熟期、衰退期の主要な段階がある

1-04 プロジェクトマネジメントとは

　プロジェクトマネジメントとは、**個人やチームが有する「知識」「スキル」「ツール」「テクニック」をプロジェクト活動に適用し、プロジェクトの目的を満たし、意図した成果を上げるためにプロジェクトの作業を導く一連の取り組み**のことです。

　『PMBOK® ガイド』でもプロジェクトマネジメントを「**プロジェクト要求事項を満たすために、知識、スキル、ツールと技法をプロジェクト活動へ適用すること**」と定義しています。

　そして、プロジェクトマネジメントはさまざまな事業活動において多くの利点をもたらす取り組みです。

▶ プロジェクトマネジメントの主な利点

- プロジェクトの成功の可能性を高め、プロジェクトに期待される利益をもたらす
- すべてのステークホルダーの満足度が向上する
- プロジェクトをスケジュールどおり、予算内で、納得のいく品質で完了させられる
- 会社の人材と資源を最適に活用できる
- 顧客志向の実現と品質志向の導入が行える
- 予期せぬ出来事やプロジェクト失敗のリスクが減少できる

1-05 プロジェクト・マネジャーの役割

プロジェクト・マネジャーは、プロジェクトのスコープ（範囲）、スケジュール、コスト、資源、リスク、品質などの要件を満たすだけでなく、関わる人たちや影響を受ける人たちのニーズや期待に応えられるように仕事を進めることが主な役割です。

『PMBOK® ガイド』ではプロジェクト・マネジャーの役割を「**母体組織によって任命された人で、チームを率いてプロジェクト目標を達成する責任を負う**」と定義しています。

筆者のこれまでの経験を通して言えることとして、優れたプロジェクト・マネジャーには以下に示す共通の行動特性があります。

▸ 優れたプロジェクト・マネジャーに見られる5つの行動特性

1. プロジェクトの目標に、プロジェクト・チーム、顧客 経営陣の合意をとっている
2. 全体の道筋と明確な責任の所在を示し、誰もが進捗状況の測定ができる計画を作っている
3. プロジェクトに関わるすべてのステークホルダー間のコミュニケーションがとれるように配慮している
4. 期待値を管理し、スコープをコントロールできるようにしている
5. 経営陣から十分な支援が得られるようにしているようにしている

1-06 プロジェクトの種類

　ステークホルダーは、顧客（納入先）、エンドユーザー、マネジメント層などの意思決定者、サプライヤー（供給元）、従業員をはじめ、プロジェクトに貢献したり、結果に影響を受けたりするすべての関係者が該当します。

　実質的なステークホルダーとしては、プロジェクト・マネジャーの指導のもと、プロジェクトの目標や制約条件について合意し、戦略やスケジュールを立て、予算を承認する人たちであり、プロジェクトを成功させるための中心的存在です。

図 1-3 ステークホルダーのイメージ

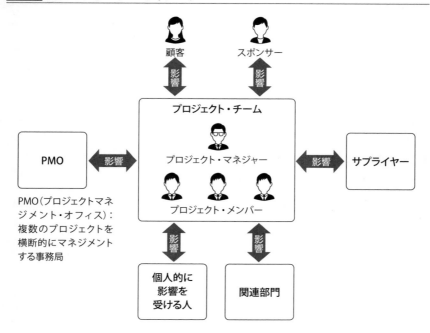

図 1-4 プロジェクト・ステークホルダーの例

その他
- サプライヤー ● エンド・ユーザー
- 顧客 ● 規制機関

マネジメントとして
- プロジェクト・スポンサー ● PMO
- マネジメント ● 運営委員会
- ガバナンス体制

プロジェクト・チーム
として
- プロジェクト・マネジメント・チーム
- プロジェクト・オーナー
- プロジェクト・チーム

プロジェクト・
マネジャー

出所：『PMBOK® ガイド第7版』から引用した図を一部加工

　プロジェクトの立ち上げや計画段階で重要な決定を下すのはすべてこのステークホルダーであり、プロジェクトの目標や目的の特定とどのように実行すべきかの見極めが最初の仕事になります。

　以下に、主要なステークホルダーとその役割を紹介します。

●プロジェクト・マネジャー

　母体組織によって任命された人で、チームを率いてプロジェクト目標を達成する責任を負います。作業を調整しながら、プロジェクト・チームの目標達成をサポートします。

　多様なステークホルダーそれぞれの思いを受け止めながら、プロジェクトの「スコープ」「スケジュール」「コスト」を管理し、ステークホルダーの利害が衝突する場合にはその解決に向けた調整に責任を持ちます。

　また、ステークホルダーの権限、関心、期待などを明確にし、報告体

制を整え、プロジェクトの成功に貢献します。

　プロジェクト・マネジャーには、プロジェクトの計画、実行、管理においてリーダーシップを発揮できる経験豊富な専門家が任命されます。

●プロジェクト・マネジメント・チーム

　チームのメンバーのうち、プロジェクトマネジメント活動に直接関与する組織体であり、プロジェクトの成功に不可欠な役割を担います。その中核を担うのが「プロジェクト・マネジャー」であり、大規模プロジェクトでは複数のプロジェクト・マネジャーが任命されます。

　プロジェクト・マネジメント・チームには、プロジェクトの計画、実行、管理に携わる専門家が任命されます。プロジェクト・マネジャーやプロジェクト・リーダーをはじめ、技術者、専門家、アナリスト、コーディネーターなどプロジェクトに必要な役割を果たすためのメンバーが参加します。

●プロダクト・オーナー

　システム開発などのプロダクト（製品やサービス）の価値を最大化し、最終プロダクトの責任を担います。

　顧客やステークホルダーのニーズを受けて、それらをプロダクトとして具現化します。市場動向や競合状況を把握し、プロダクトの戦略方針の策定を行ったうえでリーダーシップを発揮して開発チームと連携しながらプロダクト開発を進行させます。

　通常、ビジネス上の課題や顧客のニーズを熟知する、ビジネス経験豊富な人がプロダクト・オーナーに任命されます。プロダクト・オーナーは顧客の代理人として、プロジェクトを成功に導きます。

●プロジェクト・チーム

　プロジェクト・マネジャーと協力して作業を担当する人たちで組織さ

れます。従業員のほか、取引先や顧客も参加することがあります。その場合、顧客は特定の役割を担います。

　チームの構成はプロジェクトの立ち上げと計画段階で決定し、各メンバーはそれぞれの役割と責任に同意します。大規模プロジェクトになるほど関係者が多岐にわたるため、プロジェクト・チームの組織までには時間を要することがあります。

　プロジェクト・チームはプロジェクト・マネジャーのほか、技術者、デザイナー、開発者、レビュー担当者など、専門的な知識や能力を持つ社内外の人員で組織されます。

●プロジェクト・スポンサー

　戦略や方針の立案、資源の提供、ステークホルダーとの調整などを担いながら、プロジェクト・マネジャーを後方支援する役割です。

　プロジェクト・スポンサーには、組織内の上級管理職などのマネジメント層、あるいは外部のステークホルダーが担当し、プロジェクトに関連するビジネス目標や戦略的方針を推進する責任があります。

●マネジメント

　ここでいうマネジメントとは、母体組織の執行役員・部長・課長などの職務・職能としての管理・監督者のことです。

　プロジェクト・マネジャーにとって、プロジェクトの成功に向けて適切な人材の確保やプロジェクト・チームの提案に基づいた迅速な決定を下せるようマネジメントからの協力や支援が必要です。

●顧客

　プロジェクトにおける顧客は、「要求を出す人」と「資金を提供する人」に大別できます。

商業用不動産開発会社「アスミ・プランニング」の観光産業振興にお
いて、「商業施設の再開発プロジェクト」「地域交通案内アプリの制作
プロジェクト」「地域コミュニティの活性化プロジェクト」それぞれに
ついての役割の例

商業施設の再開発プロジェクト

●**プロジェクト・マネジャー**（アスミ・プランニングの社員）
・商業施設の再開発プロジェクトの計画、実行、監視、および終了に全責任を持
　つ。
・ステークホルダー間のコミュニケーションと調整を担当。

●**プロジェクト・マネジメント・チーム**（アスミ・プランニングの社員）
・日々のプロジェクト管理を行い、進捗状況を追跡。
・財務計画、リスク管理、スケジュール調整を担う。

●**プロジェクト・スポンサー**（アスミ・プランニングの経営層）
・資金調達とプロジェクトの戦略的方向性を提供。
・重要な意思決定に関与し、リソースの配分を決定。

●**プロダクト・オーナー**（アスミ・プランニングの開発部門の社員）
・再開発される商業施設のビジョンと目標を設定。
・関連するステークホルダーと連携し、要件を明確化。

●**プロジェクト・チーム**（アスミ・プランニングの社員および外部委託先）
・再開発に関わる具体的な作業を実行。
・建築、デザイン、エンジニアリングの専門家が含まれる。

●**マネジメント**（アスミ・プランニングの経営層）
・プロジェクトの戦略的協力体制と組織的サポートを提供。
・会社方針とプロジェクト目標の整合性を確保。

●**ガバナンス体制**（アスミ・プランニングの経営層とコンプライアンス部門の社員）
・プロジェクトのガイドラインとポリシーを設定し、遵守を監督。
・法的および倫理的な規範の遵守を確保。

●**PMO**（プロジェクト管理事務局、アスミ・プランニング内部に設置）
・プロジェクト管理のベストプラクティスを提供し、支援する。
・リソース管理と進捗の追跡を担当。

●**運営委員会**（アスミ・プランニングの経営層と重要なステークホルダー）
・プロジェクトの方針、進捗、成果を定期的にレビュー。
・戦略的な意思決定を行い、方向性を提供。

● **サプライヤー**（建設会社や設計事務所などの外部委託先）
・必要な建材、設計、施工サービスを提供。
・プロジェクトの技術的要件を満たすための専門知識を提供。

● **顧客**（地元住民や商業テナント）
・再開発される商業施設の主要な利用者。
・プロジェクトの出力に対する要望とフィードバックを提供。

● **エンド・ユーザー**（一般の消費者や施設来訪者）
・再開発された商業施設を利用する最終的な顧客。
・利用者としての体験と満足度に関する重要なフィードバックを提供。

● **規制機関**（地方自治体や国の規制当局）
・再開発プロジェクトが法律、規制、基準に準拠しているかを監視。
・必要な許可やコンプライアンスの確保を行う。

◈ 地域交通案内アプリの制作プロジェクト

● **プロジェクト・マネジャー**（アスミ・プランニングの社員）
・プロジェクトの計画、実行、監視、終了に責任を持つ。
・ステークホルダー間のコミュニケーションと調整を担当。

● **プロジェクト・マネジメント・チーム**（アスミ・プランニング内部のメンバー）
・プロジェクトの日々の進行状況を管理し、リスクと問題を追跡。
・リソースの割り当てとスケジュールの調整を行う。

● **プロジェクト・スポンサー**（アスミ・プランニングの上級経営陣）
・プロジェクトの資金調達と方向性を定める。
・重要な意思決定とリソースの提供を行う。

● **プロダクト・オーナー**（アスミ・プランニングのマーケティング部門から選出）
・アプリの目的と要件の定義を担当。
・ステークホルダーからのフィードバックを集約し、優先順位を決定。

● **プロジェクト・チーム**（アスミ・プランニングの従業員および外部委託先）
・アプリの開発、デザイン、テスト、実際の運用までを担当。
・技術的な問題の解決と品質保証を行う。

● **マネジメント**（アスミ・プランニングの経営層）
・組織のビジョンとプロジェクトの協力体制を確保。
・組織全体のリソースと支援を提供。

● **ガバナンス体制**（アスミ・プランニングの経営層と法務部門）
・プロジェクトの方針とプロセスを監督し、法的遵守を保証。
・プロジェクトのパフォーマンス評価と監査を実施。

● **PMO**（プロジェクト管理事務局、アスミ・プランニング内部）
・プロジェクト管理の標準とツールを提供。
・プロジェクトの進捗状況と資源の使用状況を追跡。

- ●**運営委員会**（アスミ・プランニングの幹部と主要ステークホルダー）
  - ・プロジェクトの方針、進捗、成果に関するレビューを行う。
  - ・戦略的な意思決定と方向性の提供を担当。
- ●**サプライヤー**（外部委託先の会社）
  - ・プロジェクトに必要な専門技術やサービスを提供。
  - ・開発、実装、サポートのための外部リソース。
- ●**顧客**（地域の観光業者や商工会議所など）
  - ・アプリの主要な利用者としてのニーズと期待を提供。
  - ・アプリの実用性に関するフィードバックを提供。
- ●**エンド・ユーザー**（観光客や地域住民）
  - ・実際にアプリを使い、利用者としての体験と満足度に関するフィードバックを提供。
- ●**規制機関**（地方自治体や国の規制当局）
  - ・アプリが適切な法律、規制、基準に準拠しているかを監視。
  - ・必要な許認可やコンプライアンスの確保を行う。

▶ 地域コミュニティの活性化プロジェクト

- ●**プロジェクト・マネジャー**（アスミ・プランニングの社員）
  - ・地域コミュニティの活性化プロジェクトの全体的な計画、実行、監視、終了を担当
  - ・ステークホルダー間のコミュニケーションと調整を主導
- ●**プロジェクト・マネジメント・チーム**（アスミ・プランニングの社員）
  - ・プロジェクトの日々の運営、スケジュール管理、予算管理を担当
  - ・プロジェクトのリスク評価と対応策の立案
- ●**プロジェクト・スポンサー**（アスミ・プランニングの経営陣）
  - ・プロジェクトに必要な資金とリソースの提供
  - ・戦略的方向性と意思決定の支援
- ●**プロダクト・オーナー**（アスミ・プランニングの開発部門の責任者）
  - ・地域交通案内アプリのビジョンと機能要件の定義
  - ・ステークホルダーとの連携を通じて製品の方向性を決定
- ●**プロジェクト・チーム**（アスミ・プランニングの従業員と外部委託先）
  - ・地域コミュニティの活性化に向けた具体的な計画の実行。
  - ・アプリ開発、イベントの企画、コミュニティ施設の運営等。
- ●**マネジメント**（アスミ・プランニングの上級管理層）
  - ・組織全体の戦略とプロジェクトの目標との整合性を確保。
  - ・組織内部での支援と資源の確保。

● **ガバナンス体制**（アスミ・プランニングの経営陣）
・プロジェクトの方針、標準、プロセスの設定と監視。
・法規制と倫理的基準の遵守を確保。

● **PMO**（プロジェクト管理事務局、アスミ・プランニング内部）
・プロジェクト管理手法の導入とサポート。
・プロジェクトの進捗状況の追跡と報告。

● **運営委員会**（アスミ・プランニングの幹部と関連ステークホルダー）
・定期的なプロジェクトレビューと進捗の監視。
・戦略的な意思決定と必要な指導やアドバイスを行う。

● **サプライヤー**（外部の技術提供者やコンサルタント）
・専門的なサービスや製品の提供。
・プロジェクト実施に必要な技術や知識の供給。

● **顧客**（地域の住民やビジネスオーナー）
・コミュニティ活性化プロジェクトの直接的な受益者。
・フィードバックと地域ニーズの提供。

● **エンド・ユーザー**（地域住民や観光客）
・地域交通案内アプリの最終的な使用者。
・利用者としての体験と満足度のフィードバックを提供。

● **規制機関**（地方自治体や国の規制当局）
・プロジェクトの法規制遵守の監督。
・必要な許可やコンプライアンスの確保。

プロジェクトにおける代表的な2つの開発アプローチ

予測型と適応型

プロジェクトマネジメントにおいて、作るべき製品を見極め、正しいプロセスに従って開発を進める「製品開発プロセス」には、開発する製品・サービスに応じて、「予測型」と「適応型」の2つの開発アプローチがあります。

予測型開発アプローチ（ウォーターフォール）

予測型開発アプローチは「ウォーターフォール」とも呼ばれ、**スコープを早い段階で明確に定義することでコストやスケジュールを正確に予測し、タスクのフェーズごとに作業を進める開発手法**です。ウォーターフォール（waterfall）とは「滝」という意味であり、上流工程から下流工程にプロジェクトが進んでいくイメージを表現した命名です。

その特徴は、各フェーズの完了を厳格に審査することにあります。目的を果たすためにはプロジェクトの要求事項をはじめから明確に決定し

図 1-5 予測型開発アプローチのプロジェクト・ライフサイクル

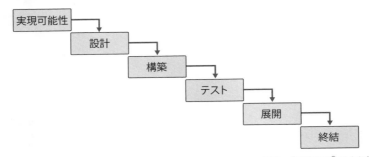

出所：『PMBOK®ガイド第7版』

なければなりませんが、変更は可能であり、その場合、厳格な変更基準に基づきながらも柔軟に対応していくことがポイントです。

なお、リスクをしっかりと調査し、リスク・マネジメントすることにも十分な注意が必要です。

端的に言うと、予測型開発アプローチは計画と予測に焦点を当て、変更やリスクを管理する手法ということです。

適応型開発アプローチ（アジャイル）

もう1つの開発手法である適応型開発アプローチは「アジャイル」ともいい、**システムやソフトウェアの開発においてプロセスごとに「計画→設計→実装→テスト」というサイクルを短く繰り返しながら、開発チームと顧客や利用者の双方が協働して作業を進める開発方法**です。

アジャイル（agile）とは「素早い」とか「機敏な」という意味であり、プロジェクトの目的を果たすうえでクリアすべき課題を短いスパンでその都度解決しながら最適解に適応させていくことから「適応型」と称されています。

この手法をうまく活用するには、思いもよらぬ課題が生じることに備え、リスク管理のためのガイドラインを設けて柔軟にタスクを遂行していくことです。

また、この手法はプロジェクトの要求事項がはっきりしない場合や顧客が要求を途中で変える可能性がある場合に適しており、作業工程ごとに「**イテレーション**（iteration：反復）」や「**スプリント**（sprint：短距離走）」と呼ばれる方法を用いながら、短期に反復を繰り返しながら漸進的（段階的）で連続的に開発を進めていきます。

イテレーションとは、通常1〜4週間といった短い期間を設定して、プロジェクトの各要求事項を完成させていく作業手法です。具体的に

は、プロジェクトや製品の開発上の作業項目や要求事項のリストである「**プロダクト・バックログ**」から優先順位順にタスクを選択して開発を進め、その過程で得られた知見を次のイテレーションに活用していき、経験知や精度を上げていきます。

　また、**スプリントはイテレーションとほぼ同義であり、特に少人数のチームが有機的にコミュニケーションをとりながらシステムなどを開発する際に活用される「スクラム開発」においてよく使われる手法**です。これも通常1〜4週間の作業期間を設定します。そして、その期間中は外部からの変更や新しい要求を受け付けずに明確に定義された目標やバックログから選択された作業項目を計画に沿って短期集中型で作業を進めます。1つの作業が終了した時点で顧客などのステークホルダーからフィードバックを受け、それを次のスプリントに反映させていきます。

　イテレーションやスプリントといった周期的な反復作業プロセスをシステム開発などで採用することの最大のメリットは、プロジェクト・チームが作業サイクルを反復的に回すことで進捗状況がいち早く可視化でき、顧客のニーズを継続的に考慮しながら問題の早期発見と解決ができることにあります。

図 1-6 反復型のプロジェクト・ライフサイクル

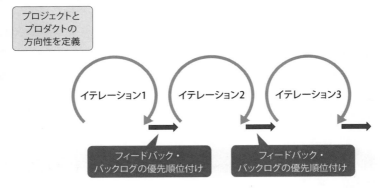

出所：『PMBOK®ガイド第7版』

　イテレーションやスプリントによる作業手法であれば、プロジェクトの要件や設計が最初からすべてが明確に定義されていなくても基本的な機能や最低限の要件に焦点を当てて開発を進めることで、その過程において追加の機能や改善に逐次対応していくことができます。

　不確実性の高いプロジェクトや変化が頻繁に生じるようなプロジェクトに適している手法だといえます。

予測型と適応型の選択基準

　予測型と適応型の2つの開発アプローチを選ぶ際に重要なのは、「どちらが最も価値を生み出すか」という視点です。言い換えると、「**どの開発アプローチが、最も有用な製品を、最も短時間で、最も低コストで提供することができるか**」ということです。

　プロジェクトマネジメントの開発手法は一般的な原則であるものの、生産財や消費財といった直線的な製品開発プロセスに活用される予測型開発アプローチが、地域交通案内アプリのようなソフトウェア開発プロジェクトでは有効とはいえません。逆に、適応型開発アプローチは商業

図1-7 漸進型のプロジェクト・ライフサイクル

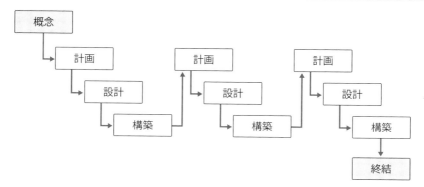

出所：『PMBOK® ガイド第7版』

施設の再開発のような建築や施工を扱うプロジェクトなどでは有効とはいえません。

　よって、プロジェクト・チームは自分たちが誰のために何を開発するのかを客観的に捉え、「最高の価値を生み出す手法はどれか？」を基準に開発アプローチを決定します。

　例えば、商業施設の再開発などの建設プロジェクトでは予測型、地域交通案内アプリの制作などのソフトウェア開発プロジェクトでは適応型、地域コミュニティの活性化を図るイベントの企画・運営であれば予測型と適応型それぞれの特性を組み合わせたハイブリッドというように開発テーマに応じてチーム内で決定していきます。

　プロジェクト・チーム内でどの開発プロセスを採用するかの合意を得たら、プロジェクト・マネジャーはどのプロジェクトマネジメント・ツールを使うかを検討します。

　プロジェクトマネジメント・ツールには例えば、プロジェクト憲章やタスク管理のためのタスクリストであるWBSやバックログ、スケジュール管理のためのガントチャート、コミュニケーション管理を円滑に進めるための調整ミーティングやグループウェアなどがあります。これらのツール類の詳細については、後述します。

1-08 プロジェクトの成功とは

成功の判断基準

　プロジェクトは組織に重要な変化をもたらすために行う取り組みであり、その変化により価値を創出できたかどうかで成否を判断します。その際の判断基準が、「スコープ（期待された成果の実現）」「スケジュール（期限内）」「コスト（予算内）」の3点です。

- **スコープが期待を満たしている**→スコープの評価は定量面と同時に定性面も重視して行います。特に顧客の期待に応える成果を出せたかどうかが重要であり、プロジェクト立ち上げ時に想定した価値の実現により評価します。
- **期限内に終了する**→プロジェクトはスケジュールどおりに終了することが原則です。期限に間に合わなければ、成果が出たとしても成功したとは評価されません。
- **予算内に収まる**→プロジェクトは投資であり、予算内で目標の成果を生み出すことに価値があります。予算の超過は利益を目減りさせるので、これもいくら良い成果が出ても、経済的損失を招いたとして成功とは評価されません。

　スコープ、スケジュール、コストは、プロジェクトの3大変数ともいわれます。これらは1つが変われば、他の変数に影響します。
　例えば、ある製品開発プロジェクトに使える時間と予算が減れば、スコープが制約を受けるのはほぼ確実です。同様に、同じスコープをより短い期間で完成させるには、コストもそれに比例して増加することになります。

図 1-8 スコープ・スケジュール・コストのバランス

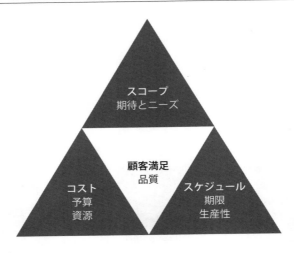

プロダクト・スコープとプロジェクト・スコープの違いに留意

　プロジェクトの成功に向けて、プロジェクト・マネジャーの役割は重大です。制約条件を考慮しながら、スコープ、スケジュール、コストの3つの変数の最適なバランスをとることに努めます。なお、その際のスコープが「プロジェクト・スコープ」であるか、または「プロダクト・スコープ」であるのかでマネジメントすべき要点に違いがあることに留意しなければなりません。

　プロダクト・スコープは「市場から要求される製品を作るうえでのスコープ」であり、それを包含する**プロジェクト・スコープは「プロジェクト全体の目的を満たすために必要となるスコープ」**のことです。端的にいえば、ある製品開発にあたって市場にリリースして成果を出すための一連の作業範囲がプロダクト・スコープであり、その製品開発を含めたプロジェクト全体の作業範囲がプロジェクト・スコープのことです。

図 1-9 プロジェクト・スコープとプロダクト・スコープの観点

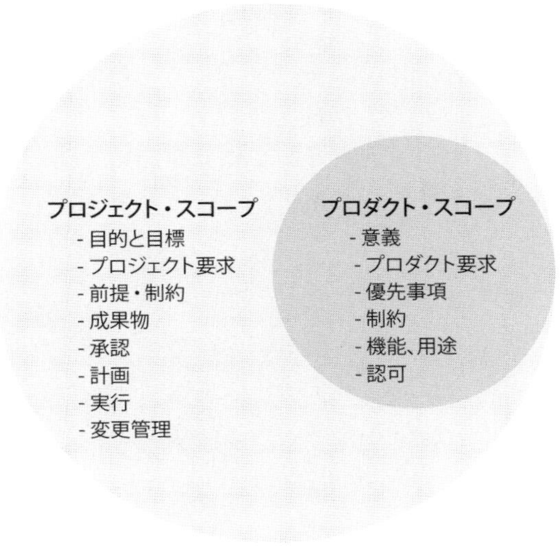

プロジェクト・スコープ
- 目的と目標
- プロジェクト要求
- 前提・制約
- 成果物
- 承認
- 計画
- 実行
- 変更管理

プロダクト・スコープ
- 意義
- プロダクト要求
- 優先事項
- 制約
- 機能、用途
- 認可

出所：『PMBOK® ガイド第7版』から引用した図を一部加工

3つの制約条件の調整

　プロジェクトを納期どおり、予算どおり、約束した範囲内で完了させたからといって、それが必ずしも成功とはいえません。なぜなら、プロジェクト・チームによるスコープ、スケジュール、コストのバランスの定義が、顧客や利用者、経営陣の定義と異なる場合もあるからです。

　例えば、あるプロジェクトが納期と予算を守り、指定された範囲内で完了したとします。

　しかし、このプロジェクトが終了時点でステークホルダーの期待に合わない結果となった場合、それは真の意味での成功とは見なされません。

Case

> 商業施設の再開発プロジェクトに関するステークホルダーの期待に合わない結果の例

　プロジェクト・チームは予定どおりに商業施設を再開発し、予算内で終了させることができました。新しい施設は設計どおりの機能と外観を備えています。

　しかし、その商業施設が地域住民の期待には沿っていません。住民は施設が地元の文化や風景に調和していないことを不満に感じています。また、経営陣は施設の収益性やテナントの満足度に関心を持っていますが、リニューアル後の施設の訴求力や集客力が低いと感じています。

　このような状況の場合、プロジェクトが完了してもステークホルダーの期待には十分に応えられていないと見なされます。

　この事例ではプロジェクトは技術的には成功といえますが、一部のステークホルダーの期待とニーズを満たしていないため、全体としての成功は限定的です。プロジェクトの成功は、単にプロジェクトマネジメントの「スコープ」「スケジュール」「コスト」という3つの制約を満たすだけでなく、ステークホルダーの「期待」や「価値観」に応えることも必要条件になります。

　こうした矛盾を生み出さないためには、プロジェクト・チームはステークホルダーごとに成功の定義が異ならないように、まずは「プロジェクトの成功は他人の評価によって決まる」と強く認識することです。

　そのうえでプロジェクト・マネジャーは、スコープ、スケジュール、コストのバランスがプロジェクト本来の目的とどのように関連しているかについて、プロジェクトに関わるすべてのステークホルダーの合意が得られる説明を行う必要があります。

1-09 プロジェクトの資源とは

　プロジェクトの資源とは、プロジェクトを計画・実行・完了させるために利用可能な要素や要因のことです。

- **人的資源**：プロジェクトの推進に関与する人員。主に、スキルや経験によってタスクが遂行できる人たち。
- **物的資源**：プロジェクトに必要な物品や設備、技術関連資産。特許、ソフトウェア、ハードウェア等の物理的な資産。
- **資金**：プロジェクトの実行予算。経費、設備の購入費、報酬等。

 Case

商業施設の再開発プロジェクトにおける有形と無形の資源の例

有形の資源

- **物的資源**：再開発する対象の商業施設や建物・土地・建設材料・設備・備品等の物理的な資産。建築物自体や水道、電気の公共サービス、リフォームに必要な機器や資材類。

無形の資源

- **人的資源**：プロジェクトに関与する人たちのスキル・経験・専門知識等。例えば、建築家や設計者の設計スキル、プロジェクト・マネジャーの指導力、エンジニアの技術的専門知識等。
- **資金**：プロジェクトの予算のほか、資金調達計画、投資等も含む。

　プロジェクトの資源の活用において、プロジェクト・マネジャーは実情を踏まえて合理的に分析し、現実的な見通しを示します。そのためには、プロジェクトのビジョンを具体的に描き、それを実現するために必要な資源を計画的にバランスよく配分していくことです。

プロジェクトに関係する組織の影響力

　プロジェクトは、良くも悪くもプロジェクトを取り巻く環境から影響を受けます。プロジェクトに影響を与える内部と外部の環境を『PMBOK®ガイド』では「組織体の環境要因」と称しています。そして**組織体の環境要因を「チームの直接管理下にはないが、プロジェクト、プログラム、あるいはポートフォリオに対して、影響を及ぼし、制約し、または方向性を示すような条件」**と定義しています。

　また、組織に蓄積されている、その組織特有のノウハウを「組織のプロセス資産」とし、**組織のプロセス資産を「母体組織に特有でそこで用いられる計画書、プロセス、方針、手続き、および知識ベース」**と定義しています。

図1-10 組織体の環境要因と組織のプロセス資産の関係

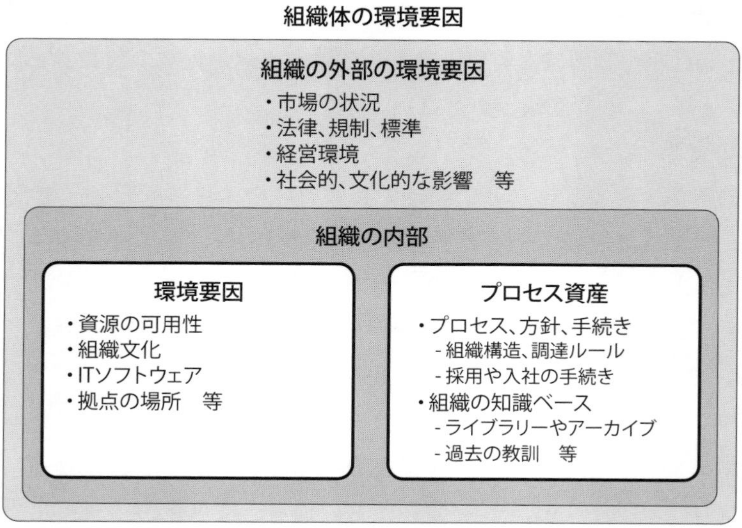

組織体の環境要因

組織の外部の環境要因
- 市場の状況
- 法律、規制、標準
- 経営環境
- 社会的、文化的な影響　等

組織の内部

環境要因
- 資源の可用性
- 組織文化
- ITソフトウェア
- 拠点の場所　等

プロセス資産
- プロセス、方針、手続き
  - 組織構造、調達ルール
  - 採用や入社の手続き
- 組織の知識ベース
  - ライブラリーやアーカイブ
  - 過去の教訓　等

出所：『PMBOK®ガイド第7版』から引用した図を一部加工

組織のプロセス資産は組織体の環境要因と同じくプロジェクト・チームの管理下にはないものですが、プロジェクトに影響する組織の要因です。

　組織体の環境要因と組織のプロセス資産はプロジェクトの母体組織におけるプロジェクトの標準であるため、プロジェクトの戦略適合に果たす役割を理解する必要があります。

　内部と外部の組織体の環境要因、すなわちプロジェクトに圧力をかける制約条件と強制力に注目します。

　そして、方針や手続きなどを記した標準作業手順書をはじめとする組織のプロセス資産により組織がどのように機能しているかを習熟しておくことで、プロジェクトはそれに沿って円滑に進みます。

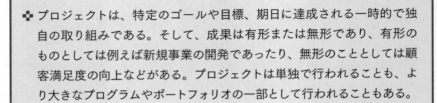

第1章のまとめ

- ✤ プロジェクトは、特定のゴールや目標、期日に達成される一時的で独自の取り組みである。そして、成果は有形または無形であり、有形のものとしては例えば新規事業の開発であったり、無形のこととしては顧客満足度の向上などがある。プロジェクトは単独で行われることも、より大きなプログラムやポートフォリオの一部として行われることもある。

- ✤ プロジェクトの規模は小さいものから何千人も関わる大規模なものまでさまざま。プロジェクトは1日で完了するものから数年を要するものまであり、例としては住宅建築、新商品の展示、無線インターネットアクセス環境の提供、医療機器の開発などがある。これらのプロジェクトは特定の目的を達成し、価値を提供することが共通点。

- ✤ プロジェクトは目的達成時に終了するが、定常業務は継続的に行われる活動である。プロジェクトは完了後に成果が即座に表れることもあれば、時間を経てから表れることもある。プロジェクト・チームは、成果が組織に価値をもたらすまで定常業務を行う部門と協力することが必要となることがある。

- ✤ プロジェクトマネジメントは、プロジェクトの目的を満たし、成果をあげるための知識・スキル・ツール・テクニックを適用する。プロジェクトを成功させる可能性を高め、ステークホルダーの満足度向上、リスク減少などの利点がある。プロジェクト・マネジャーは、スコープ・スケジュール・コスト・資源・品質・リスクなどの要件を満たし、プロセス全体を推進する役割を担う。

- ✤ 予測型と適応型の2つの主要なプロジェクトの進行方法がある。プロジェクトの成功はスコープ・スケジュール・コストの達成とステークホルダーの期待に応えることにより測定される。成功の定義はステークホルダーごとに異なるため、全員の合意を得ることが重要。

プロジェクトを立ち上げる

　プロジェクトの立ち上げは、まず将来のあるべき姿を描くことから始めます。ビジョンを立て、ビジネスの価値を明らかにし、目標と要求事項を定め、要求事項の収集とその文書化、プロジェクトの妥当性ややるべき価値を説明するビジネス・ケースの作成とプロジェクトをどのような方式で進めるかも想定します。

　続いてビジネス・リスクとプロジェクト・リスクを見定め、プロジェクトのルール設定、そしてプロジェクト憲章の作成と承認プロセスについて見ていきます。

　そのうえでプロジェクト・チームの編成や、ステークホルダーの影響力と関与度、チームの役割と責任を明確にします。

　これらにより、プロジェクトの成功に向けた初期段階の道筋を整備していきます。

2-01 将来のあるべき姿を考える

　プロジェクトの開始時にまずは、将来を見据えた「目標」と「ビジョン」を定め、プロジェクトが最終的にどんな「成果」や「価値」を生み出し、それがどのような形でステークホルダーの期待に応えるかを考えます。その際に「成功の定義」を明確にし、その目標に向かう「具体的な計画」を立てます。

　初期段階での明確なビジョンと目標の設定は、プロジェクトの進行方向を明示し、チームのやる気を引き出し、最終的な成功への土台を作るために欠かせないプロセスです。この一連の流れの要点は以下のとおりです。

- プロジェクト開始時に目標とビジョンを定める
- プロジェクトの成果とステークホルダーの期待を考慮する
- 成功の定義を明確にし、具体的な計画を立てる
- 初期段階でのビジョンと目標を設定することでプロジェクトの基盤を作る
- 特定の状況や環境に関する情報を収集した状況説明書を作り、組織やプロジェクトが新しい計画を立てる際に、現在の状態を理解し、将来の方向性を決定するために活用する（状況説明書の主な項目→背景、目的、問題の特定、影響、既存の対策、関係者、リスク、要求、対応期限等）
- 現在の環境を調査し、問題や機会の原因を理解する
- 望ましい将来の状態（あるべき姿）を評価し、現状との差を見極めて、その差を埋めるために必要な能力を明らかにし、変革や改良・改善の必要性を訴える

Case

ホープ半島の地域活性化プロジェクトを手掛ける商業用不動産開発会社「アスミ・プランニング」の現状と将来のあるべき姿の例

現状
▪ 地域にいくつかの商業施設を所有し、賃貸料収入を得ている。
▪ 会社の事業モデルは安定しており、地域経済への一定の貢献をしている。
▪ 顧客からの一定水準の評判を保持している。

将来の状態（あるべき姿）
▪ 地域経済への大きな貢献と持続可能な成長を実現し、地域の発展に貢献している。
▪ 魅力的で革新的な商業施設を運営し、地域のランドマークとして認知されている。
▪ 顧客満足度を重視し、顧客ニーズに応えるためにサービスの高度化を果たしている。
▪ 地域コミュニティとの緊密な協力関係を築き、地域社会の発展に貢献している。
▪ 環境への配慮と社会的責任を果たし、持続可能な事業運営を行っている。

図 2-1 プロジェクトによる現状から将来の状態への移行

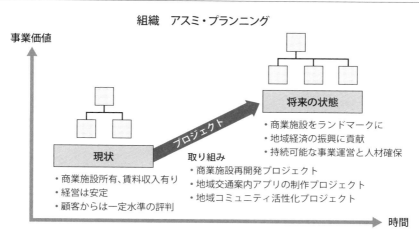

目指すべき「事業価値」を定義する

　続いて、プロジェクトの成功を目指すうえで中心となる「事業価値」の定義に焦点を当てます。ここでは、**プロジェクトがどのように組織の目標や戦略に貢献し、どのように利益をもたらすかを明確にします**。事業価値は、単に経済的な利益だけでなく、顧客満足度の向上、ブランド価値の強化、市場シェアの拡大など、定性的な側面にも注力します。事業価値を定義することは「プロジェクトの目標設定と戦略立案」「成果の測定とその評価」の基礎となるため、重要なプロセスの1つです。プロジェクト・チームはこの事業価値を共有し、それを達成するための具体的なアクションプランを策定します。

　事業価値の判断には深い洞察を行い、そこから適切な戦略を立てるためにクリティカル・シンキングとクリティカル分析を使います。

　クリティカル・シンキングは「批判的思考」と訳されたりしますが、ここで扱う**クリティカル・シンキングは客観的（critical）かつ論理的な方法で情報を分析し、多面的な観点から問題解決を図る思考法**です。この思考法を使うことで、適切な質問、データの評価、論理的な推論、仮説の構築と検証を通して、より深い理解のもと客観的に対象とする事象を判断することができるようになります。

　クリティカル分析は、与えられた情報や主張を客観的に検討し、その内容や根拠を推論していく分析法です。情報の信頼性・偏り・矛盾点を見出し、それらを評価する際に活用できます。さらに、異なる観点や解釈を考慮し、問題や主張を多角的に捉えることで、客観的で厳密な判断や意思決定ができるようになります。

　また、事業価値を定義するにはステークホルダーとの対話から以下に挙げるような事業要素を洗い出し、その中身を精査します。

- **株主価値**：会社が発行した株式の総数にその時点の株価を掛け合わせて算出される会社の資本の価値
- **顧客価値**：顧客にとっての製品やサービスの有用性や満足度など、顧客が製品やサービスを通じて得られる価値
- **従業員の知識**：従業員が持つ知識・経験・スキルを、会社の事業資産として見たときの価値
- **ビジネス・パートナーの価値**：ビジネス・パートナーが提供する知識や技術などの価値

　事業価値の構成要素は多岐にわたるため、その定義と現実的な計画立案がプロジェクトの成功のカギを握ります。

図 2-2 事業価値の構成要素

Case

商業用不動産開発会社「アスミ・プランニング」の目指すべき事業価値の例

- **株主価値**
  - 投資家に対するリターンを最大化し、持続可能な成長を実現する
  - 新規プロジェクトや事業拡大による価値の創造を追求する

- **顧客価値**
  - 顧客満足度を重視し、顧客のニーズや期待に最大限応えることで、信頼とロイヤルティを築く
  - 質の高いサービスと施設を提供し、顧客のライフスタイルやビジネス・ニーズに適切に対応する

- **従業員の知識・経験**
  - 従業員のスキルや知識の習得を支援し、イノベーションや創造性を促す
  - 従業員の働きやすい環境を整備し、働きがいと成長の機会を提供する

- **ビジネス・パートナーの価値**
  - 信頼性の強いパートナーシップを構築し、共同で価値を創造することで相互の成長と成功を支援する
  - 共同開発や共同マーケティングなどの取り組みを通じて、相互のビジネス価値を最大化する

2-03 「目的」を「目標」にして具体化する

組織内で事業価値が十分に共有されていれば、事業計画書・業務提案書・契約書・会議議事録・報告書・マーケティングプラン・業績レビューといった「ビジネス文書」は適切に作られているはずです。これらはプロジェクトが投資する価値があるかどうかを判断するための重要な情報源になります。

それというのも、ビジネス文書はビジネス・ニーズはもちろんのこと、費用便益分析や品質仕様などが記載されているからです。通常、これらの文書はプロジェクト開始前にビジネスアナリストもしくは主要なステークホルダーが作ります。

なお、『PMBOK® ガイド』では「ビジネス・ケース文書」と「ベネフィット・マネジメント計画書」をビジネス文書として挙げています。これらは「なぜこのプロジェクトを行うのか」「どのような利益・便益（ベネフィット）が期待できるのか」を示すための文書になります。

ビジネス文書はビジネスの目的や目標を具体的に示すものであるため、これを見ればプロジェクトが組織の目標達成にどのように貢献するのかがわかります。また、定期的に見直すことでプロジェクトが組織の目的と目標に向けて合致しているかどうかを確認することができます。

これにより、プロジェクトの進捗状況の追跡と必要に応じた調整がしやすくなります。

ここでの目的は「なぜ」プロジェクトが行われるかを示し、目標は「何を」達成するかを具体的に示すことです。また、目的と目標はプロジェクトの計画と実行において重要な役割を果たし、**目的がプロジェクトの方向性を示し、目標が具体的な成果を定義**します。

したがって、プロジェクトが組織の目標に沿って計画どおりに進み、効果を発揮しているかを確認するためには、ビジネス文書を定期的に見

69

直すことが重要です。

■ 目的と目標の違い［地域活性化プロジェクトの例］

目的	目標
■ プロジェクトを実行する理由やその背後にある大局的な意義を表す。 ■ なぜプロジェクトが必要であるかを示し、組織のビジョンや戦略と連動する。 ■ 抽象的で高次元の概念であり、プロジェクトの根本的な動機を表す。	■ プロジェクトにおける具体的で定量的な成果のこと。 ■ 目的を達成するための具体的なステップや成果物を定義し、プロジェクトの成果を評価するために使われる。 ■ 通常、時間枠があり、測定可能で具体的な条件がある。
地域活性化プロジェクトの場合	地域活性化プロジェクトの場合
地域経済の振興 ・ホープ半島の地域経済を活性化し、地域の雇用機会やビジネスの発展を促す。 **地域コミュニティの強化** ・地域住民の生活環境や福祉の向上を図り、地域コミュニティの結束を強める。 **観光産業の振興** ・ホープ半島を観光地として魅力的に位置付け、観光客の誘致や滞在時間の延長を図ることで、地域経済に貢献する。 **市場価値の向上** ・商業施設や不動産の価値を向上させ、地域の魅力を高めることで、投資家やビジネス・パートナーの関心を引き付ける。	**地域経済の振興** ・ホープ半島の地域経済を活性化し、新たに500件の雇用機会を創出し、地域のビジネス活動の売上高を年間20%増加させる。 **地域コミュニティの強化** ・ホープ半島の公共施設の改善と拡充を図る。 ・地域住民向けの健康プログラムや教育プログラムの実施。 ・地域コミュニティセンターの設立と運営。 **観光産業の振興** ・ホープ半島の観光客数を現行の年間10万人から20万人へ増加させる。 　期限：3年後 ・ホープ半島内の宿泊施設の稼働率を現行の60%から80%へ高める。 　期限：2年後 **市場価値の向上** ・商業施設の入居率を現在の70%から90%に引き上げる。 　期限：18カ月後 ・不動産価値を10%以上向上させ、地域の不動産市場の成長率を市平均の2倍に増やす。 　期限：2年後

図 2-3 目的と目標

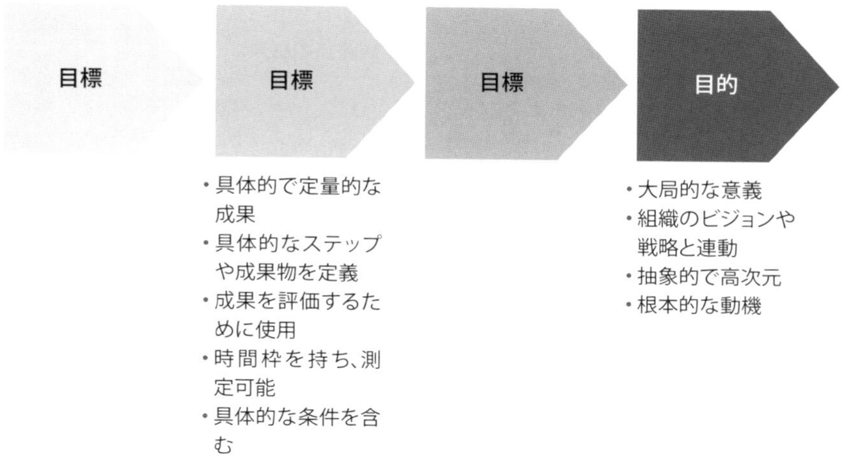

目標　目標　目標　目的

- 具体的で定量的な成果
- 具体的なステップや成果物を定義
- 成果を評価するために使用
- 時間枠を持ち、測定可能
- 具体的な条件を含む

- 大局的な意義
- 組織のビジョンや戦略と連動
- 抽象的で高次元
- 根本的な動機

■ ビジネス・ケース文書［地域活性化プロジェクトの例］

目的	目標
地域経済の振興 ・ホープ半島の地域経済を活性化し、地域の雇用機会やビジネスの発展を促す。 **地域コミュニティの強化** ・地域住民の生活環境や福祉の向上を図り、地域コミュニティの結束を強める。 **観光産業の振興** ・ホープ半島を観光地として魅力的に位置付け、観光客の誘致や滞在時間の延長を図ることで、地域経済に貢献する。 **市場価値の向上** ・商業施設や不動産の価値を向上させ、地域の魅力を高めることで、投資家やビジネス・パートナーの関心を引き付ける。	**地域経済の振興** ・ホープ半島の地域経済を活性化し、新たに500件の雇用機会を創出し、地域のビジネス活動の売上高を年間20%増加させる。 **地域コミュニティの強化** ・ホープ半島の公共施設の改善と拡充を図る。 ・地域住民向けの健康プログラムや教育プログラムを実施する。 ・地域コミュニティセンターの設立と運営を行う。 **観光産業の振興** ・ホープ半島の観光客数を現行の年間10万人から20万人へ増加させる。 　期限：3年後 ・ホープ半島内の宿泊施設の稼働率を現行の60%から80%へ高める。 　期限：2年後 **市場価値の向上** ・商業施設の入居率を現在の70%から90%に引き上げる。 　期限：18カ月後 ・不動産価値を10%以上向上させ、地域の不動産市場の成長率を市平均の2倍に増やす。 　期限：2年後
注意事項	
このビジネス・ケース文書は、プロジェクトの根本的な目的と目標を定義するためのものであり、プロジェクトの成功を支える詳細な戦略や実装計画は含まれていない。	

■ ベネフィット・マネジメント計画書［地域活性化プロジェクトの例］

目的	ベネフィット
地域経済の振興 ・ホープ半島の地域経済を活性化し、地域の雇用機会やビジネスの発展を促す。	・新たに500件の雇用機会の創出。 ・地域のビジネス活動の売上高を年間20％増加させる。
地域コミュニティの強化 ・地域住民の生活環境や福祉の向上を図り、地域コミュニティの結束を強める。	・公共施設の改善と拡充。 ・健康プログラムや教育プログラムの実施。 ・地域コミュニティセンターの設立と運営。
観光産業の振興 ・ホープ半島を観光地として魅力的に位置付け、観光客の誘致や滞在時間の延長を図ることで、地域経済に貢献する。	・年間観光客数を10万人から20万人へ増加。 ・宿泊施設の稼働率を60％から80％へ高める。
市場価値の向上 ・商業施設や不動産の価値を向上させ、地域の魅力を高めることで、投資家やビジネス・パートナーの関心を引き付ける。	・商業施設の入居率を70％から90％へ引き上げる。 ・不動産価値を10％以上向上させ、地域の不動産市場の成長率を市平均の2倍に増やす。
ベネフィットの評価	
・ベネフィットは定量的に評価され、目標達成状況と対応付けられる。 ・ベネフィットの測定方法や評価基準は各目標に関連する成果物や指標と一致するように定義される。 ・プロジェクトの進捗と共にベネフィットの状況が定期的に評価され、必要に応じて調整が行われる。	

2-04 要求事項を明らかにする

要求事項を特定する

　要求事項とはステークホルダーからの要望のことであり、プロジェクトのスコープを明確に定義し、実行前にどのようにプロジェクト全体を進めるかを示す役割を果たします。ステークホルダーからの要望をつぶさに特定する要求事項の収集プロセスは、プロジェクトの成功に向けた重要な一歩です。

　ステークホルダーからの要求事項を受け入れるには、「明確さ」「測定可能性」「追跡可能性」「完全性」「一貫性」などの基準が一定程度、満たされる必要があります。これらの基準に照らし合わせながら要求事項を文書化することで、プロジェクトが組織のビジョンと目標に向かってどのように進むかを明らかにすることができます。

　いわば要求事項はプロジェクトの実行指針の基礎となるものであり、「スコープ」「スケジュール」「コスト」「資源」「品質」に関する計画を立てる際になくてはならないものです。

　端的にいうと、要求事項はプロジェクトやプロダクトに関する品質などの具体的な条件や要望を示すものです。

　要求事項にはいくつかの種類がありますが、主要のものに次のようなものがあります。

プロジェクトの要求事項

　プロジェクトの要求事項はステークホルダーからの要望、例えば期間や期限、契約上の義務、制約条件など、プロジェクト・マネジャーやプロジェクト・チームの実行指針になるものです。

- ビジネス・ケース文書

- 契約書
- 作業範囲記述書（プロジェクトや業務の内容や範囲定義する文書）

　これらに加えて、組織内で使われるさまざまなプロセスに関する文書・ツール・テンプレート・ガイドラインなど、組織の情報資産ともいうべき**組織のプロセス資産**などなどをもとにして、必要な要求事項を特定していきます。

地域活性化プロジェクトの要求事項の例
■ アプリのリリース日を6カ月以内に設定し、リリース日までにアプリを正常に稼働させる。 ■ プロジェクトの予算には、開発コスト、広告費、サーバーの維持費などを含む。 ■ プロジェクトの成果物は内部監査を行い、品質管理プロセスにより基準が満たされているかを確認する。

❖ プロダクトの要求事項

　システムやソフトウェアといったプロダクトの場合、その要求事項には機能面と非機能面があります。プロダクトそのものの機能や付随する成果物のほかに、信頼性・使用性・安全性・保守性などの非機能面の要求事項も充足させなければなりません。

　これらの要求事項を特定するには、プロダクトの機能をどのように実行させればよいかに焦点を当てるようにします。

地域交通案内アプリのプロダクトの要求事項の例
■ 製品はモバイルアプリとして提供され、iOS と Android の両方で動作しなければならない。 ■ ユーザーが簡単にナビゲートできるように、直感的なインターフェースにしなければならない。 ■ 製品はセキュリティ要件に準拠していなければならない。

▶ 品質に関する要求事項

プロダクトの品質面を保証する要求事項です。

地域交通案内アプリの品質に関する要求事項の例
■ アプリの動作が早く、検索結果や情報表示に遅延のないことが求められる。パフォーマンスは平均応答時間が2秒以内とする。
■ 表示された交通情報が正確で信頼性が高いことが求められる。カバレッジエリアはホープ半島の95%以上である必要がある。
■ アプリのテストと検証が適切に行われ、バグやエラーを最小限に抑えていることが求められる。

▶ ビジネスに関する要求事項

ビジネス・ケース文書またはプロジェクト憲章で特定される要求事項であり、事業目標を果たすうえでコンプライアンス面にも留意して特定します。

地域活性化プロジェクトのビジネスに関する要求事項の例
■ アプリの提供によって収益を生み出すためのビジネスモデルが必要であり、広告収入や有料サービスなどの収益源を明確に定義しなければならない。
■ アプリの利用者を増やすためのマーケティング戦略や顧客獲得プログラムを策定し、ユーザーの獲得と維持に向けた取り組みを行わなければならない。
■ アプリが地域の交通や観光に関する価値を提供し、ブランド価値を高めることが求められる。
■ 関連する法規制や地域のルールに準拠し、法的および倫理的な要件を遵守することが求められる。

▶ ステークホルダーに関する要求事項

外部のステークホルダーからの要求事項です。

地域活性化プロジェクトのステークホルダーに関する要求事項の例
■ アプリの開発状況や進捗状況について、関係者やステークホルダーに定期的に報告する仕組みを整備していることが求められる。
■ 利用者からのフィードバックや要望を収集し、アプリの改善や機能追加に反映する仕組みを設けていることが求められる。
■ 地域の交通事業者や関連機関との連携が図られ、サービスの提供や情報共有を円滑に行うことが求められる。
■ 地域行政や観光関連団体との協力関係を築き、地域交通や観光の振興に貢献することが求められる。

▶ 移行／準備状況に関する要求事項

プロジェクトの成果物や生み出されたものを顧客が実際に利活用できるようにするため要求事項です。

地域活性化プロジェクトの移管／準備状況に関する要求事項の例
■ アプリの開発や運用に関する移管計画を作り、移管作業のスケジュールや手順を明確化していることが求められる。
■ 移管先の運用チームや管理者に対するトレーニングを実施し、システムの適切な操作や管理方法を習得していることが求められる。
■ 移管後も必要なサポート体制を維持し、運用チームや管理者が問題解決やサポートを受けるための手段を提供していることが求められる。
■ 移管作業が完了した後、評価し、必要に応じて改善点を特定する仕組みを構築していることが求められる。

2-05 要求事項を収集する

　要求事項をステークホルダーから収集するプロセスは、プロジェクトのスコープや要件を決定し、それを達成するための指針を明らかにしていく作業になります。要求事項の収集プロセスでは、専門家の判断や関係者とのコミュニケーションが重要になります。

　専門家の判断は、必要なスキルと経験を有した専門家の豊富な知見に基づく意見です。また、関係者とのコミュニケーションでは主にインタビューやアンケートなどから要望を収集します。

　こうして収集した要求事項は、要求事項文書、そしてユーザー・ストーリーに整理します。**要求事項文書とは、プロジェクトの中心的な要求事項をまとめたもので、プロジェクトを進める際の指針**です。また、**ユーザー・ストーリーとは、エンド・ユーザーの視点から製品、サービ**

図 2-4 要求事項を収集するイメージ

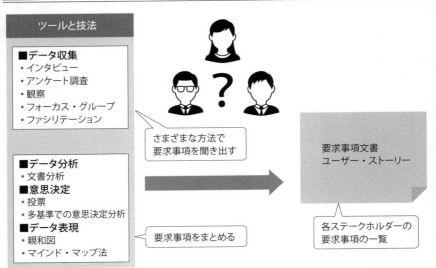

出所：『プロセス群：実務ガイド』から引用した図を一部加工

ス、ソフトウェアの要件を明確に説明し、顧客価値をどのように実現するかを示すものです。

■ 主な要求事項の収集方法

手法	利点	考慮事項
インタビュー	■ 成果物の機能を特定し、定義できる ■ コミュニケーションは計画された方法で行うことも、自由に行うことも、または同時ではない方法で行うこともできる ■ 機密情報を取り扱える ■ ステークホルダーの要求事項、ゴール、期待を特定できる	■ 1人の視点しか捉えられない
アンケート調査	■ 書面による形式で多数のグループから情報を収集できる ■ 定量的データを得られる ■ 所要時間が比較的短い ■ 回答者が多様で地理的に分散している場合に有効	■ 結果が出るまでに時間がかかる ■ 回答やデータの質は質問の質に影響される
観察	■ 特定の仕事上の役割、タスク、機能を五感で把握できる ■ 変更がプラスになりそうな点を理解できる	■ 特になし
フォーカスグループインタビュー	■ 形式にとらわれず双方向で情報共有できる ■ 定量的データを得られる ■ さまざまな意見を収集するために事前に参加者を選択できる ■ 焦点を絞ったアプローチで特定の情報を収集できる	■ 一定条件を満たすステークホルダーの選別が必要 ■ 調査に関する主催者と専門家が必要
ファシリテーション型ワークショップ	■ 要求事項を決定し、ステークホルダーの合意を得るためのセッションができる ■ チームが要求事項を捕捉できる ■ ステークホルダーが他者の懸念と要求事項を理解できる	■ ファシリテーションスキルが必要

　要求事項の収集プロセスは、プロジェクトの要件を明らかにし、ステークホルダーのニーズと期待を適切に理解するために行います。プロジェクトの特性に応じて上記の何を選択するかを検討します。

2つの文書を作成する

ビジネス・ケース文書

　ビジネス・ケース文書は、**プロジェクトの適正性とその範囲を明確にするための文書**です。プロジェクトが組織にとって価値あるものであるかどうかを評価し、プロジェクトの着手に必要な合意を形成するものであり、そのために次の要素を記述するようにします。

ビジネス・ニーズ	プロジェクトが解決しようとする組織の課題やニーズを明確に記載する。これはプロジェクトの出発点であり、なぜプロジェクトが必要なのかを説明する。
費用便益分析	プロジェクトの実行に要する費用と、そのプロジェクトがもたらす利益とを詳細に分析し、プロジェクトの収益性や投資価値の評価を記載する。
品質仕様	プロジェクトの成果物がどのような品質基準に従うべきかを指定する。品質要件はプロジェクトの成功に不可欠。
制約条件	プロジェクトのスケジュールと予算に関する制約条件を明示する。プロジェクトを期限内、予算内で実施することを確認する。

　ビジネス・ケース文書が承認され、それがプロジェクト憲章になると、プロジェクト・マネジャーとプロジェクト・スポンサーは、承認された計画に基づいてプロジェクトを実行する責任を担うことになります。

ベネフィット・マネジメント計画書

　ベネフィット・マネジメント計画書は、**プロジェクトが具体的なベネフィット（便益・利益）の達成を組織のビジョンや戦略にどのように結びつけるかをステークホルダーに明確に示す文書**です。ベネフィットの実現は

プログラム全体の成功にとって重要な要素であることはいうまでもありませんが、それをいつまでに実現するかを示すことが重視されるため、期限の設定には特に留意が必要です。

また、ベネフィットの評価に使う測定指標や、関連する前提条件、制約条件、リスクなどの記載も必要とされることがあります。

なお、『PMBOK® ガイド』では以下の項目の記述を推奨しており、これらは『プログラムマネジメント標準』において詳細に説明されています。

目標ベネフィット	プロジェクトが生み出す恩恵や利益、つまり価値を定量的に示す。
戦略の整合性	プロジェクトを推進することが組織全体の戦略にとってどのような意味があり、価値を生み出すのかを明示する。
ベネフィット実現の時間枠	プロジェクトが生み出す価値がステークホルダーにどのように便益として供与されるかを短期的・長期的・継続的な時間枠で示す。
ベネフィット・オーナー	プロジェクト完了後にもベネフィットがどのように提供されているかを監視・記録・報告する責任者であるベネフィット・オーナーを明記する。
評価尺度	プロジェクトから創出された価値を主に定量的に評価する指標を明示する。
前提条件	ベネフィットが得られるために必要となる前提条件を明示する。
リスク	プロジェクトを進行させるうえで想定されるリスクを明示する。

プロジェクトのベネフィットを確実に実現することは、プロジェクト・マネジャーにとって重大な責務の1つです。

製品・サービスに合わせて進め方を決める

　製品開発にプロジェクトマネジメントを適用する場合、プロダクト・ライフサイクルとプロジェクト・ライフサイクルとの違いを理解している必要があります。図表2-5にあるように、プロジェクト・ライフサイクルはプロダクト・ライフサイクルに含まれます。

図 2-5 プロダクト・ライフサイクルとプロジェクト・ライフサイクルの違い

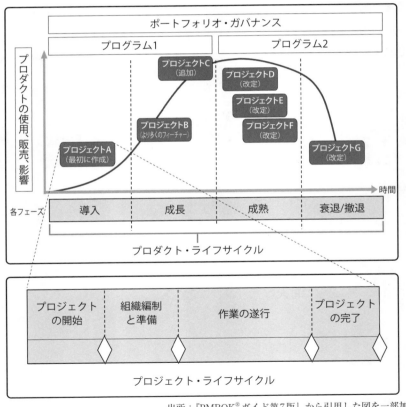

出所：『PMBOK® ガイド第7版』から引用した図を一部加工

プロダクト・ライフサイクルは、製品・サービスを企画・開発してから市場撤退までの期間です。その間のプロダクトの企画段階では市場調査などのプロジェクトが実行されますし、プロダクトを開発して市場投入する段階では営業・マーケティングとのプロジェクトが実行されます。このことを前提にして、製品・サービスのプロジェクトは進め方を決定するようにします。

その際の主な手順は以下のとおりです。

❶プロダクトの理解	プロジェクト・チームは製品やサービスを詳細に理解する。製品の特性、機能、顧客のニーズ、市場動向等について情報を収集する。
❷提供頻度（デリバリー・ケイデンス）の決定	プロジェクトの進行スピードやリリース・サイクルを決定する。製品やサービスの市場投入時期や要求に合わせてスケジュールを決める。
❸適切な開発アプローチの選択	予測型、適応型、ハイブリッド等の開発アプローチから最適なものを選ぶ。プロジェクトの複雑性や変化の度合いに応じて開発アプローチを調整する。
❹プロセスのテーラリング	選んだ開発アプローチに合わせて、プロジェクトのプロセスをカスタマイズする。必要な工程やステップを追加・変更・削除し、プロジェクトに適した方法で作業を進める。
❺環境と組織文化への適合	プロジェクトに関係する事業環境や組織文化に合わせて、実務慣行や方法を調整する。組織内の要件や規制に適合し、ステークホルダーとのコミュニケーションを最適化する。
❻プロジェクトの最適化	プロジェクトの成果物、ステークホルダーの選定、リソースの配分等、製品やサービスに合わせてプロジェクトを最適化する。製品の品質と効率を高めるための調整を行う。
❼プロジェクトマネジメントとプロダクト・マネジメントの連携	プロジェクトマネジメントとプロダクト・マネジメントの役割と責任を明確にし、連携を強化する。製品やサービスの成功に向けて協力して作業を進める。

■ 製品・サービスに適したアプローチとライフサイクルの例

プロジェクト	提供頻度	適したアプローチ
商業施設の再開発などの建設プロジェクト	1回のみ	予測型開発アプローチ
地域交通案内アプリの制作などのソフトウェア開発プロジェクト	定期的に複数回	適応型開発アプローチ（反復型）
地域コミュニティの活性化を図るイベントなどの企画・運営プロジェクト	複数回	ハイブリッド（予測型開発アプローチと反復型や漸進型を含む適応型開発アプローチを組み合わせた進め方）

2-08　リスクを特定する

ビジネス・リスクとプロジェクト・リスク

　プロジェクトマネジメントにおけるリスクは、ビジネス・リスクとプロジェクト・リスクに切り分けて対処します。

　ビジネス・リスクとは組織の事業活動全般に関係するあらゆるリスクであり、競合他社との競争、法的問題、財務上の問題、運営上の問題など、経営活動にマイナス影響（場合によってはプラス影響）を及ぼす事象のことです。

　一方、**プロジェクト・リスクとはプロジェクトのプロセス全般に関係する予期せぬ出来事のこと**であり、スコープ・スケジュール・コストなどの変更、リソース不足、技術的な問題、リーダーシップの欠如、ステークホルダーとのコミュニケーション問題、法的問題、環境問題など、プロジェクトを進めるうえで課題となる事象のことです。

　よって、事業経営に関わるビジネス・リスクのマネジメントはプロジェクト・マネジャーではなく、事業全般の責任を担うビジネス・オーナーに帰属します。

　一方、プロジェクトに限定されるプロジェクト・リスクはプロジェクト・マネジャーがその責任を担い、ステークホルダーの目標達成のためにプロジェクトに関係するリスクをマネジメントしていきます。

　具体的にはまず、プロジェクトの**リスク選好度**と**リスクしきい値**への対応です。リスク選好度とは、組織や個人がリスクをどの程度受け入れるか、または望ましいレベルのリスクを決めることです。リスクしきい値とは、組織や個人が許容できるリスクの最大レベルを示す基準であり、しきい値を超えるリスクは組織や個人にとって望ましくないものと判断します。

個別リスクと全体リスク

　また、プロジェクト・リスクには「個別リスク」と「全体リスク」があります。個別リスクとは、例えば予算超過リスク、スケジュール遅延リスク、スコープが拡大/変更するリスク、技術的リスク、人的資源不足リスクなどです。そして全体リスクとは、プロジェクトを取り巻く事業環境の変化などのことです。

■ プロジェクトの個別リスクと全体リスクの例

個別リスクの例	全体リスクの例
▪ 予算超過 ▪ スケジュール遅延 ▪ スコープの拡大や変更 ▪ 技術的問題 ▪ 人的資源不足	▪ 政権の交代 ▪ 経済情勢の急変 ▪ 新技術の登場 ▪ 自然災害の勃発 ▪ 新法の制定

　全体リスクの特定方法として、プロンプト・リスト（Prompt Lists）の活用があります。これは、プロジェクトに影響を及ぼしそうな外部要因を敏速に（prompt）抽出するためのリストであり、主に「PESTEL」「TECOP」「VUCA」などのフレームワークがあります。

　これらのフレームワークを拠り所として、「政治的なリスクには何が考えられるか？」「運営面で問題となり得ることに何が想定できるか？」などとチーム内でディスカッションしながらリスクを特定していきます。

■ プロンプトリストの例

PESTLE（ペステル）	TECOP（テコップ）	VUCA（ブーカ）
P：政治（Political ） E：経済（Economical） S：社会（Social） T：技術（Technological） L：法律（Legal） E：環境（Environmental）	T：技術（Technical） E：環境（Environmental） C：商業（Commercial） O：運営（Operational） P：政治（Political）	V：変動性（Volatility） U：不確かさ（Uncertainty） C：複雑さ（Complexity） A：曖昧さ（Ambiguity）

　また、プロジェクト・リスク・マネジメントにおいてとても重要なことがあります。それは、プラス（ポジティブ）に働く機会の可能性を最大化し、マイナス（ネガティブ）に働く危険の可能性と影響を最小化する計画的なアプローチであることを認識することです。

　プロジェクトの個別リスクは、1つ以上のプロジェクト目標にポジティブまたはネガティブな影響を及ぼす可能性があります。一方、プロジェクトの全体リスクは、プロジェクトに影響を与える不確実性の影響であり、個別のリスクを含む不確実性の要因から生じます。そして、こうしたリスクは、ステークホルダーによってプロジェクト成果の変動に影響を与えます。

■ 商業施設の再開発プロジェクトに関連するリスクの例

ビジネス・リスクの例	プロジェクト・リスクの例
▪ **市場需要の変化** →地域経済や人口動態の変化により、商業施設の需要が減少する可能性	▪ **予算超過** →建設費や再開発に伴う費用が予算を超過する可能性
▪ **競合他社の影響** →競合他社が同様の再開発プロジェクトを実施し、市場シェアを奪う可能性	▪ **工期遅延** →想定よりも建設や改修作業に時間がかかり、プロジェクトの完了が遅れる可能性
▪ **地域の規制変更** →地方自治体や政府の規制変更により、再開発プロジェクトの計画や運営に影響を与える可能性	▪ **技術的問題** →新しい設備やシステムの導入に伴う技術的な問題が発生し、プロジェクトの進行を妨げる可能性
	▪ **リソース不足** →建設材料や人材などの必要な資源が不足し、作業の停滞や品質低下を招く可能性

2-09 プロジェクトの「ルール」を策定する

　プロジェクト・マネジャーはステークホルダーそれぞれの期待を調整し、共通の理解と成功への合意を築く必要があります。特に、不確実性やリスクが伴いがちな未経験のプロジェクトの場合、プロジェクト・メンバーやステークホルダーが適切かつ円滑に業務を行うために明確なルールが必要です。事前にルールが明文化されることにより、意思決定やコミュニケーション上の曖昧さが解消され、プロジェクトを効率的に運用できるようになります。

　このルールの策定はプロジェクト・マネジャーが行います。プロジェクト・マネジャーがルールを策定することでプロジェクトの進行についてステークホルダーの合意が得られやすくなるとともに、プロジェクト全体の方向性が明確にもなり、プロジェクト・チームの統率も行いやすくなります。

　プロジェクトで事前に策定する主なルールには次のようなものがあります。

コミュニケーションのルール	メンバー間やステークホルダーとのコミュニケーション方法や頻度を定める。 例）週次の進捗報告会議を設ける、重要な情報は電子メールではなくプロジェクト管理ツールで共有する、等。
決定ルール	意思決定プロセスや権限を明確にする。 例）重要な変更はプロジェクト・スポンサーの承認を得る、緊急の問題に関してはプロジェクト・マネジャーが即座に対応する、等。
作業ルール	チーム・メンバーが作業を行う際の手順や基準を定める。 例）コードレビューが必要な場合は必ず行う、文書類は共有ドライブに保存する、等。
責任分担ルール	各メンバーの役割と責任を明確化する。 例）誰がどのタスクを担当するかをプロジェクト計画に記載し、定期的に確認する、等。

期限ルール	タスクやマイルストーンの期限を明確にする。 例）タスクの完了期限を設定し、遅延が発生した場合の対応策を定める、等。

　ところで、プロジェクトの成功にはいくつかの留意事項を鑑みる必要がありますが、その代表的な事項が次の5つです。

■ プロジェクトの成功に関わる主な5つの要因

❶目標の合意	プロジェクト・チーム、経営陣、顧客などのステークホルダーがプロジェクトの目標や実行方法に合意している。
❷計画	プロジェクトの全体像がわかる計画を適切に策定し、それをもとにしたプロジェクトの進行管理が整っている。
❸良好なコミュニケーション	ステークホルダー間の情報の共有と適切なタイミングでのコミュニケーションがとれる状態にあることで問題発見と解決が速やかに行える。
❹コントロールされたスコープ	スコープに変更が生じた場合に備え、プロジェクト・スコープが適切にコントロールできる状態にある。
❺マネジメントのサポート	組織や上級管理職のサポートから必要な資源やサポートが確保されている。

　このうち「目標の合意」「コントロールされたスコープ」「マネジメントのサポート」は、プロジェクトのルールが密接に関係しています。プロジェクトはルールに基づいて遂行されるため、プロジェクトを開始する前にルールの承認を得なければなりませんが、これはすべてのステークホルダーがプロジェクトの目標とその範囲に合意するということでもあります。

　そして、この合意は文書化されていることが必要です。もし、この合意が文書化されていないとステークホルダーによってはプロジェクトの目標や制約条件の解釈の誤差が生じることにもなり、計画的なプロジェクト活動が停滞してしまうことにもなりかねません。

　したがって、プロジェクトを成功に導くには、明確で一貫性のあるルールが欠かせないのです。

■ プロジェクトのルールの例

透明性の確保	プロジェクトの目的、目標、スコープ、期待される成果を明確にステークホルダーに伝える。プロジェクトの計画と進行状況に関する情報を随時共有し、進捗状況やリスクについて説明する。
ステークホルダーの参加	ステークホルダーがプロジェクトに参加し、意見を述べ、提案を行う機会を提供する。ステークホルダーのフィードバックを収集し、プロジェクトの方向性に反映するための仕組みを整える。
コミュニケーションの確保	ステークホルダーとの定期的なコミュニケーションを確保するためのフォーラムや会議を設ける。重要な意思決定が行われる前に、ステークホルダーとの対話と協議を行い、合意を形成する。
リスクおよび課題の共有	プロジェクトのリスクや課題について、ステークホルダーとの協力を得て適切な対応策を策定する。リスク・マネジメント計画を策定し、ステークホルダーにリスクの認識と対応策の理解を促す。
成果物のレビュー	プロジェクトの成果物や進捗状況をステークホルダーに定期的にレビューしてもらい、フィードバックを収集する。ステークホルダーの要求を満たすために、成果物の品質や適合性に対する期待を確認する。

2-10 「プロジェクト憲章」を作成する

　プロジェクトは有期的な取り組みであり、その性質上、プロジェクト・マネジャーの役割や権限も一時的なものです。プロジェクトが始まるとき、その成功に必要な人や組織がまだ認識されていないこともあります。こうした状況を克服し、プロジェクトを公式に認知し、主なステークホルダーや意図された成果を明確にするために必要になる文書が「プロジェクト憲章」です。

　プロジェクト憲章は、新しいプロジェクトの開始を通知し、プロジェクトとそのマネジャーに対するマネジメントのサポートを示すものです。また、プロジェクト・マネジャーの意思決定権やプロジェクトの指揮権を明確にし、権威の確立に寄与します。

　権威の確立に関して、プロジェクト・マネジャーの権限は専門家の権威と公式な権威の両方が存在します。専門家としての権威は能力に基づいて高めることができますが、公式な権威は組織から委任されるものです。

図2-6 プロジェクト憲章の作成に必要な要素

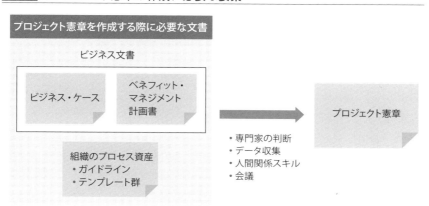

出所：『プロセス群：実務ガイド』から引用した図を一部加工

プロジェクト憲章により、プロジェクト・マネジャーの権限が付与・保証され、公式な権威が確立します。この公式な権威は重要ですが、専門家としての権威と組み合わせることで、プロジェクトをより一層、適切にリードできるようになります。

プロジェクト憲章にはさまざまな内容を盛り込むことができますが、必ず盛り込まなければならない内容もあります。それが次の7項目です。

■ プロジェクト憲章に盛り込む7項目

❶目的	プロジェクトの目標と正当性を簡潔に示し、なぜプロジェクトが行われるのかを説明する。プロジェクトの存在理由を明確にし、意思決定の基盤を提供する。
❷スコープ	プロジェクトの目的達成に必要な作業内容を明示する。スコープの変更や拡大を防ぎ、プロジェクトの進行を適切に管理する。
❸成果物	プロジェクトのアウトプット、中間成果物、最終成果物を明確に定義し、プロジェクトの進捗と成果物のビジョンを示す。また、提案や計画の進行状況や方向性を示す計画書を作る。
❹コストとスケジュールの見積り	プロジェクトの予算と期限を定義し、現実的で正確な見積りを提供する。予算と期限に関するルールを明示することでステークホルダーは現実的な期待を抱けるようになる。
❺成功の尺度	プロジェクトの完了や成功の評価基準を明示する。明確な基準により、プロジェクトの目標達成の指針を提供する。
❻ステークホルダー	プロジェクトに影響を与えるすべてのステークホルダーを特定し、役割と貢献を明示する。これにより、ステークホルダーのマネジメントとコミュニケーションを支援する。
❼指揮命令系統	誰が誰に報告し、指示を出すのかを明確にする。組織図を使って指揮命令系統を説明し、プロジェクト内外での連絡体制を整える。

これらの項目をプロジェクト憲章に組み込むことで、プロジェクトの目標や進行を明確にし、ステークホルダー間の合意を形成し、プロジェクトの成功に向けた基盤を築くことができます。プロジェクトに特有の前提条件や合意事項も追加し、管理可能なツールとして活用します。

Case

商業施設の再開発プロジェクトのプロジェクト憲章の記載事項の例

プロジェクト名	ホープ半島商業施設の再開発プロジェクト
発行日	［発行日］
プロジェクト・マネジャー	［プロジェクト・マネジャーの名前］
承認者	［承認者の名前］

1. 目的記述書
- ホープ半島の観光産業を活性化し、地域経済の再興を目指す。商業施設の再開発により、新たな商業空間を創造し、観光客と地元住民に魅力的なショッピングとレクリエーションの場を提供する。

2. スコープ記述書
- 既存の商業施設の改修、新規テナントの誘致、交通アクセスの改善、地域交通案内アプリの開発と導入。

3. 成果物
- 改修した商業施設、新規テナント契約、改善された交通アクセス、完成した地域交通案内アプリ。

4. コストとスケジュールの見積り
- 総コスト：［金額］
- スケジュール：［開始日］から［終了日］まで

5. 成功の尺度
- テナント満足度80%以上、観光客数の20%増加、アプリダウンロード数［目標値］達成。

6. ステークホルダー
- アスミ・プランニング（プロジェクト発起人）
- 地元自治体（規制機関）
- 地域住民（エンドユーザー）
- 商業テナント（顧客）
- 外部委託先（サプライヤー）

7. 指揮命令系統
- プロジェクト・マネジャーは、アスミ・プランニングの経営陣に直接報告し、組織内の関連部門と協力してプロジェクトを進行する

プロジェクト・マネジャーの権限	・プロジェクト資源の割り当て ・予算の管理と支出の承認 ・プロジェクト・スコープの変更に関する決定権 ・ステークホルダーとの交渉およびコミュニケーション
承認	・プロジェクト・マネジャー：［名前］ ・承認者：［名前］

2-11 プロジェクト憲章の承認を得る

ステークホルダーとの合意形成

　適切なプロジェクト・スポンサーによるプロジェクト憲章への署名により、プロジェクトは公式に認可されます。

　プロジェクトの合意の重要性は、プロジェクトの目標を達成したことを各当事者がどのように報告し、検証するかを明確にすることにあります。したがって、プロジェクト憲章の承認に先立って、ステークホルダーが成功基準について合意することが不可欠です。また、ステークホルダーから意見を聞き、専門家から技術的な成功基準についてアドバイスを受けることも大切です。そのうえで、組織内外から必要な品質やパフォーマンス基準を理解し、統合するために情報を収集します。

　こうしたことに基づいて、チーム・メンバーは自分のゴールが何であるかを正確に理解しておく必要があります。

プロジェクト憲章の承認における留意点

　予測型プロジェクトのプロジェクト憲章では、各成果物に対する客観的な受入基準に基づいて成果物の受け入れが行われるようにします。

　適応型プロジェクトのプロジェクト憲章では、要求や機能が変更されるたびに実際の成果物も変わることがあるため、各ユーザー・ストーリーで示された顧客の要求を明確にし、これらの要求を満たしているかを確かめるためにタスク完了の定義を定めて、成果物の受け入れが行われるようにします。

　プロジェクトの成功基準を明確に定義し、プロジェクト・スポンサーとステークホルダーがそれに同意することで、プロジェクト憲章の承認

プロセスは円滑に進行することになります。

　プロジェクト憲章は、プロジェクト・マネジャーによって作られ、期待を管理し変化に柔軟に対応するための重要なツールです。プロジェクト・マネジャーはプロジェクト憲章を使ってステークホルダーに計画を説明する責任がありますが、プロジェクトが進むにつれて、意見の違いや状況の変化により、当初の合意事項が変わることがあります。

　その場合、ステークホルダーが変更内容に同意したならば、プロジェクト・マネジャーはその変更をプロジェクト憲章に反映させなければなりません。

　こうしたケースでは、プロジェクトの完了にあたってプロジェクト憲章が初期のバージョンと異なることもありますが、重要なのはステークホルダーが最新の情報を共有し、変更に合意していることです。

　ところで、プロジェクト憲章はビジネス・ケース文書と基本的な要素が重なり合う部分があります。ビジネス・ケース文書は、事業アイデアを具体化し、目標の実現可能性を判断するために作られます。そして、その実現可能性が確認された場合、プロジェクト・マネジャーによってプロジェクト憲章が作られ、プロジェクトが発足します。両者に共通する部分は、事業アイデアの仮説を検証し、より詳細な目標を調査する機会として活用される点です。

図 2-7 プロジェクト憲章の承認

プロジェクト憲章を作成し、提出する
（承認依頼）

プロジェクト憲章

プロジェクト・スポンサー
または発起人

プロジェクトを進めてよいという承認
（権限の委譲、委任）

プロジェクト・
マネジャー

ステークホルダーを
マネジメントする

　プロジェクトの立ち上げ段階で潜在的なステークホルダーを幅広く特定することは、プロジェクトに関連するすべての人々への影響を正しく予測するうえで有益です。また、関連する部門、システム、プロセスの特定にも役立ち、コストとリスクの見積りに影響を与えます。

　プロジェクトの進行に伴い、積極的に関わるステークホルダーの数は増えていきますが、積極的には関与しないステークホルダーにも配慮します。積極的に関与するステークホルダーは、プロジェクトに直接関与する人たちです。例えば、プロジェクト・メンバーやプロジェクト・スポンサー、顧客、エンド・ユーザーが該当します。

　一方、積極的には関与しないステークホルダーは、プロジェクトに関心は持ちつつ作業には直接関与しない人たちです。関連部門や組織のメンバーや上級管理職が該当します。この人たちを無視すると、彼らが変更を認識した際にコンフリクトが生じる可能性があります。

　ステークホルダー・マネジメントは、プロジェクトや組織に関わるすべての人たちとの関係を理解し、適切に対応するための手法です。プロ

図 2-8 ステークホルダーの特定の時期

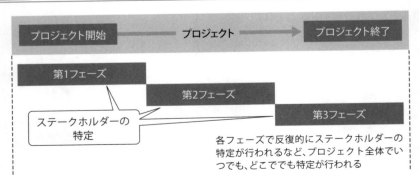

ジェクト・チームはこれらのステークホルダーとの深いつながりを築くために、早期に行動を起こし、協力を求めます。

その際に有効なリストが「**ステークホルダー登録簿**」です。これは、各ステークホルダーのプロジェクトに対する要求や現時点におけるプロジェクトに対する関与度を記載し、一覧表としてまとめたものです。

■ **ステークホルダー登録簿の例**

商業施設の再開発プロジェクト

No.	氏名	連絡先	組織の内外	要求事項	関心	影響度	関与度
1	石川 ひろし	080-1111-****	内部	資金調達、方向性	開発計画	高	高
2	富山 あいこ	080-2222-****	内部	ビジョンと目標	デザイン	中	中
3	福井 けんじ	080-3333-****	外部	建材供給	品質保証	高	高

地域交通案内アプリの制作プロジェクト

No.	氏名	連絡先	組織の内外	要求事項	関心	影響度	関与度
1	小松 さちこ	080-4444-****	内部	資金調達、方向性	アプリ機能	高	高
2	高岡 ゆかり	080-5555-****	内部	利用者フィードバック	ユーザーエクスペリエンス	中	中
3	勝山 たけし	080-6666-****	外部	開発サポート	技術要件	高	高

地域コミュニティの活性化プロジェクト

No.	氏名	連絡先	組織の内外	要求事項	関心	影響度	関与度
1	加賀 わたる	080-7777-****	内部	プロジェクト計画	コミュニティ参加	高	高
2	越中 ゆきえ	080-8888-****	内部	イベント企画	地域経済	中	中
3	越前 まさる	080-9999-****	外部	技術サポート	品質保証	高	高

ステークホルダー・マネジメントは、人に対するリスク・マネジメントとして機能します。このプロセスは識別から始まり、優先順位付け、分析へと進みます。リスク分析と同様にステークホルダー分析では、適切なコミュニケーションを通じて適切な人を適切なタイミングで巻き込むための戦略を立てます。

　さらに、プロジェクトに必要なステークホルダーの役割を正確に理解することも重要です。役割は職位ではなく、プロジェクトへの具体的な貢献（資金、要求、権限、資源等）に基づいて決まります。

■ プロジェクト・ステークホルダー・マネジメントのプロセス

プロセス群	プロセス
立ち上げプロセス群	①ステークホルダーの特定プロセス
計画プロセス群	②ステークホルダー・エンゲージメントの計画プロセス
実行プロセス群	③ステークホルダー・エンゲージメントのマネジメント・プロセス
監視コントロール・プロセス群	④ステークホルダー・エンゲージメントの監視プロセス

　プロジェクトの進行過程でステークホルダーとの関係を適切に管理し、プロジェクトの成功に寄与するためのポイントは次のとおりです。

ステークホルダーと協力する

- すべてのステークホルダーとのコミュニケーションを促すために、ステークホルダー・エンゲージメントの必要性を評価する。
- ステークホルダーのニーズ、期待、プロジェクト目標間の整合性を図る。
- 目標達成のためにステークホルダーと信頼関係を構築する。

コミュニケーションを管理する

- ここでのコミュニケーションとは、情報や意見、感情を相互に伝えることであり、言葉・文書・動画・音声など、さまざまな手段で行われる。

- すべてのステークホルダーにコミュニケーションのとり方などの要望や必要性を分析する。
- ステークホルダーごとのコミュニケーション方法、情報の送受信の手段・経路・頻度、抽象的な概念や全体像を伝える場合と具体的な事実を伝える場合とで、情報の詳細度をどう変えるべきかを決定する。
- プロジェクト情報を適切に伝達し、効果的に更新する。
- コミュニケーションの方法などが理解され、フィードバックが受け入れられることを確認する。

ステークホルダーを関与させる

- ステークホルダーを分析する。一例として、プロジェクトへの影響度や関心度を示した権力・関心度グリッド分析を使う。
- ステークホルダー関与度マトリックスを使い、ステークホルダーをカテゴリー分類する。
- カテゴリーごとにステークホルダーを関与させる。
- ステークホルダーのエンゲージメント向上策を戦略的に行う。

■ ステークホルダー関与度マトリクスの例

ステークホルダー	不認識	抵抗	中立	支持	指導
加賀　ひろし	現状	➡	➡	望ましい状態	
越中　ゆきえ			現状 ➡	望ましい状態	
越前　まさる				現状 ➡	望ましい状態

ステークホルダーの影響力と関与度を明確にする

　ステークホルダーの影響力と関与度を正確に評価するには、「ステークホルダーの特定」「関係の評価」「データ収集と分析」「影響力の評価」に焦点を当て、プロジェクト・マネジャーがステークホルダーに向けてのコミュニケーション戦略を立てることが肝要です。

　その基本的なステップは以下のとおりです。

Step 1 ＞ ステークホルダーの特定

　プロジェクトに関する計画書や文書類からプロジェクトの全関係者を洗い出します。また、これまでの経緯を記した記録を参考に、ほかに参加する人がいるかどうかをチェックします。

Step 2 ＞ ステークホルダーの関係評価

　ステークホルダーの重要度を測るためにプロジェクトへの関与度合いを評価します。その判断基準には次のものがあります。

　関心度：プロジェクトにどれほどの興味を持っているか。

　関与度：プロジェクトにどれほど参加しているか。

　相互依存度：他のステークホルダーとどれほどのつながりを持つか。

　影響力：プロジェクトの成功にどの程度影響を持つか。

Step 3 ＞ データ収集と分析

　ステークホルダーに関する情報収集と分析を行います。

　データ収集：チーム・メンバーが知るステークホルダーの情報を会議で出し合い、共有する。

　データ分析：収集した情報からステークホルダーの要望や期待、プロジェクトへの見方を把握する。

Step 4 ＞ 影響力の評価

ステークホルダーを次のカテゴリーに分けて評価します。

- 重要な上司や支援者
- スキルや知識を提供する専門家
- 外部の供給者、政府機関、一般の人々、エンド・ユーザー、規制機関等
- 他のプロジェクト・マネジャーや同僚

　誰がプロジェクトに影響を与える可能性が高いか、誰がどの程度プロジェクトに関与しているかを把握するうえで、『PMBOK®ガイド』ではステークホルダーを特定するツールである「グリッド分析」の活用を推奨しています。これは、権力・関心度・関与度から2つを選んで指標とし、格子状（grid）の4つの領域にステークホルダーをプロットする分析手法です。このときによく用いられるのが権力・関心度グリッドです。

　図2-9の場合、権力が高ければプロジェクトへの影響度が高く、関心度が高ければプロジェクトへの関わり方も強いと判断できます。

図 2-9 権力・関心度グリッド分析の例

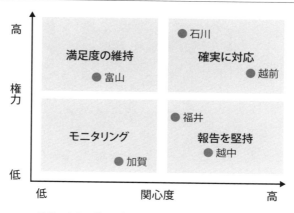

ステークホルダー：　加賀わたる、越中ゆきえ、越前まさる
　　　　　　　　　　石川ひろし、富山あいこ、福井けんじ

図 2-10 ステークホルダーの特定に関係する要素

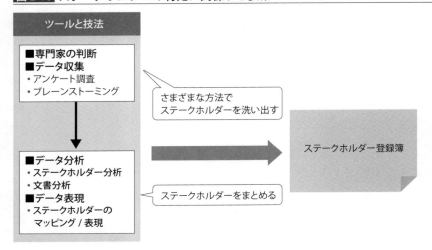

出所：『プロセス群：実務ガイド』から引用した図を一部加工

2-14 プロジェクト・チームを編成する

　多様なスキル・知識・経験を持つメンバーで組織されるプロジェクト・チームは、プロジェクトの性質に応じて編成するようにします。

　予測型開発アプローチの場合、要求事項を理解してからチームを結成します。これに対して、適応型開発アプローチでは、最初にチームを結成し、その後にプロジェクト要求事項をサポートするようにチームを調整します。

　そしてチームの編成において大事にしたいのは、チームとしての行動規範を定めることです。これにより、チーム・メンバーは共通の価値観や行動基準に従って、円滑なコミュニケーションと協力体制を構築することができます。

　以下、円滑なプロジェクト・チームの編成方法についての要点です。

プロジェクト・チームの編成を成功させる５つの要点

Point 1 ＞ 多様性を重視する

　チーム・メンバーを選ぶ際に、異なるスキル、経験、バックグラウンドを持つ個人をバランスよく含め、多様性を活かします。異なる視点からのアプローチが問題解決に役立つことがあるからです。

Point 2 ＞ チームの目標に合致するスキルを評価する

　プロジェクトの性質に応じて、必要なスキル・セットを評価し、チーム・メンバーに適切な役割を割り当てます。スキルの適性とプロジェクトの要求に一致することが重要です。

Point 3 > チームの自律性を高める

　チーム・メンバーの自律性を重視し、チーム全体でリーダーシップを担う文化を醸成します。各メンバーが自己責任を持ち、チームの目標に向かって協力します。

Point 4 > チーム憲章を策定する

　チーム・メンバーが共通の価値観や行動基準を持つために、チーム憲章を策定します。憲章によりチームの規範や意思決定プロセスを明確にすることで円滑なコミュニケーションが期待できます。

Point 5 > チーム・ビルディング活動を推進する

　チーム・ビルディング活動やワークショップを通じて、チーム・メンバー同士の信頼関係を構築し、協力精神を醸成します。これにより、チームの結束力を高めます。

プロジェクトの目標に
ステークホルダーの合意を取っている

　プロジェクトの成功要因の1つでもあるステークホルダーの合意を取ることは、次のような利点があります。

■目標の共有

　ビジョンや目標がはっきり示されることでチーム全体が共通の方向性を持ち、一貫性のある取り組みが可能になる。

■コミュニケーションの円滑化

　ステークホルダーはプロジェクトの進捗状況を把握しやすくなり、問題や課題を共有しやすくなる。

■資源の確保

　ステークホルダーのサポートがあれば、プロジェクトを推進するための資源を取得しやすくなる。

■変更への柔軟性

　ステークホルダーはプロジェクトの目標に共感し、必要に応じて調整や変更を受け入れる可能性が高まる。

■成果物の価値向上

　ステークホルダーがプロジェクトに積極的に参加することで、最終的な成果物の品質と価値が向上する。ステークホルダーの期待に応えるために、チームは最善の成果を提供しようと努力する。

　プロジェクトの目標にステークホルダーの合意を取ることは、プロジェクトを方向づけ、サポートの確保、協力体制を築くための基盤となります。ステークホルダーとの積極的なコミュニケーションと合意形成プロセスを通じて、プロジェクトの成功を確実に追求しましょう。

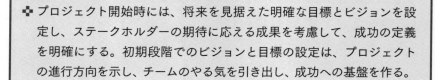

第2章のまとめ

❖ プロジェクト開始時には、将来を見据えた明確な目標とビジョンを設定し、ステークホルダーの期待に応える成果を考慮して、成功の定義を明確にする。初期段階でのビジョンと目標の設定は、プロジェクトの進行方向を示し、チームのやる気を引き出し、成功への基盤を作る。

❖ プロジェクトの中心となる事業価値を定義し、それが組織の目標や戦略にどのように貢献するかを明確にする。事業価値は財務的利益のほかに、顧客満足度やブランド価値などを多面的に評価し、プロジェクトの目標設定や成果の測定に活用する。

❖ ビジネス文書を用いて、抽象的な目的を具体的な目標に変換する。そして、プロジェクトの要望を他の要望と比較し、組織の目標に貢献する方法を明確にする。

❖ プロジェクトのスコープを明確に定義し、成功に向けた基盤を築く。要求事項は明確さ、測定可能性、追跡可能性、完全性、一貫性を持ち、スケジュール、コスト、品質に関する計画を導く。

❖ 多様なスキル・知識・経験を持つ個人で構成されるチームを結成し、共通の目標に向けて効果的かつ効率的に作業を進める。チームの規範や行動規範を定め、協力とコミュニケーションを促す。

❖ ビジネス・リスクとプロジェクト・リスクを明確に分ける。リスクの識別・評価・対策を行うことで、予期せぬ問題を未然に防ぎ、目標達成に影響を与えないようする。

❖ ステークホルダーを積極的に関与させるために、プロジェクトの各段階でその期待を適切に把握し、情報を共有し、プロジェクト成功へのコミットメントを強化する。

プロジェクトを計画する

　プロジェクトの計画は、具体的な目標の設定から始めます。ここでは、ウォーターフォールといった予測型開発アプローチやアジャイルといった適応型開発アプローチを取り上げ、WBS（ワーク・ブレークダウン・ストラクチャー；要素分解図）や要求管理（プロダクト・バックログ）などの手法を使い、プロジェクトの成果物と作業範囲を決めるためのポイントを解説します。

　そして、プロジェクトの進捗度の節目となるマイルストーンやスコープ、スケジュール、コスト見積り時の目標基準の設定など、プロジェクトの進捗管理のための枠組みの構築について言及します。

　また、リスク・マネジメント計画を立てるためにリスクの種類を特定し、リスク分析とリスク・マネジメントの優先順位付け、そして予算見積りと予備費を考え、プロジェクトの先行きの不確実さに備えるポイントを示していきます。

計画を立てるために目標を細かく分ける

▶ スコープ・マネジメント計画書の作成

　プロジェクトを計画するに際して、全体像を概観し、その進行に必要となる個々の活動のバランスが重要になります。

　例えば、スコープを広げすぎると人や資材など、限りある資源の過剰消費や納期の遅れにつながりますし、逆にスコープを狭めすぎると目標達成に必要な機能や成果物が不足することにもなりかねません。プロジェクトを成功させるには、スコープを適切に分解し、各作業を個別に理解することが欠かせないということです。

　プロジェクトの目標達成には、まず「スコープ・マネジメント計画書」を作成します。これは、**ステークホルダーの要求を整理し、スコープの定義・作成・監視・コントロール・妥当性確認の方法に関する情報をまとめた文書**であり、プロジェクトマネジメント計画書やプログラムマネジメント計画書の一部として機能します。

▶ スコープ・マネジメント計画書に記述される主な内容

- プロジェクトのスコープに含まれる活動とその進行方法のレビュー
- プロジェクト・スコープ記述書の作成プロセス
- スコープ・ベースラインの承認と維持方法
- 完成したプロジェクト成果物の正式な受け入れ手続きの規定

　なお、スコープ・マネジメント計画書はプロジェクト全体の計画書ともいえる「プロジェクトマネジメント計画書」の補助計画書の1つであり、プロジェクトマネジメント計画書に関連する補助計画書や構成要素には次のものがあります。

- スコープ・マネジメント計画書

- 要求事項マネジメント計画書
- スケジュール・マネジメント計画書
- コスト・マネジメント計画書
- 品質マネジメント計画書
- 資源マネジメント計画書
- コミュニケーション・マネジメント計画書
- リスク・マネジメント計画書
- 調達マネジメント計画書
- ステークホルダー・エンゲージメント計画書
- 変更マネジメント計画書
- コンフィギュレーション・マネジメント計画書
- スコープ・ベースライン
- スケジュール・ベースライン
- コスト・ベースライン
- パフォーマンス測定ベースライン
- プロジェクト・ライフサイクルの記述
- 開発アプローチ
- マネジメント・レビュー

　また、プロジェクトのスコープを決めるにあたり、「**プロジェクト・スコープ記述書**」も作成します。これは、プロジェクトの要件とその詳細を記述した文書であり、プロジェクト開始前にステークホルダーと期待する成果を共有するために必要になります。

　こうした文書によってスコープが承認され、プロジェクトの期待値や目標を達成する範囲としての基準となる「ベースライン」が決まります。仮に、以降のスコープに変更が生じれば、「**変更マネジメント計画書**」に従って対応するようにします。

プロジェクト・スコープ記述書の主な内容

- スコープの説明 ──プロジェクトとプロダクト
- プロジェクトとプロダクトの受入基準
- 要求される成果物
- 明確にするために必要なスコープ外の項目
- 制約条件と前提条件 ── 現時点でわかっているものすべて

Case

商業施設の再開発プロジェクトのプロジェクト・スコープ記述書の例

1. スコープの説明 --プロジェクトと プロダクト	■ 本プロジェクトの目的は、ホープ半島における商業施設の再開発。プロダクトは、改修した商業施設、新規テナント契約、改善された交通アクセス、および完成した地域交通案内アプリ。
2. プロジェクトと プロダクトの受入 基準	■ 改修した商業施設は、品質基準および安全基準に適合し、テナントおよび顧客に満足してもらえるものでなければならない。 ■ 新規テナント契約は、商業施設の需要を満たし、収益性を高める必要がある。 ■ 交通ルートは、地域の交通流が適切に増加し、利便性を高めるものでなければならない。 ■ 地域交通案内アプリは使いやすく、正確な情報を提供し、地域住民および地域外の来訪者に利用されることを意図する。
3. 要求される成果 物	■ 改修した商業施設 ■ 新規テナント契約 ■ 交通の利便性の向上 ■ 利用価値の高い地域交通案内アプリ
4. 明確にするため に必要なスコープ 外の項目	■ 商業施設外の土地開発や不動産取引等
5. 制約条件と前提 条件	■ 制約条件として、予算、時間枠、地域の規制等がある。 ■ 前提条件として、地元自治体や関連団体からの許認可が下り、予定している施設の改修や開発に関連する土地の所有権がクリアになること等がある。

また、製品・サービスを開発するプロジェクトであれば、「プロダクト分析」を行います。プロダクト分析とは、製品・サービスの開発と要求事項の理解を促すための手法です。

■プロダクト分析の実施手順

Step 1 > プロダクト・ブレークダウン

プロダクトをより詳細に理解するために、プロダクトとその要求事項を構成要素に分解する。これにより、プロダクトの各部分を明確に把握し、必要な手順やタスクを特定する。

Step 2 > システムズ・エンジニアリング

複雑なシステムの設計・統合、マネジメントおよびライフサイクルに分野横断的なアプローチを適用する。プロダクトの全体的な設計や機能を調整する。

Step 3 > システム分析

製品やサービスを詳細に分析することでその目標や目的を特定し、それらを効率的に達成するためのシステムや手続きを考える。プロダクトの設計や改善に関する洞察につながる。

Step 4 > 要求事項分析

プロダクトの仕様を特定し、その妥当性確認を行い、必要な文書化を行う。要求事項分析は、プロダクトの要求事項を整理し、変更管理を容易にする重要なプロセス。

Step 5 > 価値工学

価値工学は、製品やサービスの価値を機能とそのコストの関係性をも

とに捉え、必要な機能を最も低いコストで実現することを目指し、体系的に提供する価値を研究する手法。これにより、製品やサービスの性能・コスト・品質などの要因のバランスを取りながら、最適な価値を実現できる。

Step 6 > 価値分析

製品やサービスのコストに影響を与える要因を評価し、最低限のコストで要求品質や信頼性の基準を満たすことを目指す。プロダクトの効率性を高めるための役立つ手法。

Case

地域交通案内アプリのプロダクト分析の例

Step1. プロダクト・ブレークダウン	■ 地域交通案内アプリの機能を分解し、次のような要素に落とし込む。 ・ユーザーインターフェース（UI）→地図表示、検索機能、ナビゲーション、経路案内、周辺施設検索等。 ・データ処理→リアルタイム交通情報の取得と表示、最適な経路の計算、交通規制情報の更新等。 ・ユーザーエクスペリエンス（UX）→使いやすさ、情報のわかりやすさ、カスタマイズ・オプション等。 ・サポート機能→アプリのバージョン管理、ユーザーサポート、フィードバック収集等。
Step2. システムズ・エンジニアリング	■ 地域交通案内アプリをシステムとして捉え、構成要素や相互関係を分析する。 ■ 各機能や要素がシステム全体の機能性・信頼性・パフォーマンス・セキュリティにどのように影響を与えるかを考慮する。 ■ システム全体の設計やインフラストラクチャーに関する詳細な検討を含む。
Step3. システム分析	■ アプリがどのようにユーザーと相互作用するか、ユーザーのニーズや要件を理解し、それに基づいてシステムの機能やインターフェースを設計する。 ■ システム内の構成要素を識別する。これには、アプリのソフトウェア、サーバーを構成するハードウェア・データベース・ネットワークを含む。

Step3. システム分析	■ また、システム内でデータがどのように生成・変換・保存・送信されるかを示すとともに、システムがどのように動作するかを手順ごとに明確に示し、システムが期待どおりに動作するようにする。
Step4. 要求事項分析	■ ユーザーをはじめとするステークホルダー、およびシステムの要件を収集し、整理して分析する。 ■ 機能要件、非機能要件（性能・セキュリティ・信頼性等）、制約条件を特定する。 ■ 利用環境や利用者の特性、利用頻度などに関する情報を考慮する。
Step5. 価値工学 Step6. 価値分析	■ アプリの機能や特性が利用者や利害関係者にどのような価値を提供するかを評価する。 ■ 機能や特性の重要度や優先度を決めることで、資源の配分やプロジェクトの方向性を決定する。 ■ ユーザーのニーズや要件に応じて、アプリの価値を最大化する方法を探求する。

　これらのプロダクト分析の方法を適切に活用しながら、プロジェクトを円滑に進め、要求される品質と機能を実現します。

3-02 WBSを使って要素分解する

　WBS（Work Breakdown Structure：作業分解図）は、**プロジェクト内のすべての作業を個別のタスクに分割するためのツール**です。プロジェクト全体を小さな管理可能なタスクに分割し、それぞれのタスクを独立したものとして捉えることで、それらタスクの内容の進め方について詳細に検討することができます。

　WBSはプロジェクトのスコープを詳細まで視覚化し、進捗状況を測り、正確なコストおよびスケジュールの見積りにも役立てることができるので、作業を担当するプロジェクト・チームのコミットメントを得るうえでも重要なツールです。

　WBSのタスクは、主に「サマリー・タスク」と「ワーク・パッケージ」の2つに大別できます。

　▶**サマリー・タスク**：階層的に下位の詳細なタスクを含む概要のタスクのこと。プロジェクトの主な作業を示し、それぞれの下位タスクをまとめたもの。

　▶**ワーク・パッケージ**：プロジェクトのタスクをさらに分割した、最も細かいレベルのタスクのこと。これらのタスクが、プロジェクト進行の際の具体的な作業項目になる。

　サマリー・タスクとワーク・パッケージの関係を理解することは、正確なWBSを構築するための基本です。

　なお、サマリー・タスクは実作業となるワーク・パッケージの作業グループ名のため、実作業を伴うものではありません。

図 3-1 WBSとサマリー・タスクおよび下位のワーク・パッケージ

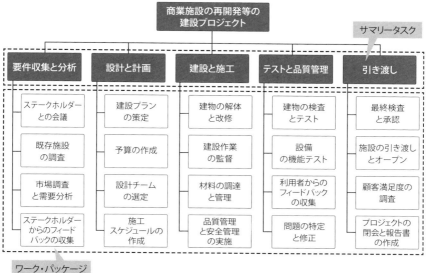

プロダクト・バックログにより要求管理を行う

アジャイル型などの適応型開発アプローチでは、「プロダクト・バックログ」が重要な役割を果たします。**プロダクト・バックログとは、プロダクトの機能に優先順位を付けてステークホルダーからの要求を管理するリスト**であり、プロジェクトの進行とスコープの管理に役立たせるものです。

プロダクト・バックログはプロダクト・オーナーがチームと協力して、顧客やユーザーなどからプロダクトに必要な機能を収集し、例えば交通案内アプリであれば「行き先の所要時間→ユーザーは車、電車、徒歩での所要時間を瞬時に検索できる」というようにストーリー形式で概要を記述します。プロジェクトマネジメント、マーケティング、プレゼンテーション、コミュニケーションなど、さまざまな場面で使われることを想定しており、物語の要素を取り入れることで、情報をより具体的に伝えることができ、関係者の共感が得やすくなります。

なお、バックログ（backlog）とは「積み残し」という意味の英語で、あるべき製品を作る際の作業の「残件」を意味します。

よって、プロダクト・バックログとは、製品開発プロセスでの未完了の作業のことであり、まだ行われていないタスクや改善箇所があることを示します。

プロダクト・バックログには、主に次の特徴があります。

■ストーリー形式で表現

顧客やユーザーが望む機能や価値を簡潔に記述するユーザー・ストーリーの形式で表現します。これはプロダクト・バックログ・アイテムの原型であり、プロダクトに期待される機能を説明するものです。

プロダクト・オーナーは、チームや関係者と協力して顧客やユーザー

からプロダクトへの要望を収集してストーリーを特定し、バックログに追加します。

■ 優先順位付け

プロダクト・オーナーはプロダクト・バックログ・アイテムに優先順位を付ける責任を担います。これにより、作業を担当するプロジェクト・チームは最も価値のある作業に集中することができます。

■ バックログの微調整

プロダクト・バックログを定期的に調整します。ソフトウェア開発におけるアジャイル開発手法の一部として広く使われているイテレーションは、繰り返し行われる作業サイクルや段階のことですが、繰り返し行われる作業の計画、すなわちイテレーション計画が行われる前に、プロダクト・オーナーや顧客が微調整を行うことがあります。

プロジェクト・チームがイテレーションで実施した作業のレビュー結果を受けて、チームとプロダクト・オーナーが協力して微調整を行い、作業を再編成して優先順位を見直すことで価値の高い作業から終えることができるようになります。

■ エピック分割

大規模な機能や要求を「エピック」といいます。これをいくつかのユーザー・ストーリーに分割することでプロダクト・バックログは管理しやすくなり、チームが効率的に作業を進めることができます。

エピック（epic）とは、「大規模な物語や物語の一部」「壮大な冒険や重要な出来事」の意味がありますが、アジャイル開発では「大規模で複雑な機能や要求」を表し、通常は複数のユーザー・ストーリーから構成されます。

プロダクト・バックログに加えて、顧客や利用者が望む機能や価値を簡潔に記述するユーザー・ストーリーや、フィーチャー（プロダクトの機能のこと）を実装するための計画を視覚化するストーリー・マップ、そして製品やサービスの長期的なビジョンや方向性、その達成に向けた計画を示すプロダクト・ロードマップなどのツールや手法を使うことでプロジェクトの進捗とスコープを効率的にマネジメントすることができ、結果としてプロダクトの価値を高めることにつなげることができます。

図 3-2　プロダクト・バックログとユーザー・ストーリーの関係の例

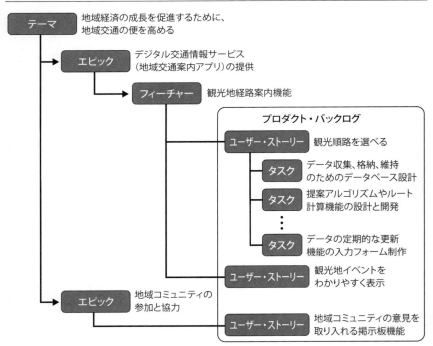

3-04 「作成物」と「成果物」を管理する

作成物の管理

　作成物とは、テンプレートや文書などアウトプットしたもの全般のことです。プロジェクト作成物は、そのプロジェクトで行われた作業の内容や方法を示す役割を果たします。つまり、プロジェクトの履歴を記録し、理解しやすく伝えるためのものです。

　作成した文書や計画書は、将来のプロジェクトにおける貴重な参考資料となります。特に、過去のプロジェクトや製品の変更履歴をもとにした改修版を作る際に重要となるため、プロジェクトが完了した後もこれらの文書を保管し、定期的に整理し、維持管理を行うようにします。

　プロジェクト・チームは、プロジェクトの進行中にさまざまな文書を作成し、管理しています。これらの文書の保管と共有の際に行うべきことを次に列挙します。

- **バージョン管理**：変更履歴の記録やバージョン間の比較、過去の状態への復帰、複数の人が同時に作業する際に閲覧できるようにファイルする。
- **ファイル命名規則の決定**：文書やファイル名はわかりやすく一貫性がある。例えば、プロジェクト名、バージョン番号などのルールを決めることで情報検索しやすくする。
- **フォルダ構造の整備**：関連する文書をまとめ、共有と適切なアクセス権を設定することで情報管理を効率化する。
- **定期的なバックアップ**：データの紛失や破損に備える。
- **定期的なドキュメント・レビュー**：重要な文書や計画書は更新や修正が必要かどうかを検討する。プロジェクト・チーム全体の合意を得ることで、文書の品質向上や正確性の確保を図る。

作成物の管理のポイントは、一貫性の確保、効率性の向上、品質の向上、コラボレーションの促進、変更管理の改善、信頼性の向上などであり、これらに注力することで業務の標準化をチーム内で構築していきます。

▷ 作成物の一例

[予測型開発アプローチの場合]

- **プロジェクトマネジメント計画書**
- **プロジェクト憲章**
- **変更要求**
- **スコープ・ベースライン**：スコープの進行状況を測る基準
- **スケジュール・ベースライン**：計画の進行状況を測る基準
- **コスト・ベースライン**：予算の消化状況を測る基準
- **補助プロジェクトマネジメント計画書：品質マネジメント計画書など**

[適応型開発アプローチ、ハイブリッドの場合]

- **プロジェクトマネジメント計画書**
- **プロダクト・ロードマップ**：製品やサービスの長期的なビジョンや方向性、その達成に向けた計画書
- **タスク・ボード**：プロジェクト内のタスクや作業を視覚的に管理するために使うタスク管理のためのツール
- **実験**：期待する機能や要求事項を明確に把握するためのプロトタイプを作成し、利用者からフィードバックを求める目的で行う
- **プロダクト・バックログ**：ステークホルダーからの要求を管理し、プロジェクトの進行とスコープの管理に役立つ情報のリスト
- **イテレーション・バックログ**：繰り返し行われる作業サイクルや段階における時間枠で達成すべき目標や優先順位付けされたタスクの集合体

成果物の管理

　プロジェクトやプロセスの完了時に生み出されるアウトプットである成果物は、そのプロジェクトが成功裡に完了したことを示すものです。通常は建築物やソフトウェアなどの製品・サービスのほか、文書類が該当しますが、新たな技術や知識の獲得、経験、スキルの向上などのように知見やノウハウといった無形のものもあります。

　成果物を検証するために、プロジェクト・チームは品質基準と要求事項に基づいて作業を行います。品質を測定するための指標や尺度を指す「品質メトリックス」やある特定の基準や目標と比較して、許容される範囲や誤差である「許容度」を使って成果物の妥当性を検証し、成果物を顧客に提示して受け入れられるかどうかを確認します。品質基準を満たしていない場合は問題を修正し、品質をコントロールします。これらの活動は、品質マネジメント計画書にしたがって遂行します。

　アジャイルなどの適応型プロジェクトでは、製品やサービスの品質を確保するために繰り返し実施する一連の手順や活動を指す「品質保証サイクル」やイテレーションの終了時にチームが実施した作業や達成した成果物を振り返り、進捗状況や目標の達成度を評価する「イテレーション・レビュー」も品質管理に有効です。

　プロジェクトやフェーズの終結時には、ステークホルダーはプロジェクトマネジメント計画書であらかじめ設定した受入基準に基づいて成果物を受け入れます。受入基準はプロジェクト・ライフサイクル中に変わる可能性があるため、要求事項とそれに対応する設計要素、開発作業、テストケース、およびその他の関連するプロジェクト活動の関係を明確にするためのツールである「要求事項トレーサビリティ・マトリックス」を使ってすべての要求事項の完了と承認を確認します。

　イテレーションの終了時にチームとステークホルダーは、相互に合意した「完了の定義」に基づいて製品あるいはサービスを評価し、最終承

認は製品あるいはサービスのリリース前に行います。「受入基準」と「完了の定義」は、ステークホルダーの満足度の状況を表す用語で、チームはこれらの用語を同じ意味で使うことがあります。

　「受入基準」は成果物が顧客やステークホルダーによって受け入れられるかどうかを客観的に評価するための基準や条件のことを指し、「完了の定義」は特定の作業やタスクを完了したと見なすための合意に基づく基準や条件を指します。

⧉ 成果物としての主な文書類

- **プロジェクト計画書**：スケジュール、資源割り当て、リスク評価などを記述した文書。
- **報告書**：プロジェクトの進捗や成果を記述した文書。週次、月次、最終報告書がある。
- **製品仕様書**：製品開発プロジェクトにおける製品の概要・要件・機能など記述した文書。
- **トレーニング資料**：システムや製品のユーザー向けトレーニング資料。マニュアルのほか、オンライン・トレーニング教材、トレーニング動画などがある。
- **プレゼンテーション資料**：プロジェクトの成果や進捗をステークホルダーやチームに伝えるためのスライドデッキやプレゼンテーションノートなど。
- **品質テスト・レポート**：製品やソフトウェアの品質を評価するためのテスト結果やレポート。バグ・レポートや修正計画も含む。
- **契約書**：契約条件・納期・料金・サービス範囲などが明文化された契約書や法的文書。
- **プロジェクト評価報告書**：プロジェクトの実行後にその成功要因や課題を記述した文書。

❖ 成果物の一例

[商業施設の再開発等の建設プロジェクトの場合]

　改修した建物、新しく建設された商業施設、駐車場や駐輪場の改善、交通アクセスの向上、追加の店舗やテナント、設備の更新、環境配慮型の改修、緑化計画の追加、外装の更新、新しい娯楽施設やアメニティの追加、等

[地域交通案内アプリ等のソフトウェア開発プロジェクトの場合]

　地域交通案内アプリの開発と実装、ユーザーインターフェース（UI）の設計と開発、ルート検索機能やナビゲーション機能の追加、リアルタイムの交通情報や運行スケジュールの提供、GPS機能や地図表示の統合、ユーザー認証やプッシュ通知の実装、データベースの設計と管理、テストと品質保証の実施、マルチプラットフォーム対応（iOS、Android等）、ユーザーのフィードバックを収集して機能の改善やアップデート、等

図3-3 品質マネジメント計画書に関係する要素

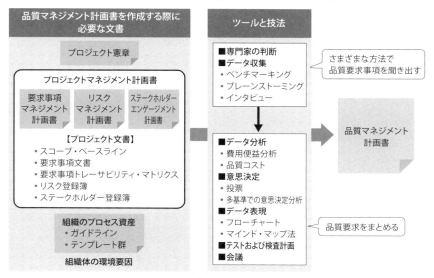

出所：『プロセス群：実務ガイド』から引用した図を一部加工

3-05 スケジュール・マネジメント 計画書を作成する

　スケジュール・マネジメント計画書は、プロジェクト全体のスケジュールの作成・監視・コントロールに必要な基準や活動を規定しており、プロジェクトマネジメント計画書やプログラムマネジメント計画書の一部となる文書です。

　プロジェクト業務で実行する具体的な作業やタスクである各アクティビティの内容、作業の順序設定と組織との結びつき、それに基づく所要期間、それらの正確さ、単位、早めたり遅れを取り戻したりすることなどを調整するための目安となるしきい値、ルール、報告、およびプロセスの説明といった、詳細な情報を記述します。

　スケジュール・マネジメント計画書の作成には、まずプロジェクト憲章やプロジェクトマネジメント計画書を参照します。これらの文書から、プロジェクトの目的や範囲、資源の割り当て、プロジェクトの計画に関する重要な情報を読み取ります。

　次に、スコープ・マネジメント計画書を参照し、プロジェクトのスコープに照らし合わせてスケジュールを策定します。組織のプロセス資産にはガイドラインやテンプレート群が含まれているので、それらを活用すれば、スケジュールの策定を効率化できます。

　また、専門家の意見は特定の業界のプロジェクトや未経験のプロジェクトのスケジュール立案に有益です。その意見を参考にしてデータ分析や議論を行い、過去の経験則からスケジュール作成に資する情報を洗い出します。

　これらの情報を総合してスケジュール・マネジメント計画書を作成しますが、そこには「プロジェクトのスケジュール目標」「WBSのタスクの割り当て」「マイルストーンの設定」「資源の予算」「スケジュールへの影響」などをもれなく記述します。

■ スケジュール・マネジメント計画書の構成要素

構成要素	内容
プロジェクト・スケジュール・モデル	プロジェクトのスケジュールを作成する方法論やツールに関する説明。
正確さ	アクティビティ所要期間の見積りの正確性に関する許容範囲。
測定単位	資源ごとに定義される測定単位（労働時間数、労働日数、労働週数等）。
組織の手続きとの結びつき	WBS（Work Breakdown Structure；作業分解図）をスケジュール・マネジメント計画書のフレームワークとして使い、見積りとスケジュールの一貫性を確保。
コントロールしきい値	スケジュール・パフォーマンスを監視するために指定される差異のしきい値。対策（エスカレーションやレビュー等）を講じる前の監視に使う。
ルール	パフォーマンス測定のルール、例えば予実管理に用いられる測定指標等。
報告	スケジュール関連報告書の頻度と形式に関する情報。
プロセスの説明	スケジュール・マネジメントのプロセスを文書化し、方法を説明する。
スケジュール作成の方法論/ツール	スケジュールを作成するための方法や使うツールに関する情報。
プロジェクト実行中の状況更新と進捗記録	プロジェクトの進捗を記録し、スケジュールのメンテナンスプロセスに関する計画。
現実的なアクティビティ所要期間見積りの許容範囲	アクティビティの所要期間の見積りに許容される範囲。
リスク・コンティンジェンシー	リスクに事前に備えるための行動計画。

図 3-4 スケジュール・マネジメント計画書に関係する要素

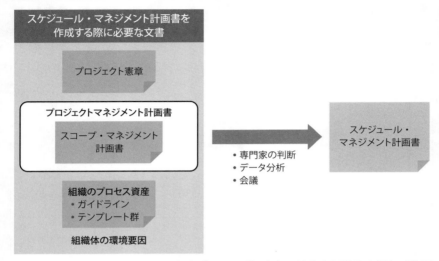

出所：『プロセス群：実務ガイド』から引用した図を一部加工

重要な進捗指標「マイルストーン」を設定する

　マイルストーンは、プロジェクトの進捗管理のための節目となるものであり、いわゆるプロジェクトにおける切りの良い中間地点のことです。これは、プロジェクトの異なるフェーズの開始や終了、途中段階での外部レビューや資源および予算の消化状況などを確認するための里程標（milestone）になるものです。

　例えば、マイルストーンを設けてプロジェクトの進行中における中間レビュー・期日・支払い・意思決定などのタイミングを計ったり、プロジェクト・スポンサーや顧客の要求事項への承認取得や報告などを適宜行ったりすることで、ステークホルダー全体がプロジェクトの進捗を共有できます。このマイルストーンの設定に際しては、やるべきタスクなどを一覧化した「マイルストーン・リスト」を作成し、ステークホルダーはこれを共有します。

　プロジェクト・マネジャーやプロダクト・オーナーあるいは顧客が作成したプロダクト・ロードマップ（製品・サービスの開発計画や目標を記した文書のこと）内に示されたマイルストーン・リストにはすべてのタスクに中間地点が設定されますが、それが必須か任意かは状況により判断します。必須のマイルストーンは、例えば顧客との契約となっていたり、他チームとの盟約になったりしているものです。任意のマイルストーンは、過去の経験則やプロジェクト・プロセスの状況などから判断します。

　アジャイル開発に代表される適応型開発アプローチで活用されることが多いマイルストーンですが、予測型やハイブリッドの開発アプローチでも適宜採用されます。また、マイルストーンはプロジェクトの進捗状況を追跡し、時間の経過に伴う作業の時間軸を表す方法としても使えます。

いわばマイルストーンは、プロジェクト全体の戦略と方向性、そして価値実現を包括的に示す「プロダクト・ビジョン」を効率的に実現するナビゲーターの役割を果たすものですが、それを視覚化したツールが「マイルストーン・チャート」です。

[マイルストーン・チャートの活用場面の例]
- **ソフトウェア開発プロジェクト**→異なる開発フェーズ（要件定義、設計、実装、テスト等）の進捗を追跡し、主なリリースポイントやバージョンリリースの計画などに活用。特定の機能や機能の完成、テストの合格、リリースの承認など、それぞれにマイルストーンを設定。
- **建設プロジェクト**→特定の工程の完了、建物の構築段階の達成、重要な検査ポイントなどを示すために活用。
- **新製品開発プロジェクト**→製品の設計・製造・テスト・市場投入等の重要なプロセスの進行状況を示す際に活用。各マイルストーンは、製品のプロトタイプの完成、市場テストの開始、製品の製造開始等の判断に有用となる。
- **イベントの計画・実行**→その準備段階や実施日の進捗度合いの確認などに活用。例えば、イベントの会場選定、広告キャンペーンの開始、招待客リストの確定、イベント当日の準備などがマイルストーンとして示される。
- **新規プロジェクトの立ち上げ**→ビジョンの策定、プロジェクトの設計、資源の確保、製品のリリースなどのキーイベントの進捗管理に活用。

図3-5 マイルストーン・チャートと活用場面の例

アクティビティ識別コード	アクティビティの記述	カレンダー単位	プロジェクト・スケジュールの期間				
			期間1	期間2	期間3	期間4	期間5
1.1.MB	地域交通案内アプリの制作開始	0	◆				
1.1.1.M1	機能① 観光地経路案内機能 観光順路提案機能の完成	0			◇		
1.1.2.M1	機能② 観光地経路案内機能 観光地イベント検索機能の完成	0					
1.1.3.M1	機能③ 地域コミュニティの意見を取り入れる掲示板機能の完成	0			◆		
1.1.4.M1	機能①、②、③の統合の完了	0				◇	
1.1.4.MF	地域交通案内アプリの制作終了	0					◇

┊ データ日付

◆ 到達したマイルストーン　　◇ 未到達のマイルストーン

「スコープ・ベースライン」を設定する

　スコープ・ベースラインとはプロジェクトの作業範囲の基準を示すものであり、スコープをコントールするためには不可欠です。プロジェクトマネジメントにおけるベースラインとは、作業の進行がプロジェクト目標に対して計画どおりかどうかを判断するための基準（baseline）のことです。

　そしてスコープ・ベースラインは、プロジェクト・スコープ記述書、WBS（ワーク・ブレークダウン・ストラクチャー）とそれに対応するWBS辞書などから構成され、仮に作業の遅延によりスコープに変更が生じるような場合、正式な変更管理手続きを経て変更するようにします。

▶ スコープ・ベースラインの主な構成要素

- **プロジェクト・スコープ記述書**：プロジェクトの作業範囲や成果物の基準を示した文書
- **WBS（ワーク・ブレークダウン・ストラクチャー）**：「作業分解図」とも言われるように、やるべきタスクを機能ごとに細分化したワークパッケージを作業工程に従い、階層構造にして管理するフレームワーク
- **ワーク・パッケージ**：プロジェクトに必要な作業を細分化して洗い出したもの
- **計画中のワーク・パッケージ**：ワークパッケージの候補群
- **WBS辞書**：WBSによりプロジェクトを遂行する際の資源・スケジュール・担当者・ワークパッケージなどが記載された実行管理の手引きとなる文書

　スコープ・ベースラインは、プロジェクト全体で扱う3つのベースラインのうちの1つです。ほかの2つは、「スケジュール・ベースライン」

と「コスト・ベースライン」です。

プロジェクトの進行中にスコープに変更が必要になる場合、これらのベースラインを調整してプロジェクト全体の調和を保つようにします。

いったんスコープ・ベースラインが設定されても、スケジュールとコストのベースラインが完了し、これらのベースラインを統合するまで、他の制約条件を満たすためにスコープを調整する必要があるかもしれません。3つのベースラインがすべて完了すると、プロジェクトのベースラインが決定し、スコープの変更に対する変更管理プロセスが適用されるようになります。仮に、変更を行うことがあれば、変更管理プロセスを厳格に遵守して対応しなければなりません。

以上のように、スコープ・ベースラインはプロジェクトのスコープを監視し、プロジェクト・スコープの完了状況を測定する役割を果たします。プロジェクトのライフサイクルや開発アプローチに応じて、スコープの基準と進捗状況の評価方法を比較し、プロジェクトの成功に向けた正確なスコープ・マネジメントを担います。

図 3-6 スコープ・ベースラインの作成に関係する要素

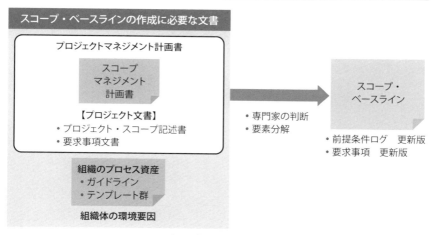

出所：『プロセス群：実務ガイド』から引用した図を一部加工

これらのプロジェクト・スコープは、プロジェクト・マネジャーやプロジェクト・チームを含むステークホルダーによって事前に定義され、プロジェクトの実施期間中、この定義に基づいて要求事項の収集や、スコープの妥当性確認を適宜行います。

　なお、プロジェクト・スコープ・マネジメントは、『プロセス群：実務ガイド』の「立ち上げ→計画→実行→監視・コントロール→終結」の５つのプロセス群のうち、「計画」と「監視・コントロール」が該当します。

■ プロジェクト・スコープ・マネジメントのプロセス群と各プロセス

プロセス群	プロセス
計画プロセス群	①スコープ・マネジメントの計画プロセス
	②要求事項の収集プロセス
	③スコープの定義プロセス
	④WBSの作成プロセス
監視コントロール・プロセス群	⑤スコープの妥当性確認プロセス
	⑥スコープのコントロール・プロセス

3-08 「スケジュール・ベースライン」を設定する

スケジュール・ベースラインはプロジェクトのスケジュールを管理し、実績値を評価する基準を示します。その役割は、計画どおり作業が完了するように進捗の実態状況とベースライン（予定基準）を比較して正常な進行管理を行うことです。よって、プロジェクト開始前に必ず作成し、変更が必要な場合は正式な変更管理手続きに従います。

スケジュール・ベースラインの設定には次の2点を必ず行います。

1. スケジュール計画アクティビティを完了する。

2. プロジェクトマネジメント計画書にスケジュール・ベースライン

図3-7 スケジュール・ベースラインの作成に関係する要素

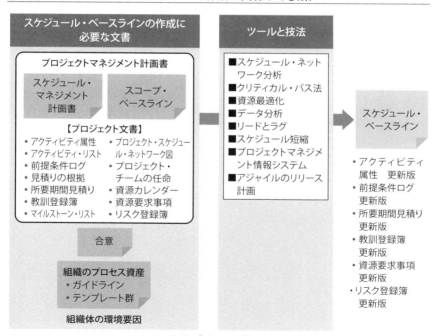

出所：『プロセス群：実務ガイド』から引用した図を一部加工

を追加する。この作業はプロジェクト開始前に行うことが原則。

これらのプロジェクト・スケジュールは、プロジェクト・スポンサー、プロジェクト・マネジャー、プロジェクト・チームを含むステークホルダーによって事前に見積られ、プロジェクトの実施期間中、その進捗状況についての監視と測定を適宜行い、その差を最小限に抑えるようにします。

なお、プロジェクト・スケジュール・マネジメントは、『プロセス群：実務ガイド』の「立ち上げ→計画→実行→監視・コントロール→終結」の5つのプロセス群のうち、「計画」と「監視・コントロール」が該当します。

■ プロジェクト・スケジュール・マネジメントのプロセス群と各プロセス

プロセス群	プロセス
計画プロセス群	①スケジュール・マネジメントの計画プロセス
	②アクティビティの定義プロセス
	③アクティビティの順序設定プロセス
	④アクティビティの所要期間の見積りプロセス
	⑤スケジュールの作成プロセス
監視コントロール・プロセス群	⑥スケジュールのコントロール・プロセス

3-09 「コスト・ベースライン」を設定する

　コスト・ベースラインは、プロジェクトの予算実績管理を評価する基準であり、これにより事前に定めた中間目標ごとの時間軸をベースに当初計画と実績値が乖離していないかをチェックします。当然のことながら、スコープ・ベースラインとスケジュール・ベースラインが決まらないとコスト・ベースラインは決められません。

　このときの予算設定では、特定できないリスクについての予備費や資源の膨らみに手当するなどバッファを見込んだマネジメント予備費は含まず、もし著しく予実差が生じた場合は、正式に変更管理プロセスを経て対応することが基本原則です。

図 3-8 コスト・ベースラインの構成要素

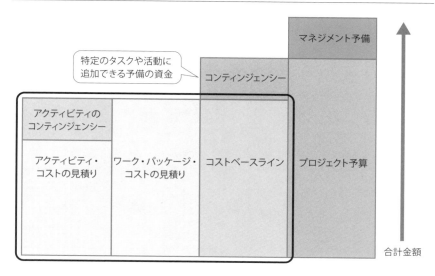

コストベースラインの構成要素

以上の事情からコスト・ベースラインは「完成時総予算（BAC：Budget At Completion)」とも呼ばれ、次の手順に従って設定します。

1. プロジェクトに要するコストの概要を記述した「コスト・マネジメント計画書」を作成する。
2. PMBOKで奨励されている見積り技法（トップダウン見積り・係数見積り・ボトムアップ見積り）を使ってプロジェクトの各アクティビティに要するコスト（要員や設備等の資源等）を割り当てる。
3. コスト・ベースラインをテーラリングにより、カスタマイズする。これをプロジェクトの実施期間中、コスト・パフォーマンスの監視と測定を適宜行いながら、当初予算と実際の結果と比較するための基準として使う。
4. リスクが事前に特定されるプロジェクトでは「コンティンジェンシー予備（引当金)」を含める。コンティンジェンシー予備は、特定したリスクとその対応戦略に割り当てられたコストで、コスト・ベースライン内の予算の一部として認められる。

図 3-9 コスト・マネジメント計画書の作成に関係する要素

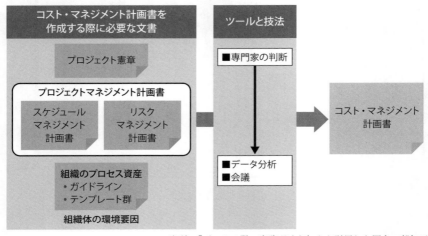

出所：『プロセス群：実務ガイド』から引用した図を一部加工

図 3-10 コスト・ベースラインの作成に関係する要素

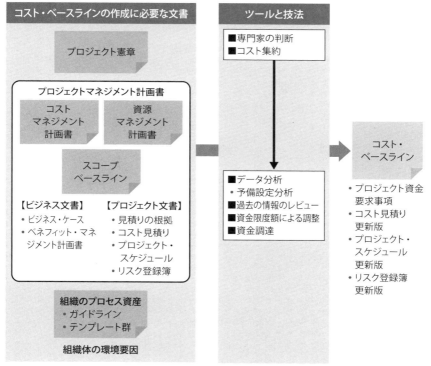

出所:『プロセス群:実務ガイド』から引用した図を一部加工

　これらのプロジェクト・コストは、プロジェクト・スポンサー、プロジェクト・マネジャー、プロジェクト・チームを含むステークホルダーによって事前に見積られ、プロジェクトの実施期間中、予算と実績についての監視と測定を適宜行い、その差を最小限に抑えるようにします。

　なお、プロジェクト・コスト・マネジメントは、『プロセス群:実務ガイド』の「立ち上げ→計画→実行→監視・コントロール→終結」の5つのプロセス群のうち、「計画」と「監視・コントロール」が該当します。

■ プロジェクト・コスト・マネジメントのプロセス群と各プロセス

プロセス群	プロセス
計画プロセス群	①コスト・マネジメントの計画プロセス
	②コストの見積りプロセス
	③予算の設定プロセス
監視コントロール・プロセス群	④コストのコントロール・プロセス

3-10 プロジェクト・リスク・マネジメントを行う

　プロジェクトの計画段階では、プロジェクト・リスクを正確に把握し、それを適切に管理します。プロジェクト・リスクは多岐にわたりますが、その中でも次の3点には特に留意が必要です。

①作業範囲の拡大や変更

　プロジェクトが進行する中で、ステークホルダーからの要望や新たな要件が追加されることがあります。これにより、プロジェクトのスコープの拡大や変更が起きれば、当然ながらプロジェクトの進捗に影響を及ぼします。こうしたときに作業範囲の変更が適切に管理されないと、スケジュールの遅延や予算超過の発生が急激に高まります。

②スケジュールの遅延

　プロジェクトのスケジュールは、計画された時間軸に沿って進行することが基本ですが、予期せぬ問題、資源の不足、技術的な課題などのさまざまな要因によりスケジュール遅延が起きることがあります。

③予算の超過

　予算超過による資金不足は、必要な作業や資源の提供への制限を引き起こします。そうなるとプロジェクトの品質やスケジュールにも影響し、ステークホルダーの満足度の低下を招きかねません。

　これらのプロジェクト・リスクは、プロジェクト・マネジャーとプロジェクト・チームの責任において事前にリスク対策を施して最小限に抑えるようにします。

　なお、プロジェクト・リスク・マネジメントは、『プロセス群：実務ガイド』の「立ち上げ→計画→実行→監視・コントロール→終結」の5つのプ

ロセス群のうち、「計画」「実行」「監視・コントロール」が該当します。

■ プロジェクト・リスク・マネジメントのプロセス群と各プロセス

プロセス群	プロセス
計画プロセス群	①リスク・マネジメントの計画プロセス
	②リスクの特定プロセス
	③リスクの定性的分析プロセス
	④リスクの定量的分析プロセス
	⑤リスク対応の計画プロセス
実行プロセス群	⑥リスク対応策の実行プロセス
監視・コントロール・プロセス群	⑦リスクの監視プロセス

　また、実務上で想定されるプロジェクト・リスクには次のようなものがあります。

技術的リスク	新技術の採用	新しい技術やツールの採用は、予期せぬ問題などにより遅延を引き起こす可能性がある。
	技術的制約	プロジェクトに必要な特定の技術的要件や資源が制約されている場合、それがプロジェクトの進行に影響を及ぼす可能性がある。
マネジメント・リスク	ステークホルダーのコミュニケーション	ステークホルダーとのコミュニケーションが不足すると、要件の誤解や期待値の不一致が生じ、プロジェクトの進捗に問題を引き起こす可能性がある。
	スケジュールの適切な管理	スケジュールの誤った管理や適切な資源の割り当て不足は、スケジュール遅延や予算超過につながる可能性がある。
商業リスク	市場変動	市場の変動や競争の激化により、プロジェクトの収益性が下がる可能性がある。
	契約	契約条件の不履行や契約変更に関連する法的な問題は、プロジェクトの成功に影響を及ぼす可能性がある。
外部リスク	天候条件	天候条件が不利な場合、建設プロジェクトや屋外作業に影響を与える可能性がある。
	政治的不安定性	政治的な不安定性や規制の変更は、プロジェクトに影響を及ぼす可能性がある。

プロジェクト・マネジャーとプロジェクト・チームはリスク・マネジメント計画の策定時にこうしたリスクを早期に識別しその対策を事前に講じ、プロジェクト全体の安全性を担保するようにします。

図 3-12 リスク・マネジメント計画書の作成に関係する要素

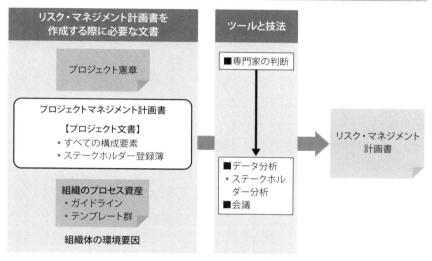

出所：『プロセス群：実務ガイド』から引用した図を一部加工

3-11 リスクを特定する

　リスクを引き起こす可能性のあるイベントや状況は「トリガー条件」といわれますが、トリガー条件をつぶさに分析することでリスクが認識できるようになります。その際に、リスクにはプラス面（好機）もあれば、マイナス面（脅威）もあることに留意します。よって、ビジネス・リスクは、成功にも失敗にもつながる機会といえます。

　プロジェクト・リスク・マネジメントの目的は、プラスのイベントの可能性を最大限に活かし、悪影響を最小限に抑えることです。プロジェクトの不確実性が高まると、手戻りのリスクも高まります。リスク・イベントの起こりやすさとそのリスクの潜在的な影響を検討し、リスクの好機と脅威を比較し、組織に価値をもたらすことができるかを見定めます。その際のリスク特定の技法には次のようなものがあります。

プロンプト・リスト	政治・経済・社会・技術・環境といったカテゴリーから潜在的なリスクを抽出するために使われるチェックリスト。
RBS（リスク・ブレークダウン・ストラクチャー）	潜在的なリスクを階層的に表示し、リスクの構造を明らかにする。
ブレーンストーミング	チーム・メンバーがランダムにアイデアを出し合い、その中からリスクを特定していく創造的手法。
ノミナル・グループ技法	ブレーンストーミングで得られたアイデアをテーマごとにグループ分けし、分析する技法。
SWOT分析	プロジェクトの「強み」「弱み」「機会」「脅威」の分析の中からリスクを特定する手法。
親和図	多くの情報やアイデアを整理し、それらを関連付けてリスク特定する手法。
前提条件分析	プロジェクトに関する前提条件を検討し、リスクを特定する手法。
文書レビュー	プロジェクト関連の文書や情報をレビューし、潜在的なリスクを特定する手法。

デルファイ法	専門家グループのメンバーからアンケートなどで意見を募り、そこからリスク要因を収斂させて特定していく手法。未来予測などにも使われる。
モンテカルロ・シミュレーション	統計的な手法を使ってリスクをモデル化し、シミュレーションを実行してリスクを特定する手法。

これらの技法を組み合わせて、プロジェクトに関連するリスクを特定し、適切に管理するための情報を収集します。リスクを特定する際に、

図 3-13 リスク特定に必要な文書の作成に関係する要素

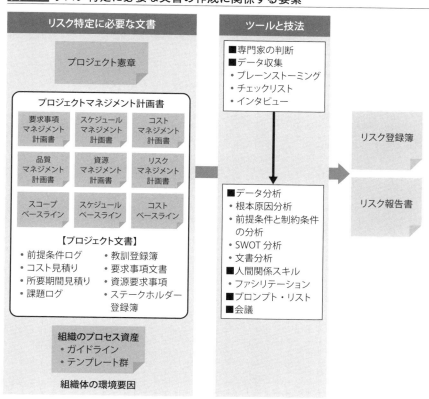

出所:『プロセス群：実務ガイド』から引用した図を一部加工

開発アプローチによって違いがあることに注意が必要です。

　予測型開発アプローチではプロセスを慎重にマネジメントすることでリスクの最小化に努めながら、好機となることにも注意を向けます。適応型開発アプローチではプロダクト・オーナーや顧客からのフィードバックを短いサイクルで受けながら、リスク軽減を図っていきます。

3-12　リスク管理表を作る

　リスク管理は、ライフサイクルやそれぞれの状況で異なります。予測型開発アプローチでは、リスクを最小化するために慎重なプロセスでマネジメントされ、好機も考慮します。一方、適応型開発アプローチでは、短期間ごとにプロダクト・オーナーや顧客からのフィードバックを受けながら、リスクを軽減します。スコープを段階的に詳細化するために作業を小刻みに進め、フィードバックを活用します。

　そのために必要なリスク管理表の作成手順は次のとおりです。

Step 1 ＞ リスク選好度とリスクしきい値の理解

- リスク選好度とは、投資や意思決定におけるリスクへの受け入れまたは回避の需要度合いのこと。
- リスクしきい値とは、リスクへの対応の有無を判断する基準値のこと。例えば、コスト増の発生確率を「高（コスト増10％以上）」「中（コスト増5％以上10％未満）」「低（コスト増5％未満）」とレベル化し、しきい値を「低」に設定してそれ超えなければリスクを受け入れる、というように使う。

Step 2 ＞ リスク戦略の策定

- 組織とプロジェクトのリスク要素からリスクに対する選好を評価する。
- リスク選好は、リスク受容、中立、または回避のいずれかを考慮する。
- 高すぎて許容できない値、許容範囲の値、リスク登録簿に登録が決まる基準などを把握する。

Step 3 ＞ リスク・マネジメント計画書の作成

- リスク対応活動の計画とその実施方法を記述したリスク・マネジメント計画書を作成には次の要素を記述する。

リスク戦略	プロジェクトのリスクにおける全体方針
方法論	使用予定のリスク・マネジメントの手法
役割と責任	チーム内でのリスクにおける各人の役割と責任
資金調達	リスク発生時に要する予備費用の調達方法
タイミング	リスク共有のミーティングや発生が予測された場合の対応タイミング
リスク区分	リスクをカテゴリー分けしてからそのカテゴリーごとにリスクを小さな単位に区分
ステークホルダーのリスク選好	リスクに対するステークホルダーの許容範囲とそのしきい値
リスクの発生確率と影響度の定義	プロジェクトで起こり得るリスクとは何かを明文化
発生確率・影響度マトリックス	リスクの発生確率とその影響度を数値で明示したマトリックス図（図3-14）
報告書式	リスク・マネジメントがどのように行われたかを共有できるように一定のルールを設けた報告書
追跡調査	リスク・マネジメントの監査方法

図 3-14 スコアリング方式の発生確率・影響度マトリックスの例

	脅威					好機					
極めて高い 0.90	0.05	0.09	0.18	0.36	0.72	0.72	0.36	0.18	0.09	0.05	極めて高い 0.90
高 0.70	0.04	0.07	0.14	0.28	0.56	0.56	0.28	0.14	0.07	0.04	高 0.70
中 0.50	0.03	0.05	0.10	0.20	0.40	0.40	0.20	0.10	0.05	0.03	中 0.50
低 0.30	0.02	0.03	0.06	0.12	0.24	0.24	0.12	0.06	0.03	0.02	低 0.30
極めて低い 0.10	0.01	0.01	0.02	0.04	0.08	0.08	0.04	0.02	0.01	0.01	極めて低い 0.10

発生確率（左右）

マイナスの影響：極めて低い 0.05　低 0.10　中 0.20　高 0.40　極めて高い 0.80

プラスの影響：極めて高い 0.80　高 0.40　中 0.20　低 0.10　極めて低い 0.05

出所：『プロセス群：実務ガイド』

Step 4 > リスクの起こりやすさと影響度の検討

- リスクが発生する可能性と発生した場合の潜在的な影響を検討する。
- 組織のリスク選好、リスク許容度、リスクしきい値を考慮に入れる。

Step 5 > リスク管理表の作成

- リスク登録簿（想定されるリスクごとにその影響度の一覧表）を使って、プロジェクトのリスク全体を把握する。
- リスク登録簿には、想定されるリスクごとに「トリガー条件（リスクを引き起こす事象）」「原因」「発生確率」「影響度」「リスク・スコア（発生確率・影響度マトリックスの数値）」「緊急度」「優先度」「対応策」「対応計画」「責任者」などを記述する。
- リスク登録簿に記述された各リスクとそれぞれの原因や対処法などが概観できるようにエクセルなどで一覧表形式にまとめ、それをリスク管理表としてステークホルダーと共有する。
- リスク管理表はプロジェクト推進中、レビュー・更新・修正を行い、継続的に管理する。

　以上の手順を通じて作成したリスク管理表に基づきプロジェクトの状況に合わせてリスク情報を更新し、プロジェクト完了までリスク対応と監視を継続します。

　なお、特定したリスクの分析は、定性と定量の両面から実施します。リスクの定性的分析では、潜在的なリスクの特徴や発生のトリガーとなる事象、影響のイメージなどに焦点を当てます。
　一方のリスクの定量的分析では、リスクの発生確率や影響度などを数値化することでそのデータをもとにリスクの評価や対処策の決定に活用します。

図 3-15 リスクの定性的分析の実施に関係する要素

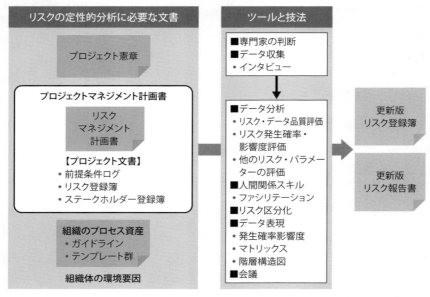

出所：『プロセス群：実務ガイド』から引用した図を一部加工

図 3-16 リスクの定量的分析の実施に関係する要素

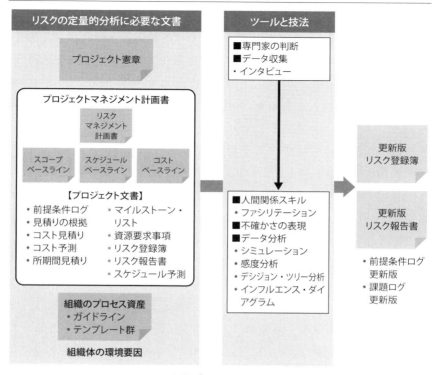

出所:『プロセス群:実務ガイド』から引用した図を一部加工

3-13　プロジェクト予算を見積る

　プロジェクト予算は当初計画どおりに消化されていくのが理想ですが、調達契約の変更や資源コストの上昇といった個別事情によって変更が余儀されなくなる場合もあるのが通例と言ってもよいかもしれません。

　特にビル建設に代表される予測型開発アプローチのプロジェクトでは、予算はプロジェクト計画期間に決定したら、その後の変更がないことが理想です。しかし、要求事項の追加または変更、新しいリスクの発生だけではなく、想定されたリスクの発生確率や影響度の変化などが予算に影響を与えることになり得ます。

　一筋縄ではいかないのが予算見積りですが、それを合理的に行うのがプロジェクトマネジメントに求められるところです。そのために用意されているのが、「コスト・マネジメント計画書」です。

　コスト・マネジメント計画書は、コストの計画・構成・コントロール方法を記述する文書であり、プロジェクトマネジメント計画書またはプログラムマネジメント計画書の一部として作成します。先述したコスト・ベースラインは承認された時間軸ベースのプロジェクト予算であり、実績との比較基準として活用します。なお、変更を行う場合、変更管理プロセスを通じて行うことが条件です。

　そしてコスト・マネジメント計画書では、作業の実施に必要なすべての予算の合計または計画された全作業の金額を示す「完成時総予算（BAC：Budget At Completion）」に基づかなければなりません。これを基準に「資金限度額」が決められます。プロジェクト・スポンサーが正当な理由に基づいて設定する資金限度額は過剰な支出を防ぐためにありますが、プロジェクト・マネジャーはプロジェクト予算を組織の資金限度額に合わせなければなりません。

なお、資金限度額が設定されている場合、支出を調整し、支出率を平準化する方法が求められることがあります。

予算見積りを合理的に行うには、成功や失敗から得た教訓をもとにコスト見積りに有用な情報を収集して行う類推見積り技法の活用のように、過去のデータや類似プロジェクトの経験を活用することが一般的です。また、資源のコストについても詳細な見積りを行い、必要に応じて予算を調整します。

■プロジェクト予算の見積り時に考慮すべき主要事項

プロジェクト期間	プロジェクトの予定期間やスケジュールに応じて予算を立てる。
チーム・メンバーの人数	プロジェクトに必要なチームの人数を考慮し、それに基づいてコストを見積る。
チーム・メンバーの練度や実績	チーム・メンバーのスキルや経験に応じて、各メンバーの練度や実績を考慮し、コスト計算に反映させる。
関与時間	各チーム・メンバーのプロジェクトへの関与時間を詳細に計画し、それに基づいてコストを算出する。
専任チーム関与の前提条件	チームがプロジェクトに専念できる場合と複数のプロジェクトに関与する場合で予算が異なることを考慮する。
追加の機器や物資の必要性	プロジェクトに追加の機器や物資が必要な場合、それらのコストを予算に加える。
プロダクト・オーナーの予算コントロール	アジャイル・プロジェクトでは、プロダクト・オーナーが予算の一部をコントロールすることがある。この役割を考慮して予算を計画する。
予算と実績の差異	組織のコスト意識やプロジェクトの進捗に応じて、予算と実績の差異が継続的に累積されることを考慮する。
資源コスト	ソフトウェア開発プロジェクトでは内部メンバーと外部事業者の候補などの資源コストを予算に含める。
追加のソフトウェアや機器のコスト	プロジェクトの進行過程で追加のソフトウェアや機器が必要になった場合、その追加コストをプロジェクト全体の予算に加算する。

図 3-17 **コスト・ベースライン、支出、資金要求事項**

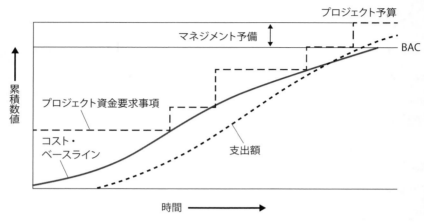

出所:『プロセス群:実務ガイド』

図 3-18 **コスト・ベースラインの作成に関係する要素**

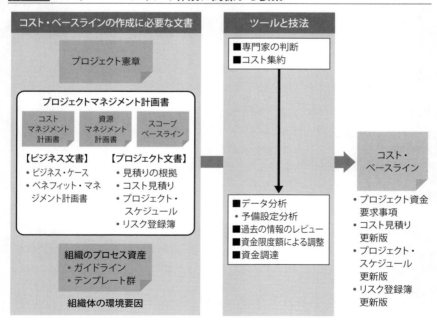

出所:『プロセス群:実務ガイド』から引用した図を一部加工

3-14 予算には「予備」を織り込む

通常の、プロジェクトの予算見積りでは、次のコスト要素を積み上げ式で集計します。

アクティビティ・コスト（コンティンジェンシーを含む）	コストが発生する期間に対応すべき作業コストを計算する。
ワーク・パッケージ・コスト（コンティンジェンシーを含む）	「作業コスト見積り」と呼ばれ、作業単位でのコストを評価する。
コスト・ベースライン（コンティンジェンシー追加の可能性あり）	プロジェクト・マネジャーがプロジェクトをマネジメントするための基準となる金額を設定する。

コンティンジェンシーとは、特定のリスクが発生する可能性のある作業やタスクに追加できる予備の資金のことです。適切な作業やタスクのレベルでリスクに備えるために、最終的な予算設定が完了する前に必要な時間やコストを追加します。

その際、プロジェクトのリスクの量を定量化し、スケジュールや予算の妥当な予備を推定する予備設定分析を行います。

なお、スケジュールの予備時間はスケジュールの不確かさを補うために用意し、追加の資金として確保すべきかどうかを判断するのに活用するほか、問題が発生した場合に予備時間や予備費がどの程度残っているかを判断することにも使います。

図 3-19 プロジェクト予算の構成要素

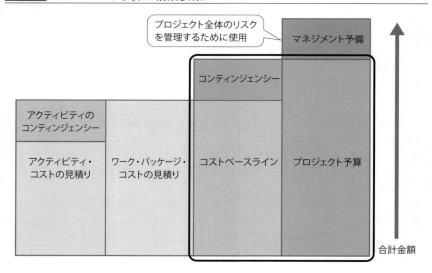

プロジェクト予算の構成要素

全体の道筋と責任の所在を明示した進捗状況が測定しやすい計画を作る

　全体の計画と責任の明示に焦点を当て、進捗状況が適切に測定できるプロジェクト計画の策定によりプロセスを適切に監視します。これにより、プロジェクトの成功に向けた道筋が示せるようになります。それには、次のようなことに留意します。

■ メンバーの役割の自認

　チーム・メンバーが自身の役割にどのように貢献するかを理解し、全体の進行状況が把握できることはプロジェクトの成功には非常に重要なポイントになる。

■ 計画の視覚化

　計画の視覚化によるリアルタイムでの進捗追跡ツールを活用することで、問題の早期発見と解決にも対処できるようになる。

■ 責任の明確化

　計画と実行責任を明確にすることはチーム全体の一体感と協働意識を生み、それがプロジェクト目標を推進させる原動力になる。

■ マイルストーンの設定

　マイルストーンを設定することで各フェーズの終了点が視覚化され、進捗状況が明確になる。チームメンバーは期限内に特定の成果を達成するためのモチベーションを保つことができる。

■ 定期的な進捗報告会の実施

　スケジュール・マネジメント計画に従って、期限に基づく進捗報告会を定期的に実施することも効果的。これにより、プロジェクト・マネジャーは進捗状況を詳細に把握し、必要に応じて資源を再配分することができる。

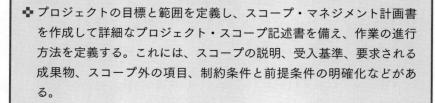

第3章のまとめ

- ❖ プロジェクトの目標と範囲を定義し、スコープ・マネジメント計画書を作成して詳細なプロジェクト・スコープ記述書を備え、作業の進行方法を定義する。これには、スコープの説明、受入基準、要求される成果物、スコープ外の項目、制約条件と前提条件の明確化などがある。

- ❖ プロダクト分析を通じてプロダクトの要求事項を理解し、プロダクト・ブレークダウン、システムズ・エンジニアリング、システム分析、要求事項分析、価値工学、価値分析を使って、プロダクトの最適な価値と効率性を実現する。

- ❖ プロジェクトの全タスクを特定し、それらを管理可能な小タスクに分割するWBSを作成する。階層的に下位の詳細なタスクを含む概要のタスクである「サマリー・タスク」とプロジェクトのタスクをさらに分割した、最も細かいレベルのタスクである「ワーク・パッケージ」の関係を理解し、プロジェクトのスコープを視覚化し進捗を監視するために使う。

- ❖ 適応型開発アプローチでは、プロダクト・バックログを使って作業スコープを優先順位付けし、ストーリー形式で情報を表現する。これには、ストーリー形式での表現、優先順位付け、バックログの微調整、エピック分割などがある。

- ❖ プロジェクト全体のスケジュールを作成、監視・コントロールするためのスケジュール・マネジメント計画書を作成する。これには、アクティビティの定義と段階的詳細化、スケジューリング方法とツールの特定、スケジュールの形式決定、スケジュール作成とコントロール基準の規定、スケジュールをメンテナンスするプロセスの定義などがある。

計画を具体化する

　プロジェクトの計画を具体化するには、予測型プロジェクトではWBS、適応型プロジェクトではプロダクト・バックログを使ってタスクを分解し、各タスクにどの程度の時間を要するかを見積ることが第一歩です。そこから計画を具体化し、プロジェクトの進行に合わせて見直しと調整を継続して行います。

　これにより、資源の管理や責任と権限の明確化、資源のニーズに対する対応方法、調達やコミュニケーションの管理、進捗の測定ルールの設定、変更要求への対応や手順の確立などが整理されます。

　これらは、プロジェクト運営上の指針となるものでもあります。

4-01 所要期間を見積る

　所要期間の見積りは、次のポイントを踏まえながらプロジェクト内の各作業に要する時間を検討していきます。

■過去のデータの活用

　類似プロジェクトや過去の経験から得られるデータを使って、アクティビティの所要期間を予測する。

■専門家の知見の活用

　プロジェクトに関する専門家やチーム・メンバーの知識や経験に基づいた意見を取り入れて精度を高める。

■リスクの考慮

　不確実性やリスク要因を考慮して計画の柔軟性を確保し、不測の事態や状況に対処できるようにする。

■予測時間の再評価

　プロジェクトの進行に応じて、アクティビティの詳細化と所要期間を再評価する。新たな情報や実績からスケジュールを調整し、計画を最適化する。

■ツールと技法の利用

　所要期間の見積りに活用できるツールや技法として、WBS（作業分解図）、専門家の判断、三点見積法などがある。

　三点見積法は作業ごとに「最頻値」「楽観値」「悲観値」の３点の平均値を基準に経験則も考慮することで現実的な所要期間を見積る方法です。例えば、ある作業の最頻値３日、楽観値２日、悲観値４日とする場合、（３＋４＋２）÷３＝３日という平均値に、それまでの経験からバッファを１日加えるなどして予定時間を設定します。

　アジャイル型のプロジェクトでは、作業工数を見積る際に時間単位ではなく、相対的な指標や尺度を使う見積り技法が一般的です。

「WBS」を使って作業の所要期間を見積る

予測型プロジェクトの所要期間見積り

スケジュール計画では、プロジェクトの性質やチームの特性などの状況に応じたアプローチがあります。予測型プロジェクトの場合、基本的にビジョンと期日が明確なため、目標達成や価値創出に必要な作業やアクティビティごとにスケジュールを決めるようにします。このときのスケジュール計画は以下の手順を基本にして進めるようにします。

Step 1 > ワーク・パッケージの分解

プロジェクトのスコープを詳細に分解し、個々のアクティビティやタスクに分割します。これにより、プロジェクト全体が可視化でき、計画の具体化を容易にします。

Step 2 > 依存関係の特定

アクティビティ間の依存関係と先行関係を明確にし、作業の順序と相互関係を定義します。これにより、スケジュールの正確性と整合性が確保されます。

Step 3 > 所要期間の見積り

人や資材などの資源に基づいて、各アクティビティの所要期間を見積ります。過去のデータや専門家の判断の他、標準的な業界の慣例も活用します。

Step 4 > クリティカル・パスの特定

クリティカル・パスとは、プロジェクトの進行に必要なアクティビ

ティをつなげたときの最長経路のことであり、プロジェクトの開始から終了までに要する最長の所要期間のことです（図4-1参照）。Criticalとは「決定的な」「重要な」という意味であり、プロジェクトを成功させるうえでとても重要な作業経路（path）ということです。

　そのため、クリティカル・パス上のアクティビティの遅れがプロジェクト全体の遅延を起こしかねないので、アクティビティごとに遅延によるリスクを想定しておきます。そのリスクを回避する対応策として「**スラック・タスク**」または「**フロート・タスク**」があります。これはタスクが遅れてもプロジェクト全体の完了日に影響を与えない余裕期間を設けておくことです。突発的な出来事に慌てないためにも、遅々として（slack）、見当がつかない（float）ことが予見できるタスクについては、開始または完了を遅らせることができる時間の余裕を設けておくことです。

　図4-1のケースの場合、スラック・タスクまたはフロート・タスクの作業経路のほうがより多くの期間を要する、つまり最長所要期間となる

図 4-1 クリティカル・パス、スラック・タスクとフロート・タスク

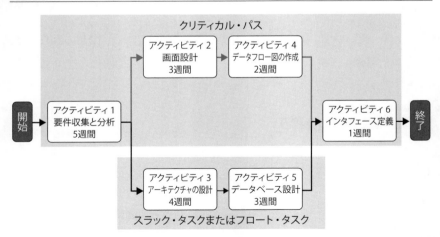

1[5週間]＋2[3週間]＋4[2週間]＋6[1週間]＝11週間　非クリティカル・パス　——→
1[5週間]＋3[4週間]＋5[3週間]＋6[1週間]＝13週間　クリティカル・パス　——→

ため、これがクリティカル・パスになります。

Step 5 > 資源の過剰な割り当ての解決

資源を適切に割り当て、過剰な負荷にならないように留意します。資源をバランスさせることで、プロジェクトのスケジュールを最適化します。

Step 6 > スケジュールの短縮

必要に応じて、制約条件に合わせてスケジュールの短縮を検討します。この段階では、プロジェクトの期日に対するコミットメントを守りつつ、最適な方法を見つけることが求められます。

図 4-2 予測型開発アプローチの所要期間見積り

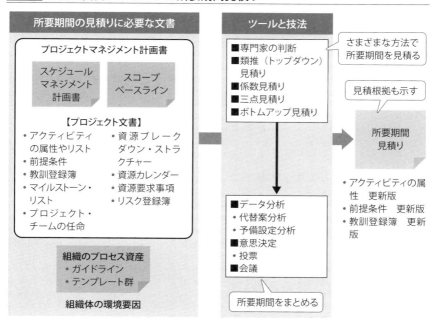

出所：『プロセス群：実務ガイド』から引用した図を一部加工

161

ウォーターフォールに代表される予測型プロジェクトでは、計画の具体性と確実性が保たれることでプロジェクトのスケジュールが明確に定義できるようになります。

　前項で述べたように、プロジェクトマネジメントには効率的で効果的な所要期間の見積り技法が数種あるので、プロジェクトの性質を勘案して適用するようにします。

■ 予測型プロジェクトの主な見積り技法

類推見積り	類似するアクティビティや過去のプロジェクトのデータを使って、所要期間やコストを予測する。これは一種の「トップダウン見積り」であり、過去のプロジェクトの経験に依存する。
係数見積り	過去のプロジェクトのデータおよびスコープ・スケジュール・コスト等のプロジェクトに影響する係数をもとに、数学的なモデルを使って予測を行う。
三点見積り	最頻値・楽観値・悲観値の3つの見積り値を使って、アクティビティの所要期間やコストの概算範囲を定義する。リスクや不確かさの要因を含めることで、予測の精度を高めることができる。
ボトムアップ見積り	アクティビティごとにコストや所要期間を個別に見積り、個々の細かい項目や詳細な情報をまとめて、より大きな分類や全体の視点でまとめて合計する。詳細な情報とタスクを知る専門家の知見からの見積りであるため、精度が高い。

　それぞれの見積り技法には利点と制約があり、プロジェクトの性質や扱う情報に応じて選択します。

　類似性や過去のデータを活用する類推見積りから、数学的なモデルに基づく係数見積り、リスクを考慮に入れる三点見積り、詳細な情報と専門家の知識を要するボトムアップ見積りまで、プロジェクトの要件に合わせて適切な見積り技法を選ぶようにします。

「ユーザー・ストーリー」を使って作業の所要期間を見積る

適応型プロジェクトの所要期間見積り

アジャイルなどの適応型プロジェクトでは、プロジェクトのビジョンや期日が明確に決まらないことがあるため、変更への柔軟性が求められます。そうした場合、以下に示すスケジュール計画の手順に則して対応します。

Step 1 > リリース期間を均等なイテレーションに分割する

アジャイル開発などの適応型プロジェクトでは、イテレーションごとに一定の時間枠（タイムボックス）を設定することが一般的です。タイムボックスを採用する場合、リリース期間を均等なイテレーションに分割します。プロジェクト全体をリリース単位で計画し、リリースごとに機能を提供する方法です。リリースごとにスケジュールを設定し、プロジェクトの進捗を段階的に確認します。

Step 2 > イテレーションごとに所定時間で完了できる作業を計画する

イテレーションごとに、所定の時間内に完了できるユーザー・ストーリー（ユーザーが成果物をどのように利用するかを示した一文）やタスクを計画します。この際、過去のイテレーションから得られたベロシティ（作業量の進行速度）を活用して、作業の見積りを行います。

Step 3 > ユーザー・ストーリーの優先順位付けと見積りを行って、タスクに分解する

ユーザー・ストーリーをプロジェクトの目標に合わせて優先順位付けし、それぞれのストーリーに要する労力を相対的な指標や尺度を使って

見積り、タスクに分解します。過去のイテレーションの実績データをもとに、イテレーションごとの進行速度（velocity）を決定し、今後の進捗を予測します。ベロシティは、チームが1つのスプリントまたは一定期間内に完了することができる作業の量や成果を示します。

Step 4 › **イテレーション終了ごとにバックログを微調整し、次のイテレーションを計画する**

各イテレーション終了後に、ユーザー・ストーリーの優先度や新しい要件に応じてバックログを調整し、次のイテレーションを計画します。

図 4-3 適応型開発アプローチの所要期間見積り

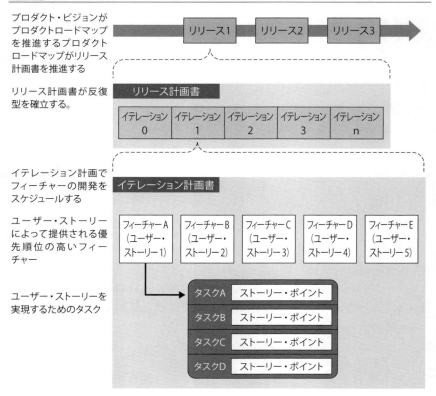

適応型プロジェクトでは、作業工数を見積る際に時間単位ではなく、相対的な指標や尺度を使う見積り技法を用いることが一般的です。

■ アジャイルなどの適応型プロジェクトの主な見積り技法

相対サイズ分類	ユーザー・ストーリーやタスクに相対的なサイズを割り当てて、作業工数を比較する。一般的なTシャツのサイズ（XS、S、M、L、XL等）を使ってユーザー・ストーリーに値を割り当てる。
ストーリー・ポイント	相対的な尺度を使って、ユーザー・ストーリーやタスクの難易度や複雑さを評価する。作業工数を抽象的なポイントで表現し、難易度に基づいてユーザー・ストーリーを完成するための労力を評価する。
プランニング・ポーカー	チームがタスクの作業工数や相対的なサイズを見積り、優先順位付けを行う際に使用されるゲーム形式で行う見積り技法。チーム・メンバーが共同でタスクを見積り、意見を交換しながら合意を形成するための適切な手法であり、より正確な見積りができる。

アジャイル開発など適応型プロジェクトでは、これらの見積り技法を使って作業工数を見積り、相対的な難易度や複雑さを評価します。

時間単位ではなく、抽象的な尺度を使うことで、アジャイル開発の特性に合わせて柔軟に見積ることができます。

4-04 詳細スケジュールを作る

　プロジェクトマネジメント計画書の一環として作成するスケジュール・マネジメント計画書には、特定の目標の達成や成果物を創出するうえで実施する個々の作業やタスクであるアクティビティの具体的な計画と所要期間の見積りが必要です。

　ここでのアクティビティとはWBSの最下層の要素成果物であるワーク・パッケージを生成するために必要な作業のことです。

図4-4 ワーク・パッケージとアクティビティの関係の例

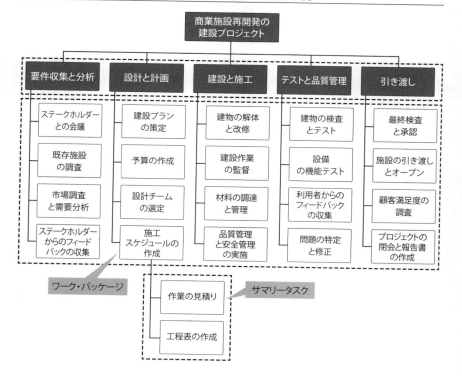

アクティビティの具体的な計画と所要期間の見積りの手順は次のとおりです。

Step 1 > アクティビティを定義し、段階的に詳細化する

プロジェクトのアクティビティを具体的に定義し、段階的に詳細化することで何を達成すべきかが明確になります。

Step 2 > スケジューリング方法とツールを特定する

どのスケジューリング方法を使い、ツールを採用するかを特定します。これはプロジェクトの特性に応じて選びます。

Step 3 > スケジュールの形式を決定する

プロジェクトのスケジュールをどのような形式で表現するかを決定します。スケジュールをステークホルダーにわかりやすく示します。

Step 4 > スケジュールの基準を規定する

スケジュールの作成とコントロールに必要な基準を明確に規定します。プロジェクトの進行状況を適切に監視できます。

Step 5 > テーラリングする

プロジェクトの種類に合わせてスケジュール・マネジメント計画書をニーズや要求に合わせて変更や調整をします。さまざまなプロジェクトに適応できる柔軟性を確保します。

Step 6 > スケジュールをメンテナンスするプロセスを定義する

プロジェクト実行中に、スケジュール・モデルに基づいて状況を更新し、プロジェクトの進捗を記録するためのスケジュールをメンテナンスするプロセスを明確に定義します。

予測型プロジェクトやハイブリッド・アプローチを採用するプロジェクトでは、プロジェクトの時間を管理するために、スケジュール・マネジメント計画書を使ってプロジェクトの進捗状況を監視・コントロールします。

　「アクティビティの定義」「スケジューリング方法の選択」「スケジュール形式の決定」「基準の設定」「テーラリング」「スケジュール」をメンテナンスするプロセスを定めることで計画書を適切に作成・遵守します。こうして、プロジェクトのスケジュールを効率的に管理し、問題の早期検出と対処を図ります。

　なお、プロジェクト・スケジュール・マネジメントは、『プロセス群：実務ガイド』の「立ち上げ→計画→実行→監視・コントロール→終結」の5つのプロセス群のうち、「計画」と「監視・コントロール」が該当します。

■ プロジェクト・スケジュール・マネジメントに含まれるプロセス

プロセス群	プロセス
計画プロセス群	① スケジュール・マネジメントの計画プロセス
	② アクティビティの定義プロセス
	③ アクティビティの順序設定プロセス
	④ アクティビティの所要期間の見積りプロセス
	⑤ スケジュールの作成プロセス
監視コントロール・プロセス群	⑥ スケジュールのコントロール・プロセス

4-05 計画を段階的に詳細化する

プロジェクトの計画は、プロジェクトのライフサイクルや種類に応じて、段階的に詳細化していきます。

◼ プロジェクトの種類に応じた計画の詳細化

予測型プロジェクト	プロジェクト開始前に要求仕様を定義し、成果物や変更に関して既知の考慮事項に基づいて計画を詳細化する。最終マイルストーンを設定し、全体の計画立案を完成させる。
適応型プロジェクト	プロジェクト期間中、適宜詳細化を行う。プロジェクトの進捗に合わせて、イテレーション終了ごとにその都度要求と制約条件を詳細化していく。
ハイブリッド・プロジェクト	一定間隔で計画を改訂し、プロジェクトが進む中で計画が具体化していく。

プロジェクト・スケジュールでは、計画日程、所要期間、マイルストーン、資源とそれに関連付けられたタスクなどを示します。プロジェクト・チームはアクティビティの開始日と終了日を調整し、マイルストーンの予定日を設定します。また、その際のプロジェクト・スケジュールは、チーム内で調整されたアクティビティを全体計画に組み込むためのツールともなります。

計画を詳細化していく過程で、日程やアクティビティが変更になることもありますが、そのときはプロジェクトマネジメント支援ツールの1つである「**プロジェクトマネジメント情報システム（PMIS）**」を使います。これは、プロジェクトの計画・実行・監視コントロールに関する情報を収集・整理・管理するためのシステムです。プロジェクト・チームとその関係者はこのシステムを使って効率的に意思決定します。

また、PMIS以外に活用されている計画策定ツールに、「プロダクト・ロードマップ」「マイルストーン・チャート」「ガントチャート」「PDM

ネットワーク図」などがあります。

プロダクト・ロードマップ

- プロダクトの開発やリリースの時間軸を概観する際に使う。
- プロジェクトの全体的な進捗やマイルストーンを視覚化する。
- プロジェクトの要約情報を提供し、スコープの計画に有効。

図 4-5 プロダクト・ロードマップの例

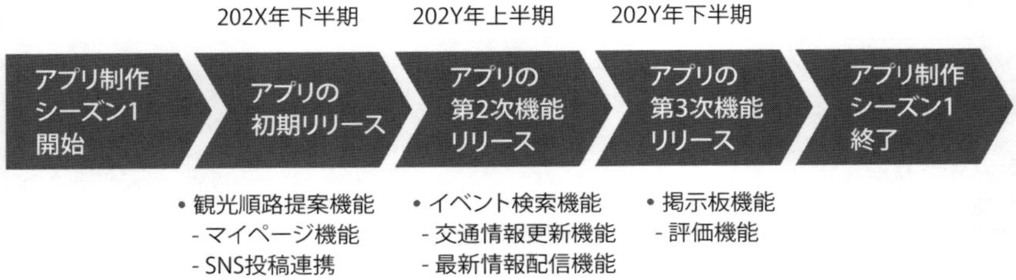

マイルストーン・チャート

- プロジェクトの重要な中間目標の期日を共有する際に使う。
- プロジェクトの上級管理層へのスケジュールの明示に有用。
- プロジェクト全体の要約情報を示す。

図 4-6 マイルストーン・チャート

アクティビティ識別コード	アクティビティの記述	カレンダー単位	プロジェクト・スケジュールの期間				
			期間1	期間2	期間3	期間4	期間5
1.1.MB	地域交通案内アプリ制作シーズン1開始	0	◆				
1.1.1.M1	地域交通案内アプリ制作シーズン1開始	0		◆			
1.1.2.M1	地域交通案内アプリ制作シーズン1開始	0			◇		
1.1.3.M1	地域交通案内アプリ制作シーズン1開始	0				◇	
1.1.3.MF	地域交通案内アプリ制作シーズン1開始	0					◇

データ日付

◆ 到達したマイルストーン　　◇ 未到達のマイルストーン

ガントチャート

- アクティビティやタスクの開始日と完了日を一覧化したチャート図。
- チーム全体の進捗監視の共有に有用。
- アクティビティやタスクの依存関係が容易に把握できる。

プロジェクト・スケジュール・ネットワーク図

- アクティビティやタスクの依存関係を視覚的に表す。
- クリティカル・パスなどのネットワーク図の作成に用いられ、スケジュール計画を一覧図化するのに有効。

図 4-7 ガントチャートの例

アクティビティ識別コード	アクティビティの記述	カレンダー単位	プロジェクト・スケジュールの期間				
			期間1	期間2	期間3	期間4	期間5
1.1.MB	地域交通案内アプリ制作　シーズン1開始	0					
	地域交通案内アプリ　シーズン1の開発、リリース	240					
1.1.1.M1	機能①　観光順路提案機能の制作						
	観光順路提案機能の設計						
	観光順路提案機能の構築						
	観光順路提案機能のテスト						
	機能①　観光順路提案機能とアプリ初期リリース	0					
1.1.2.M1	機能②　観光地イベント検索機能の制作						
	観光地イベント検索機能の設計						
	観光地イベント検索機能の構築とテスト						
	機能①、②の統合とテスト						
	観光地イベント検索機能とアプリ第2次リリース	0					
1.1.3.M1	機能③　掲示板機能の制作						
	掲示板機能の設計						
	掲示板機能の構築とテスト						
	機能①、②、③の統合とテスト						
	掲示板機能とアプリ第3次リリース						
1.1.4.M1	機能①、②、③の統合とリリースに伴う成果物の完成	0					
	成果物の作成						
1.1.4.MF	地域交通案内アプリ制作　シーズン1終了	0					

データ日付

- 予測型プロジェクトで多く採用されているツール。

　なお、実際にクリティカル・パスを作るには、アクティビティの依存関係を示すプロジェクト・スケジュール・ネットワーク図、プロジェクトの時間軸を視覚的に表現するガントチャート、プロジェクトの期間とリソースの最適な割り当てを決定するためのクリティカル・パス法を組み合わせます。

図 4-8　プロジェクト・スケジュール・ネットワーク図によるクリティカル・パス

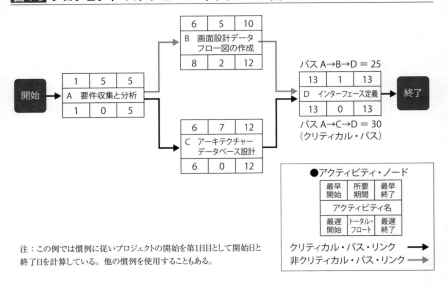

注：この例では慣例に従いプロジェクトの開始を第1日目として開始日と
終了日を計算している。他の慣例を使用することもある。

4-06　繰り返し計画を見直し調整する

予測型プロジェクトの計画

　予測型プロジェクトにおけるスケジュール立案では、プロジェクトの開始アクティビティから終了アクティビティまでの日程順にアクティビティを並べ、プロジェクト・マイルストーンの日付を設定します。

　アクティビティのスケジュール設定はプロジェクトが予定どおりに完了するように調整し、スケジュールの予測と実績から進捗状況を管理します。これにより、マネジメント層やステークホルダーはプロセスの進み具合が具体的に把握できるようになります。そのために有効なツールが、前項で説明したプロジェクト・スケジュール・ネットワーク図です。

　プロジェクト・スケジュール・ネットワーク図を使ってスケジュールを計画したその次は、資源の需要と供給をバランスさせる資源最適化です。スケジュールと資源の両面からプロジェクトを管理する資源最適化技法には、**資源平準化**と**資源円滑化**の２つがあります。

■ **２つの資源最適化技法**

資源平準化	資源円滑化
▪ 資源の制約条件に基づいて、アクティビティの開始日と終了日を調整する。 ▪ つまり、限られた資源で無理なく作業を進められるようにスケジュールを変更して対応するので、クリティカル・パスが変わる可能性がある。 ▪ クリティカル・パスの変更の可能性はあるものの、資源の過負荷は回避できる。	▪ 資源の要求量が所定内で収まるように、余裕期間を超えない範囲でアクティビティを調整する。 ▪ よって、クリティカル・パスは変わらず、完了日も遅延しない。 ▪ クリティカル・パスの変更を回避するためにアクティビティへの資源配分を調整する。

　スケジュールを最適化するために、「**ファスト・トラッキング**」と「**クラッシング**」というスケジュール短縮技法を使うこともあります。

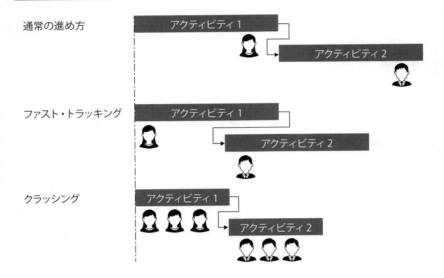

図 4-9 ファスト・トラッキングとクラッシング

通常の進め方

ファスト・トラッキング

クラッシング

　ファスト・トラッキング（fast-tarcking：早道）は、複数のアクティビティを同時並行させることでスケジュールを短縮する方法です。

　クラッシング（crashing：突貫工事）は、特定のアクティビティに増員などの資源の追加投入でスケジュールを早める方法です。

　ただし、これらの方法はメンバーへの業務負荷などのリスクやコストの増加を伴うことがあることに注意が必要です。

適応型プロジェクトの計画

　適応型プロジェクトでは、プロセスの中で繰り返し計画を見直しながら、スケジュールの最適化を図ります。そのため、チームの構成や予定されていたタスクの変更など、随時計画を策定する作業が伴います。

　そこで、プロジェクト・チームはプロダクト・オーナーと協力して、プロジェクトから創出される機能と時間枠を示すロードマップを作成し

ます。この作成には、イテレーションによる「**タイムボックス・スケジューリング**」、またはジャスト・イン・タイムによる「**オンデマンド・スケジューリング**」のいずれかを選択します。

　これらのスケジューリング法を活用して、アクティビティの優先順位を調整していきます。

▷ タイムボックス・スケジューリング

　タイムボックス・スケジューリングはあらかじめ設定した時間内で集中してタスクに取り組み、それを完了させて次のタスクに取り組むというように、イテレーション（短いサイクルの反復）を繰り返しながら効率的に作業を遂行していきます。

　時間枠を設けることでタスクの優先順位が明確になることで集中的に作業に取り組めるため、生産性の向上が期待できます。

▷ オンデマンド・スケジューリング

　オンデマンド・スケジューリングは、トヨタ生産方式のジャスト・イン・タイムの考え方を踏襲したスケジューリング法であり、プロジェクトを所定期間内に要求どおりに終了させることを目的としています。

　この方法では、アクティビティごとにそのタスクの前の工程を完了させて次の工程に引き渡す、逆にいえば後工程が必要なものを必要なときに引き寄せて、作業プロセスやタスクの流れを調整します。

　これにより、要求されたとき（on demand）に要求されたものを適時に提供できるように優先順位付けして開始順を決めることができます。

　プロジェクトの内容によってどちらが適切かを選択しますが、双方共に段階を経ながら事業価値を実現する手法です。プロセスの変更を行いながらプロジェクトのスケジュールを合理的に推進させるうえで有効な方法ですが、必ずしもすべての資源を最適化できるとはならないことやクリティカル・パスが変わる可能性があることには注意が必要です。

フェーズに分けた具体的な計画を立てる

　大規模なシステム開発で多く導入されているのが、予測型と適応型のメリットを組み合わせたハイブリッドによる開発アプローチです。ハイブリッドによる開発アプローチでは、プロジェクト・マネジャーとスクラム・マスターがそれぞれの役割を果たしながらプロジェクト全体を効率的に進めることに特徴があります。アジャイル開発の一種であるスクラムは比較的短期間で成果物の創出が要求されるプロダクト開発などにおいて、チームが自律的にそして協働的に活動することで成果が出しやすいことにその有効性が認められています。

　ハイブリッド・プロジェクトでは、プロジェクト・マネジャーは予測型の要素であるスコープ・スケジュール・コストをマネジメントしていく役割を持ち、プロダクト開発において適応型要素であるスプリントやイテレーションを計画・実行し、開発チームを支援しながらプロダクト開発を主導する役割がありますが、それぞれの役割を果たす方法にも特徴があります。

▶ プロジェクト・マネジャーの役割

　プロジェクト・マネジャーは、はじめにプロジェクトの概要レベルのフェーズとマイルストーンを計画します。そして、プロジェクト作業の種類を特定し、それを詳細に分解します。

　また、プロジェクト・フェーズを遂行するか、マイルストーンを達成するための作業バックログの優先順位付けをして作業計画を作成します。こうして、プロジェクトの全体的な計画と方向性を提示し、スケジュールと資源の管理を行います。

スクラム・マスターの役割

　スクラム・マスターは、アジャイルなプロセスでイテレーションを運営します。イテレーションは通常2〜4週間の単位で行われ、プロダクト・オーナーと共同で優先順位付けされたバックログ項目を使って作業を計画します。

　スクラム・マスターはチームの連帯感を促し、各イテレーションの終了時に「レトロスペクティブ（retorospective；過去に遡って）」と呼ばれる振り返り会議を行い、次回のイテレーションのタイミングとタスクを見積るための測定指標を収集します。

図 4-10 ハイブリッド開発アプローチでの役割の違い

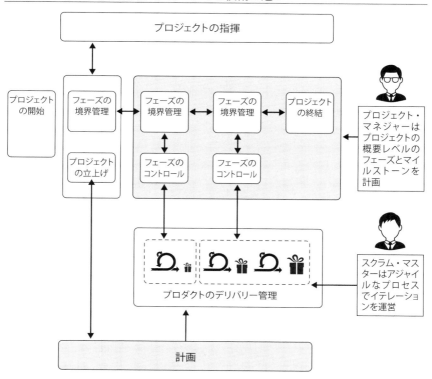

4-08 資源マネジメント計画書を作る

　プロジェクトのアクティビティを実行するために必要な資源には、人的資源（人材）と物的資源（資材）に大別できます。内部資源だけでは補えない場合には外部資源の調達も検討します。その場合、内部のチーム・メンバーの能力を最大限に活かしたうえでの補強になるようにします。

　また、優れたプロジェクト・チームがすでに組織されていても、短期間での作業に必要な専門技能を確保するためには、委託事業者や外部サービス提供業者、専門機器のレンタルなどの活用も検討します。

　こうした資源をステークホルダーと共有し、効率的に活用するうえで作成されるのが「**資源マネジメント計画書**」です。これは、プロジェクト資源の獲得・配分・監視コントロールなどの方法を記述した文書であり、プロジェクトマネジメント計画書の一部に含まれます。具体的には、次の項目で構成されます。

- 資源の特定…人材と資材
- 資源の獲得方法
- 人材の役割と責任
- 役割…プロジェクト人員の職務
- 権限…資源を使い、決定を下し、成果物を受け入れる権利
- 責任…割り当てられた義務
- 要求される能力とスキル
- プロジェクト組織図…資源カテゴリーと報告関係を図で表したもの
- プロジェクト・チーム資源マネジメント…資源を定義・選定・マネジメント・リリースする方法についてのガイダンス
- トレーニング…戦略と要求事項
- チームの育成方法

- 資源コントロール…非人的資源を必要に応じて確実に使えるようにする方法
- 表彰計画

　資源マネジメント計画書では、必要な資源は何か、その資源のマネジメントをどう行うかを定義します。

　また、資源マネジメント計画書は、組織の要求事項や採用するプロジェクト・アプローチによっても変わります。

　なお、プロジェクト資源マネジメントは、『プロセス群：実務ガイド』の「立ち上げ→計画→実行→監視・コントロール→終結」の５つのプロセス群のうち、「計画」「実行」「監視・コントロール」が該当します。

■ プロジェクト資源マネジメントのプロセス群と各プロセス

プロセス群	プロセス
計画プロセス群	①資源マネジメントの計画プロセス
	②アクティビティ資源の見積りプロセス
実行プロセス群	③資源の獲得プロセス
	④チームの育成プロセス
	⑤チームのマネジメント・プロセス
監視コントロール・プロセス群	⑥資源のコントロール・プロセス

4-09　責任や権限を明確にする

　資源と責任を割り当てる際、プロジェクトの円滑な進行と責任を明確にするため、プロジェクト・マネジャーは次の手順を踏みます。

Step 1 > チーム・メンバーをプロジェクトに割り当てる

　役割と責任を決定し、「チーム名簿」「組織図」「スケジュール」を同時に作成します。

　プロジェクト・スケジュール、資源の割り当て、予算はすべて相互に関係し、チーム、ニーズ、プロジェクト・アプローチに応じてテーラリングします。予測型開発アプローチを採用している場合、プロジェクト・マネジャーは必要な資源を特定し、責任の遂行に適した資源を割り当てます。技術的スキルだけでなく、ソフト・スキルとして次の要素を考慮します。

- **経験**→チーム・メンバーのアクティビティの実行に関連する経験
- **知識**→チーム・メンバーが有する顧客ニーズ、過去のプロジェクトの実施、今回のプロジェクトの意味することに関する情報
- **スキル**→チーム・メンバーの今回のプロジェクトに関するスキル
- **姿勢**→チーム・メンバーの同僚たちとの協働意識
- **国際的要因**→チーム・メンバーの勤務地、業務時間帯、言語、コミュニケーション上のニーズ

Step 2 > 資源カレンダーを使う

　資源カレンダーは、各資源が投入可能な日やシフトを示した日程表のことであり、アクティビティの見積りや依存関係の把握に必要です。

　資源をアクティビティに割り当てる際、特に重要な資源や不可欠な資源の可用性を把握します。必要に応じて資源の可用性を検討し、予定し

たアクティビティの修正を検討します。

Step 3 > RACIチャートを使う

RACIチャート（責任分担マトリックス）は、「実行責任（Responsible）」「説明責任（Accountable）」「相談対応（Consult）」「情報提供先（Inform）」の役割を明示するツールです。予測型開発アプローチでは、アクティビティごとのメンバーの役割を明文化するものでもあります。また、アクティビティに関与するステークホルダーの特定にも使われます。

RACIチャートは全ステークホルダーを対象にすることで、プロジェクトの進行の視覚化とコミュニケーションの透明性を高めることができます。

図 4-11 資源マネジメントの計画に関係する要素

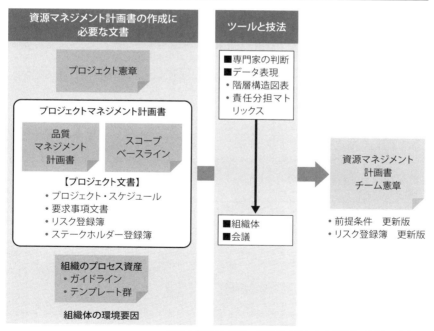

出所：『プロセス群：実務ガイド』から引用した図を一部加工

4-10 資源ニーズを満たす

　資源ニーズを満たすために、プロジェクトに必要な製品やサービスを組織内で製作するか、外部から購入するかについて**内外製分析**を使って意思決定をします。

　内外製分析とは自社の担当領域とコストなどを4象限マトリックスを使って分析し、自社で行うべきか、それとも他社に委託するかを判断するフレームワークです。

　この判断に基づいて、プロジェクトに必要な人材や資材を効率的に確保するための戦略を練ります。

　なお、外注の検討に際して、次の要因を考慮します。

コスト	外注によるものと、内製によるものを比べた場合のコストを比較する。
スケジュール	外注がプロジェクトに対して必要な時間枠と、内製に比べた場合のスケジュールへの影響を検討する。
品質	外注による製品やサービスの品質と、内製に比べた場合の品質を比較する。
特定のスキル・セット	外注先が保有するスキル・セットと、プロジェクトに必要なスキル要件を照らし合わせる。
学習曲線	外注先がプロジェクトの要件をどれだけ速く理解し、適用できるかを考慮する。
内部資源入手可能性	プロジェクトに必要な資源を組織内で入手できるかどうかを検討する。
チームの専念	外注することで、プロジェクト・チームが本質的な作業に専念できるかどうかを検討する。

　これらの要因を内外製分析を通じて総合的に判断し、プロジェクト・チームにとって最適な資源調達戦略を選びます。

　資源ニーズの満たし方は、プロジェクトの成功に大きな影響を与える要素のため、慎重に検討します。

4-11 調達マネジメント計画書を作る

　内外製分析の結果から必要な資源が明確になったら、資源の取得方法、適用する法的契約の種類、調達プロセスの各フェーズでの完了手順などを含む調達戦略の指針となる「調達マネジメント計画書」を作成します。このプロセスでは、組織のガバナンス体系に則りながら、プロジェクト固有の要件に合わせた情報を取り入れます。

　調達マネジメント計画書には、プロジェクト・チームが外部から必要な物品やサービスを獲得するための方法を定義します。これには、組織であらかじめ標準化している調達文書の利用法、入札プロセスの管理法、納入者との調整法を参考にしたり、そのまま流用したりします。

■ 調達マネジメント計画書の構成要素

調達戦略	プロジェクトに必要な物品やサービスの調達方法をを決定する。
契約種類の選定	実費償還、定額、タイム・アンド・マテリアル等の契約種類を特定する。
調達プロセス	入札プロセス、提案評価の手順、契約締結に関するプロセスを定義する。
納入者管理	納入者の選定とそのマネジメント、パフォーマンスの監視に関する手順を記述する。
リスク・マネジメント	調達に関連するリスクを特定し、対応策を計画する。
品質管理	調達した物品やサービスの品質基準と品質管理のプロセスを定義する。
コスト管理	調達に関連する予算とその管理に関する方針を設定する。

　なお、プロジェクト調達マネジメントは、『プロセス群：実務ガイド』の「立ち上げ→計画→実行→監視・コントロール→終結」の5つのプロセス群のうち、「計画」「実行」「監視・コントロール」が該当します。

プロセス群	プロセス
計画プロセス群	①調達マネジメントの計画プロセス
実行プロセス群	②調達の実行プロセス
監視コントロール・プロセス群	③調達のコントロール・プロセス

　調達マネジメントは数種の文書を用いて行います。主要な文書とそれぞれの目的は次のとおりです。

■ 主要な調達文書

作業範囲記述書	納入されるべき物品やサービスの具体的な範囲と要件を記述する。
見積依頼書	特定の物品やサービスの価格を入札者に提供してもらうために使用する。
入札招請書	公開入札を行う際に使われ、興味があるベンダーに情報を提供する。
情報提供依頼書	市場調査や潜在的な納入者からの情報収集のために使用する。
提案依頼書	複雑なプロジェクトやカスタム製品・サービスの提供を要求する際に提案を求めるために使用する。
関心表明	潜在的な納入者がプロジェクトに関心があることを表明するために使用する。

　これらの文書と計画書の要素は、プロジェクトの調達プロセスを体系的に管理し、リスクを最小限に抑えながら効率的かつ適切な調達を行うために必要とされます。各文書や計画書の要素は、プロジェクトの具体的なニーズや状況に応じてカスタマイズします。

　また、アジャイル型のプロジェクトでの調達マネジメントにおける契約は、柔軟性と適応性を重視し、プロジェクトの進展に合わせて要件が変更される可能性を考慮に入れて準備します。

　その際に、一般的に使われる契約には次のようなものがあります。

タイム・アンド・マテリアル契約	実際に要した時間と材料のコストをもとに報酬を支払う。プロジェクトの範囲が流動的で、初期段階で全ての要件を特定することが難しい場合に適している。
定額インクリメント契約	定額契約の下でプロジェクトは小さなインクリメントまたはイテレーションごとに分割する。各インクリメントの完了に対して固定の報酬の支払いが行われるため、リスクを分散し、進行状況に応じて方向性を調整することができる。
成果物ベースの契約	成果物またはマイルストーンの完了に基づいて支払う。明確に定義された成果物や品質基準に焦点を当て、これらが満たされた時点で報酬を支払う。
パフォーマンスベースの契約	特定のパフォーマンス指標や目標達成に基づいて報酬を支払う。これにより、納入者には高品質の成果物を提供しようとするモチベーションの向上が期待できる。
パートナーシップまたは共有リスク契約	顧客と納入者がリスクと報酬を共有する。プロジェクトの成功に応じて追加報酬が支払われる可能性がある一方で、プロジェクトの遅延や失敗によるリスクも共有する。

　アジャイル契約の主な目的は、変化に対応しやすい環境を提供し、プロジェクトの進行に応じて要件や成果物を調整できるようにすることです。これにより、顧客の要求に対する迅速な対応やプロジェクト進行中の品質向上が期待できます。

　そこで、アジャイル環境では、柔軟性、透明性、継続的なコミュニケーションが契約の重要な要素となります。

図 4-12 調達の実行に関係する要素

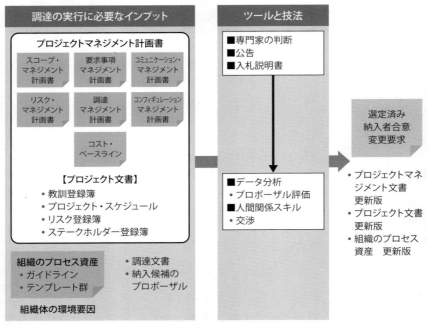

出所:『プロセス群:実務ガイド』から引用した図を一部加工

4-12 コミュニケーション・マネジメント計画書を作る

　プロジェクト・マネジャーは、ステークホルダーとのコミュニケーションに多くの時間を割くのが通例です。

　公式な会話や文書から非公式な電子メールに至るまでコミュニケーション手段はさまざまありますが、チーム内外の関係者との健全で協働的な関係を築くことや、意思決定の迅速化、課題への対応、期待の管理などが適切に行われる方法を選択します。円滑なコミュニケーションの醸成はチーム内に良好な学習環境を作ることにもなり、それがプロジェクトの目標達成に大きく寄与します。

　そこで、ステークホルダーとのコミュニケーション要求事項を明確に理解し、適切な情報を適切なステークホルダーに届けることに注力します。そのために必要となるのが、「**コミュニケーション・マネジメント計画書**」です。

　これは、**情報の種類、送受信者、コミュニケーションの理由、使用する言語やフォーマット、コミュニケーションの頻度、必要なエスカレーション・プロセス**などの項目で作成されるものであり、プロジェクトマネジメント計画の重要な部分を形成します。

　コミュニケーション・マネジメント計画書の主な構成要素は次のとおりです。

ステークホルダー・コミュニケーション要求事項	■ ステークホルダーがプロジェクトのコミュニケーションに対してどのような要求事項を持っているかを記述する。 ■ 情報の種類、コミュニケーションの理由、言語、書式、内容、詳細度、時間帯と頻度、受領通知または対応が必要かどうかを記述する。
送信者、受信者、承認者	■ コミュニケーションに関与する役割を明確にし、送信者、受信者、機密情報の場合の承認者を定義する。

コミュニケーションの方法または技術	■ プロジェクトで使うコミュニケーション方法や技術について説明する。 ■ 例えば、電子メール、プレスリリース、ソーシャルメディア等。
コミュニケーション・アクティビティに割り当てられた資源	■ コミュニケーション・アクティビティに必要な時間と予算などの資源を明確にする。
エスカレーションのプロセス／ガイダンス／テンプレート	■ 問題や課題が発生した際にエスカレーションするためのプロセスやガイダンス、テンプレートを提供する。
プロジェクトの情報	■ プロジェクトの情報に関する詳細を提供する。 ■ 例えば、フローチャート、ワークフロー、報告書のリスト、会議の予定等。
法律や規制、制約条件	■ プロジェクトが従わなければならない法的要件や規制、制約条件に関する情報を提供する。

　コミュニケーション・マネジメント計画書には、ステークホルダーの関与度や影響力を評価するために第2章で紹介した「グリッド分析」を

図 4-13 権力・関心度グリッド分析の例

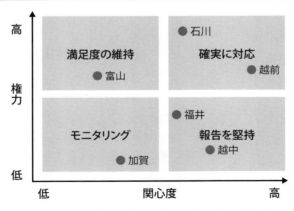

ステークホルダー： 加賀わたる、越中ゆきえ、越前まさる
　　　　　　　　　　石川ひろし, 富山あいこ, 福井けんじ

使うことがあります。これによりプロジェクト・マネジャーはステークホルダーの関心度や権限に基づいて個別のコミュニケーション戦略を策定します。

　なお、プロジェクト中の変更や改善に迅速に対応できるよう、コミュニケーション・マネジメント計画書は定期的に更新します。

　プロジェクト・マネジャーはこの計画書をもとにして、プロジェクトの進捗状況会議やチーム会議など、関係者が参集する場や電子メールやウェブサイト、プロジェクトマネジメント支援ツールといった多様な手段を活用しながらチームにとって最適なコミュニケーションが円滑に行える環境をマネジメントしていきます。

図 4-14 コミュニケーション・マネジメント計画に関係する要素

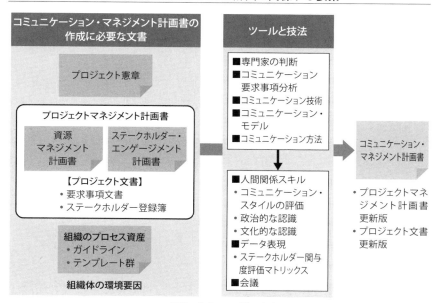

出所:『プロセス群：実務ガイド』から引用した図を一部加工

進捗を正しく測るための評価基準を設定する

　プロジェクトのパフォーマンス状況を測定するには、成果に向けての過程において「進捗度」「効率度」「品質レベル」「コスト」などを定量と定性の両面から評価します。

　これによりプロジェクトの健全性や進行状況を把握しながら必要に応じて調整や改善を行いますが、進捗段階ではすべてを測定することにこだわらず、以下に示すような要点を絞って、テーラリングしながら行うことが効率的で現実的です。

■ プロジェクトのパフォーマンス測定の主な視点

スコープ	▪ 完了した作業の割合を測定する。 ▪ 変更要求の追跡と評価を行う。
スケジュール	▪ 予定された開始日および終了日についての作業の実際の所要期間を測定する。
コスト	▪ 予算に対する実績を測定し、予実差を比較する。
資源	▪ プロジェクトのニーズに対して調達が十分であることをチェックする。 ▪ チームの割り当て、空き状態、調達に関する情報を測定する。 ▪ チームのパフォーマンス評価（ベンダーを含む）を行う。
調達マネジメント	▪ 契約条件に関する情報を測定し、調達仕様の条件を満たすよう確認する。
品質	▪ 技術的パフォーマンスと品質を評価する。 ▪ 欠陥の追跡と修正を行う。
リスク	▪ リスク登録簿を更新し、プロジェクトのリスクを定期的に評価する。

　計画策定時に、テストや評価の手続きを含む測定基準、ベースライン、しきい値を設定し、実際のパフォーマンスの差異からプロジェクトの進捗を評価します。

4-14 変更要求への対応手順を決める

要求事項の変更を引き起こす原因

　プロジェクトは定常業務と比べて、良かれ悪しかれ予期せぬ事態の発生が多いものです。その際には、変更を提案する「要求変更」を行います。なお、プロジェクトの変更が余儀なくされる原因には、主に次のようなことがあります。

■ 初期の不正確な見積り
　プロジェクトの計画段階で見積りを現実的かつ正確に行っていないと、経験不足、情報不足、不正確なデータ、過度の楽観主義、技術的な難しさ、信頼性の低い資源などが原因で変更要求を生じることになりかねない。

■ 仕様変更
　プロジェクトの進行過程で、新たな開発方法や設計方法が発見されたり、新たな製品やサービスの選択肢が登場されたりすることがある。それはスコープの拡大を伴うことになるかもしれない。

■ 新たな規制
　法律の改正などの新たな規制の創設は、特に長期プロジェクトだとプロジェクト自体の変更に発展しかねない。

■ 要求事項の見落とし
　計画時にインタビューや文書レビュー、要求事項トレーサビリティ・マトリックス（RTM）といったことによりステークホルダーからヒアリングを行ったものの、チェック体制などの問題で要求事項の見落としが発生することがある。

こうした事態に速やかに対処するために、プロジェクト・マネジャーは変更要求への対応手順を取り決めておかなくてはなりません。変更要求がなされたとしても受け入れられるかどうかは状況次第ですが、受け入れられた場合はプロジェクトの「スコープ」「スケジュール」「コスト」「品質」のバランスを再調整することになります。

　そして、変更要求には主に4つのパターンがあります。

①**是正処置**：プロジェクト作業のパフォーマンスをプロジェクトマネジメント計画に合わせて調整する。

②**予防処置**：プロジェクトの将来のパフォーマンスがプロジェクトマネジメント計画に合わせて調整する。

③**欠陥修正**：プロジェクト内の不適合を修正する。

④**変更**：プロジェクトのベースラインを修正する。

　変更要求が必要になる場合、変更の承認や管理を担当するグループや組織である「変更管理委員会（CCB：Change Control Board）」の承認階層を通じて行います。そして変更内容に応じて、「スコープ」「スケジュール」「ワーク・パッケージ」「チーム・メンバーの割り当て」などを更新し、速やかにプロジェクトマネジメント計画書に反映させます。

図 4-15 変更管理プロセスの一例

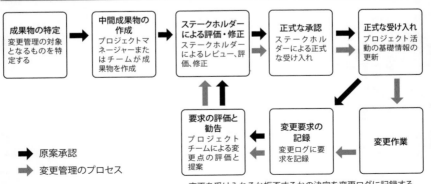

4-15 変更要求に対するアジャイル手法の実践

　変更の影響は、プラスにもマイナスにも働きます。例えば、地域交通案内アプリの制作プロジェクトであれば、新たな機能を追加することで用途を広げ、価値を高める好機となることもあります。その一方で、新しい機能の追加や変更が開発期間の延長、ひいては予算の超過を招きかねません。

　そこで、変更要求を生じさせないためには外部環境を監視して脅威への警戒心を保ち、リスク登録簿とリスクしきい値を継続的に更新するリスク・マネジメントが意味を持つようになります。

　しかしながら、予期せぬ出来事による事業環境への変化、例えば国際紛争による物品や資源のコスト高や入手困難、国内経済政策の変更、大地震などの自然災害といった事態が生じたときに備え、プロジェクト・チームは臨機応変に対処できるように、プロジェクトを取り巻く環境変化に注意を払いながら活動しなければなりません。

　事業規模の大きなプロジェクトほどこうした環境変化への備えを十分に行っておく必要がありますが、アプリ開発などのアジャイルなアプローチを採用するプロジェクトも変更要求が生じる機会が多くあります。だからでしょうか、アジャイルなチームはいかなる変更に対しても柔軟に対処できると誤解されがちですが、実際にはいくつかのプロセスには次のようなコントロール要素を組み込んで、適切に対処されているのです。

■ プロダクト・オーナーの役割

　プロダクト・オーナーは変更の権限を有するが、ステークホルダー全員がバックログの改善に参加し、意見を述べる権利が主張できる。

■ フィードバックと開発のサイクル

デモンストレーションを通じてチーム全体が要求事項を理解し、フィードバックを得る。そのフィードバックを受けて、必要な変更を行う。

■ イテレーション中の変更の制限

イテレーション中の変更は許可しない。各イテレーションは独立したサイクルとして進行し、変更の品質を高めるための制約として機能する。

アジャイル・アプローチでは、変更要求に対処し、変更がプロジェクトの成功に寄与し、プロダクトに価値を与えるための手法を取ります。このアプローチにより、プロジェクトは変化に対して柔軟かつ効率的に対応できるのです。

図 4-16 アジャイル・アプローチの変更要求の対処

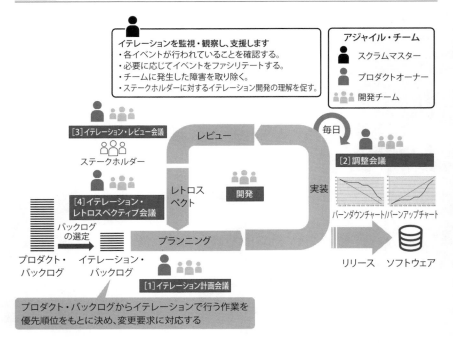

期待値を管理し、
スコープをコントロールできるようにする

期待値はステークホルダーからの要求やプロジェクトの目標に直結し、プロジェクトの方向性を示します。期待値を管理し、スコープをコントロールできるようにするために、次の点を考慮します。

■スコープ定義の明確化

スコープを明確に定義し、ステークホルダーと共有することで、プロジェクトの範囲と方向性が明確になる。

■ステークホルダーのコミュニケーション

ステークホルダーとのコミュニケーションを通じて、期待値が進化する場合にも迅速に対応できる。

■変更管理プロセスの確立

変更管理プロセスを確立し、変更がスコープにどのような影響を及ぼすかを評価し、管理する。その際、期待値を考慮し、変更を受け入れるか、却下するかの判断が求められる。

■リスク・マネジメント

リスクの予測とその事前対策は、スコープをコントロールするカギとなる。

■透明性と監視

プロジェクトの進捗状況の透明性を保ち、ステークホルダーに報告する。進捗監視により期待値とスコープの両方をコントロールし、問題が発生した場合に早期に対処できるようにする。

■スコープの変更への柔軟性

柔軟性を持ってスコープの調整ができるように計画し、必要に応じてスコープを変更できる体制を整える。

第**4**章のまとめ

- ✤ プロジェクトの成功には、各アクティビティやタスクに要する時間を予測し、スケジュールを策定することが基本。過去のデータ、専門家のアドバイス、リスクの考慮、計画の精緻化、そしてさまざまなツールや技法を使うことが重要となる。

- ✤ ウォーターフォールなどの予測型プロジェクトでは、プロジェクトのビジョンと期日が明確であり、ワーク・パッケージの分解、依存関係の特定、所要期間の見積り、クリティカル・パスの特定、資源の過剰割り当ての解決、スケジュールの短縮等が重要である。

- ✤ アジャイルなどの適応型プロジェクトでは、タイムボックスや継続的な作業フローを採用し、リリースの時間枠を用い、イテレーションごとの作業計画、ユーザー・ストーリーの優先順位付け、イテレーション終了ごとのバックログの調整等を行う。

- ✤ スケジュール・マネジメント計画書の作成には、アクティビティの定義と段階的詳細化、スケジューリング方法とツールの特定、スケジュール形式の決定、基準の設定、テーラリング、スケジュールをメンテナンスするプロセスの定義といったことを記述する。

- ✤ さまざまな形式のコミュニケーションを通じて、チームとの健全で協力的な関係を築き、迅速に意思決定や課題に対応する。効率的な情報交換を支援するコミュニケーション・マネジメント計画書を作成し、適宜更新する。

- ✤ プロジェクトの種類に応じて計画を段階的に詳細化し、予測型、適応型、ハイブリッドなどプロジェクトに適したアプローチを採用する。また、変更要求への適切な対応と手順を取り決め、変更管理プロセスをプロジェクトに取り入れる。

プロジェクトを実行する

　プロジェクトの実行では、まず共通理解を築くキックオフ会議とルール共有から始めます。そして、プロジェクトの進捗状況や予算と実績の差異分析に役立つ「EVM（Earned Value Management）」や「情報ラジエーター」などのコミュニケーション・ツールを使って、プロジェクトの状況を把握します。遅延や予算超過に対する迅速な対応、エスカレーション・プロセス、是正措置と予防措置への取り組みも欠かせません。

　これらに加え、品質管理、チームの状態維持、対立や衝突の解決、プロジェクトの振り返りと教訓の記録なども適切に遂行していきます。

5-01 共通理解のためのキックオフ会議

　キックオフ会議は、プロジェクトの開始を正式に宣言する場であると同時に、関係者間で共通の理解を築くための重要な機会です。具体的には、プロジェクト・スポンサーやプロジェクト・マネジャーは以下の点をステークホルダー間で確認します。

■ プロジェクトの立ち上げを宣言する

　キックオフ会議は、プロジェクトの正式な立ち上げを表明する場。プロジェクト・マネジャーが進行役となる。

■ プロジェクトの背景を明確にする

　これから着手するプロジェクトはなぜ行う必要があるのか、その背景を明確にしながら、目的やプロジェクトの重要性、さらにスコープや目的とする成果物が生み出す価値などを具体的に説明し、ステークホルダーのプロジェクトの全体像の把握に努める。

■ チームの一体感を醸成する

　期待感と緊張感に包まれるキックオフ会議でプロジェクトに参加するメンバーとその役割と責任を明確にし、チームの一体感を醸成する。

■ プロジェクトのビジョンと方向性を共有する

　プロジェクトのビジョンに基づいて、チームとステークホルダーのベクトル合わせを行う。ビジョンはプロジェクトを成功させる指針であり、プロジェクトに対する共通のコミットメントを高める役割がある。

■ プロジェクト憲章の内容を共有する

　プロジェクト憲章に記された目的と目標、成果物に期待される価値、スコープ、スケジュール、コスト、主なステークホルダーの役割と責任など、要点を簡潔に共有する。

キックオフ会議は、プロジェクト・チーム向けに行う内部会議と、組織全体または内外のすべてのステークホルダーを対象とする外部会議、またはその両方を組み合わせることもあります。会議の形式は、プロジェクトの内容や規模と組織の背景や状況に合わせて、適切に情報共有できることを念頭に、最善な方法で行います。

 Case

プロジェクトのキックオフミーティングのアジェンダの例

地域コミュニティ活性化を図るイベントの企画・運営プロジェクト
- 開会と挨拶
- プロジェクトの背景と目的の確認
- プロジェクトのスポンサーや主なステークホルダーの紹介
- プロジェクトのスコープと範囲の概要
- プロジェクトの重要なマイルストーンとスケジュールの確認
- チームの役割と責任の明確化
- ハイブリッド開発アプローチの説明と理解
- プロジェクトのリスクとリスク管理のアプローチ
- コミュニケーションと報告のプロセスの確認
- 次回ミーティングの予定と締めくくり

5-02 ルールを共有する

チーム・ルールの明文化

　プロジェクトの成功にはプロジェクト・チームの一体感と協力が欠かせませんが、それらを醸成するのに必要なのが明文化されたルールです。チーム・メンバーが共通のルールと期待される行動に合意し、それを確実に実践することでプロジェクトは予定どおり進みます。

　一般的なプロジェクトでは次に示すルールは最低限必要です。これに、プロジェクトや組織体の事情を勘案しながら、「チームが協力して行動できる」ことを念頭に、ルールを決めるようにします。

■会議

　有益な会議にするためのルールをチーム内で共有する。これには、「会議の目的」「進め方」「議題の整理」「作業の確認事項」「議事録の書式」「次回会議の日程」などがある。こうして会議のルールを参加者間で共有しておくことで効率的に運営する。

■コミュニケーション

　情報共有のためのコミュニケーションの方法とツールの使い方についてのルールを決める。情報共有の対象者や連絡方法を明確にしておくことで誤認や情報漏れといった問題を予防し、プロジェクト進行の効率を高める。

■コンフリクト・マネジメント

　異なる意見・利害・価値観の対立や衝突のようなコンフリクト問題が起きたときの対処法をルールとして定める。多様な人材やステークホルダーが関わるプロジェクトではコンフリクトは付きもの。それだからこそ、適切な解決手段をルール化しておくことは極めて重要となる。

■ 共通の価値観の共有

チーム共通の価値観や信念を明確にし、それを共有することはチームが足並みを揃えて同じ方向に進んでいくために重要。

■ 意思決定法の共有

チームの意思決定のあり方をルールとして共有する。意思決定プロセスを明確にすることでチームでの決定事項への納得感が高まる。

チーム憲章の策定

チーム・メンバーが守るべき共通の規範となるべきものに「チーム憲章」があります。次に示すような行動指針を明文化し、チーム内で都度確認し合い、定着を図ります。

- 共通の価値観
- 行動ガイドライン
- コミュニケーションとツールの使用のガイドライン
- 意思決定のガイドライン
- パフォーマンスの期待
- コンフリクト解消の手段
- 会議の時間・頻度・チャネル（チャットなどで情報共有する場）
- その他のチーム合意（共有時間、改善活動など）

チーム憲章はプロジェクト・マネジャーを中心にして、チーム・メンバーが積極的に作成に関与します。全員参加で策定することで規範に一貫性が生まれ、チームが自律的に活動できるようになります。

その主眼は、チームの協働促進により作業の進捗を全員が可視化でき、チームが自律化することです。

Case

地域コミュニティ活性化イベントの企画・運営プロジェクトのチーム憲章の例

チーム憲章

共通の価値観

- チームワークと協力を尊重する。
- 地域コミュニティの発展と成長に貢献することを重視する。

行動ガイドライン

- 公平かつ誠実に行動する。
- 責任を持ち、約束を守る。

コミュニケーションとツールの使用のガイドライン

- メールやチャットでの迅速な返信を心掛ける。
- 出された意見はチーム内の誰もが確認できる。

意思決定のガイドライン

- 多数決による意思決定を行うが、議論を経て一致を図る。
- 意思決定後は、全員がその結果に従う。

パフォーマンスの期待

- 各メンバーは与えられた役割や責任を全力で果たす。

コンフリクト解消の手段

- コンフリクトが発生した場合は、公平な対話を通じて解決を図る。

会議の時間・頻度・チャネル

- 定期的な会議を設け、進捗状況や課題を共有する。
- オンラインツールを活用して、リモート参加も可能にする。

その他のチーム合意

- 週に1回のチーム・ミーティングを実施する。
- 進捗管理ツールを使用してタスクの追跡を行う。

プロジェクトの適切な進行管理のために、次の項目についてスケジュールの進捗報告に関するルールを定め、スケジュール・マネジメント計画書などの文書に明示してステークホルダー間で共有します。

■ プロジェクト・スケジュール・モデル

プロジェクト・スケジュール・モデルとは、スケジュールをコントロールするための方法やツールのこと。代表的なツールにガントチャートやプロジェクト・スケジュール・ネットワーク図がある。これらを使って、プロジェクトの状況に応じて更新や進捗記録を行う。

■ 正確さ

現実的なアクティビティ所要期間を見積るための許容範囲を示すことで、スケジュールの正確さが保てる。

■ 単位

資源ごとに労働時間数・労働日数・労働週数などの測定単位を決めることで、資源の使用状況を正確に追跡する。

■ 組織との結びつき

プロジェクト・スコープのWBS（作業分解図）をスケジュール・マネジメント計画書の枠組みに使うことで見積りとスケジュールの整合性が図られ、組織の戦略的目標と密接に連携しながら、プロジェクト全体の一貫性が保てる。

■ コントロールしきい値

コントロールしきい値とは、スケジュール・パフォーマンスを監視するために指定する差異のしきい値のこと。これは、進み具合や遅れ具合の逸脱度合いをパーセントで表す。コントロールしきい値を設定し、一定の値を超えるとリスク対応の対象となることを明記する。

■ **ルール**

スケジュールとコストのパフォーマンスなど、進捗報告に必要になるパフォーマンス測定のルールを定める。このルールに基づいて進捗データを記録し、評価するツールにEVMがある。

■ **報告のあり方**

プロジェクト・チームとステークホルダーとの進捗状況の報告方法や頻度をルールとして定める。

■ **プロセスの説明**

スケジュール・マネジメントのプロセスに関する説明とスケジュールの進捗報告の方法を文書化し、スケジュール管理の一貫性と透明性を確保する。

図 5-1 スケジュールを適切にコントロールためのルール

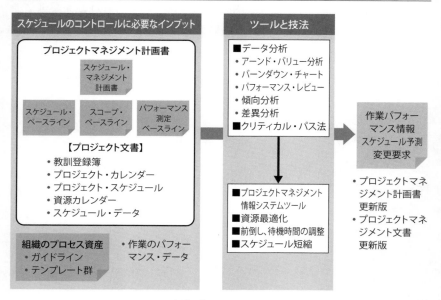

出所：『プロセス群：実務ガイド』から引用した図を一部加工

「EVM」により予算と実績の差を分析する

　プロジェクトの進捗を正確に測定し、スケジュールとコストのパフォーマンスを分析するために、「**アーンド・バリュー・マネジメント（EVM：Earned Value Management）**」という技法を使います。

　これは、計画上のパフォーマンスと実際のスケジュールおよびコストのパフォーマンスを比較することによってプロジェクトのプロセスにおけるパフォーマンスを評価するツールであり、予測型や適応型にかかわらず、広く活用されています。

EVMの進め方

　EVMを使う前提として、取り組むべきタスクにはどのような価値があるのかを評価したうえで、その先にあるプロジェクトの成果がもたらす価値をよく理解しておく必要があります。通常、タスクのパフォーマンス評価は進捗状況会議で行います。

　その進め方ですが、計画時にタスクをワーク・パッケージ（タスクを階層的に細分化していった最下層のタスク群のこと）とアクティビティ（ワークパッケージを遂行するために必要な作業のこと）に分解し、各ワーク・パッケージに予算とスケジュールを割り当てます。作業の進行が予定どおりにいかない場合、スケジュールに差異が生じるので、その情報をもとに、プロジェクト・マネジャーは必要となる是正処置を特定します。

　コストとスケジュールの差異分析を適切な時期と細かさで行えば、将来の問題をうまく予測し、管理できるようになります。

▶ EVMの3つの変数

　EVMでは、次に示す3つの独立した変数を使って、プロジェクトの

コストとスケジュールのパフォーマンスを監視し、評価します。これらの変数は、計画どおりに作業が行われているかを評価し、プロジェクトの最終コストを予測するために使います。

1. プランド・バリュー（PV：Planned Value）：特定の時点までに完了予定の作業の予算上のコスト。予定された作業に割り当てた承認済みの予算、つまりコスト・ベースラインに指定した予算金額。

2. アーンド・バリュー（EV：Earned Value）：特定の時点において完了した作業に割り当てられたの予算上のコスト。この合計金額から作業進捗の評価を行う。仮に、作業の半分を終えている段階で予算が60％使われている場合、残りの半分の作業を40％のコストで実行しなければならないので、ここで是正処置が行われる。

3. 実コスト（AC：Actual Cost）：特定の時点までに行った作業に実際に要した合計コスト。EVとACの差異から予実差がわかる。

⚙ 3つの変数の定量評価の尺度

これらの変数を使って、次の尺度を計算します。

- スケジュール差異（SV：Schedule Valiance）：EVとPVの差で、スケジュールの実績を示す。

$$SV = EV - PV$$

　SVが正→プロジェクトは予定よりも早く進行

　SVが0→予定どおりに進行

　SVが負→遅延している

- スケジュール効率指数（SPI：Schedule Performance Index）：EVとPVの比率からスケジュールの効率を示す。

$$SPI = EV \div PV$$

　SPI > 1.0→プロジェクトは予定よりも早く進行

　SPI = 1.0→予定どおりに進行

SPI＜1.0→遅延している

- コスト差異（CV：Cost Valiance）：EVとACの差からコストの実績を示す。

$$CV = EV - AC$$

CVが正→プロジェクトは予算内

CVが0→予算どおりに進行

CVが負→予算超過

- コスト効率指数（CPI：Cost Performance Index）：EVとACの比率から予算内のコスト効率を示す。

$$CPI = EV \div AC$$

CPI＞1.0→プロジェクトは予算内

CPI＝1.0→予算どおりに進行

CPI＜1.0→予算超過

- 完成時総予算（BAC：Budget At Completion）：プロジェクトや作業の完了時に要する予算総額。つまり、プロジェクト完了時の予測される総費用。

図5-2が示す進行中のプロジェクトの状況は、SV = EV − PVで求め

図 5-2 アーンド・バリュー分析におけるスケジュール差異とコスト差異

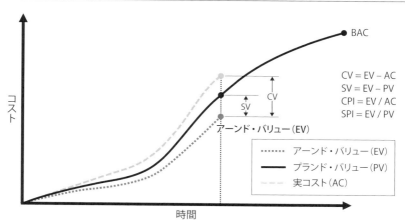

CV = EV − AC
SV = EV − PV
CPI = EV / AC
SPI = EV / PV

アーンド・バリュー（EV）

・・・・・・・ アーンド・バリュー（EV）
――― プランド・バリュー（PV）
― ― ― 実コスト（AC）

コスト

時間

るスケジュール差異が、負すなわちマイナスであり、かつSPI = EV ÷ PVで求めるスケジュール効率指数が、SPI＜1.0であるため、遅延していることがわかります。

また、CV = EV − ACで求めるコスト差異が、負すなわちマイナスであり、かつCPI = EV ÷ ACで求めるスケジュール効率指数が、CPI＜1.0であるため、予算超過となっていることがわかります。

- 残作業コスト見積り（ETC：Estimate To Complete）：残りの作業を完了するための見積りコストの予測。過去の実績が今後も同様に続くと仮定して、完成時総コスト見積り（EAC）から実コスト（AC）を差し引く。
  $$\boxed{\text{ETC} = \text{EAC} - \text{AC}}$$
- 完成時総コスト見積り（EAC：Estimate At Completion）：作業を完了するために必要な総コストの予測。過去の実績が今後も同様に続くと仮定して、実コストと残作業コストを合計する。
  $$\boxed{\text{EAC} = \text{AC} + \text{ETC}}$$

図 5-3 完成時総コスト見積りと残作業コスト見積りの予測

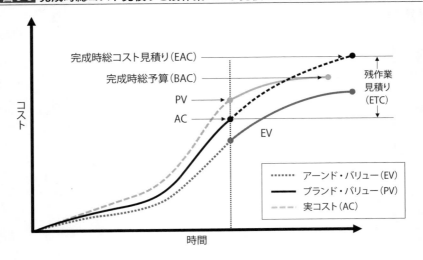

図5-2が示す進行中のプロジェクトは、遅延し、予算超過の状態となっていましたが、図5-3はこのままプロジェクトを進めたきに、完成までに要する総コストと、完成までの残作業を遂行するためにかかるコストの予想を示しています。

　過去の実績が今後も同様に続くとの仮定から、EACがBACを上回っている、つまりプロジェクト完了時の予算を超過しており、追加のコストを要する可能性があることがわかります。

　EVMの変数と尺度は、プロジェクトのスケジュールとコストのパフォーマンスを評価し、プロジェクトの進捗を監視し、将来の状況を予測するために使います。特に、予算とスケジュールのコントロールに役立つ重要なツールです。

図5-4 コストのコントロールに関係する要素

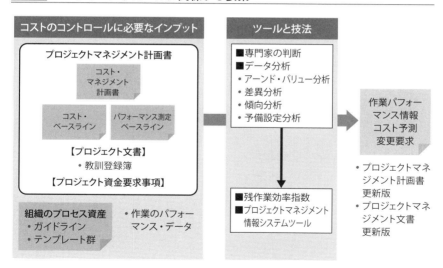

出所：『プロセス群：実務ガイド』から引用した図を一部加工

進捗状況を見える化する「情報ラジエーター」

カンバン方式とダッシュボード方式

　情報ラジエーターはプロジェクト・チームの誰もがいつでも最新情報を確認できるように見やすい場所やオンライン上に掲出する、進捗状況を共有するための一覧表です。その代表的な方法が次の2つです。

■カンバン方式

　大きなボードにプロジェクトの進捗情報や重要なデータを表示するもので、チーム・メンバーが日頃集まる場所に掲出する。

■ダッシュボード方式

　チーム・メンバーが共有情報を適宜書き込んで更新できるように、オンライン上で運用する。

　情報ラジエーターがもたらす主な利点は、次のとおりです。

■説明責任の明確化

　チーム・メンバーの責任感を高め、プロジェクトの進行度合いの説明責任を明確にする。

■イノベーションのきっかけ

　ステークホルダーがプロジェクトの作業現場を訪れたときに会話を促し、新しいアイデアやイノベーションが生まれやすくなる。

　情報ラジエーターをカンバン方式にするかダッシュボード方式にするかは、プロジェクトが扱う業務領域の複雑さや各チームの地理的な分散状況に応じて検討します。

　例えば、大規模プロジェクトや地理的に分散したチームの場合、その制約に影響されないクラウドベースのオンライン上に置くのが適してい

図 5-5 オンライン上の情報ラジエーター【カンバンの例】

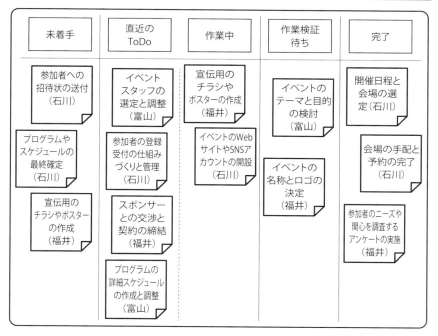

「未着手」「直近のToDo」「作業中」「作業検証待ち」「完了」に仕切られた作業工程のボード上には、状態に応じてタスクとメンバーの名前が記されたカンバンが貼られる。カンバンの状態を一覧し、詳細に分析することで、各タスクの作業速度やチーム全体で取り組むタスクの作業速度の遅延状況を把握できる。

ますし、日常的にチーム・メンバーが集まる場所があるなら、壁面に掲出して視認性を高められるようにするのが適しています。ただ、どちらというのではなく、2つを併用するという方法もあります。

　情報ラジエーターは適宜最新情報を共有し、プロジェクトを予定に合わせて進行させるという目的を果たすにはどのように取り扱うのがよいかという視点から検討するのが基本になります。

　また、情報ラジエーターは作業の進捗を視覚的に示したものなので、プロジェクトの透明性を高める効果があります。チームの進捗と成果を

適宜報告し合い共有することは、チームのコミュニケーションのさらなる円滑化と、それによるメンバーのモチベーション向上にも寄与します。

図 5-6 オンライン上の情報ラジエーター【ダッシュボードの例】

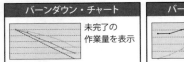

番号	リスクの記述	日付	起こりやすさ	影響度	リスク評価	対応	責任者
1	イベントの日程に天候が影響し、雨や風などの悪天候で予定していた屋外イベントが中止になる。	3/27	起こりやすい	高	高	屋内施設の確保や、屋外でのイベントを室内に移す。	加賀
2	スポンサーや参加費などの収入源が予想より少ない場合、イベントの予算が不足する。	3/27	起こりにくい	中	中	イベントの一部を縮小する。広告宣伝費を削減するなどコスト削減策を検討する。	越中
3	イベント運営の安全上の懸念として混雑や交通渋滞、急な医療事故などが発生する。	3/27	非常に起こりやすい	高	高	混雑や交通渋滞を緩和するため入場制限や交通誘導員の配置など安全対策を強化する。	越前
4	地域の関係が悪化し、地域住民の反対や抗議が起こる。	4/27	非常に起こりにくい	中	低	地域住民や関係団体との対話を重視し、問題点を共有し、合意を形成するための調整を図る。	石川

リスク・ログ

チームの作業状況を視覚化するツールとして、バーンダウン・チャート、バーンアップ・チャートおよびこの 2 つを組み合わせたバーン・チャートを使用。リスクと課題の対応状況に関するデータを一覧で確認できる。
＊バーンダウン・チャート：必要な機能を作り終えるための作業量と時間の 2 つの軸を使って簡潔かつ明確にプロジェクトの進捗状況を視覚化する。左端をプロジェクトの開始点として横軸を経過時間、縦軸を必要な作業量として表示する。残作業量は「残ストーリー・ポイント」と呼ばれる。
＊バーンアップ・チャート：必要な機能を作り終えるための作業量と時間の 2 つの軸を使って簡潔かつ明確にプロジェクトの進捗状況を視覚化する。左端をプロジェクトの開始点として横軸を経過時間、縦軸を必要な作業量として表示する。完了した作業量は「完了ストーリー・ポイント」と呼ばれ、EV（Earned Value）と同じく、出来高を示す。

コミュニケーション・ツールを駆使して情報を共有・発信する

　プロジェクト・マネジャーやチームは進捗状況をステークホルダー間での共有のために、発信前にEVMなどのパフォーマンス測定分析により確認した情報を次の視点から再確認します。

スコープ	完了した作業の割合からスコープの進捗状況を評価する。
スケジュール	予定される開始日および終了日に対する実際の所要期間を確認し、スケジュールの遵守を監視する。
コスト	実コストを追跡し、予算との一致を確認する。
資源	チームへの割り当て、空き状態、調達情報を管理し、資源の最適な利用を確保する。
契約マネジメント	契約条件を監視し、契約の遵守を確認する。
品質	品質メトリックス（品質を評価するための指標のこと）を収集し、プロジェクトの品質を評価する。
リスク	リスク登録簿を更新し、リスクの管理を継続的に行う。

　情報発信に使う共有ツールには次のものがあります。

■ パフォーマンス状況を伝えるためのコミュニケーション・ツール

マイルストーン・スケジュール	プロジェクトの重要なマイルストーンを示すスケジュールを共有し、進捗を把握する。
品質報告書	品質に関する情報を報告し、品質管理の進捗を共有する。
EVM（アーンド・バリュー・マネジメント）	プロジェクトのコストとスケジュールのパフォーマンスを計測し、ステークホルダーに提供する。
報告書	プロジェクトの状況や進捗に関する詳細な情報を提供する報告書を作成し、ステークホルダーに提供する。
差異分析報告書	ベースラインと実績値の差異分析から課題を明らかにする。
作業パフォーマンス報告書	プロジェクトの作業パフォーマンス情報をまとめ、意思決定や対策に活用する。
ダッシュボード	予定日に対する作業進捗を要約レベルで可視化し、ステークホルダーににわかりやすく表示する。

これらのコミュニケーション・ツールは、プロジェクトの情報をステークホルダーに伝え、進捗や課題に対処するために使います。アジャイルなチームも、必要に応じてこれらの公式な報告方法を使い、プロジェクトの透明性を維持します。また、スケジュールに従う必要がある場合、資源やスケジュール・モデルの調整、スケジュール短縮技法を使うなど、適切な対策を講じることにも留意します。

　プロジェクト・マネジャーやチームは、もとのスコープ・ベースラインからスコープが発展し必要な進化や拡大する段階、アーンド・バリュー（EV）、品質メトリックス、差異分析、ガント・チャート、そしてダッシュボードなどのツールを通じてプロジェクトのパフォーマンスを評価し、適切なコミュニケーション・ツールを選んで発信します。

図 5-7 プロジェクト作業の監視・コントロールに関係する要素

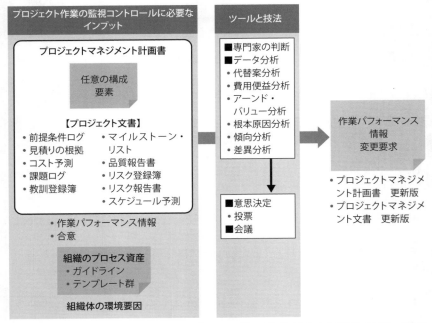

出所：『プロセス群：実務ガイド』から引用した図を一部加工

遅延や予算超過にエスカレーションで対処する

　何度も述べてきたとおり、プロジェクトは予期せぬ出来事が頻出するため、遅延や予算超過といった問題への対策は必至です。そうした問題が担当者レベルで解決できればいいのですが、問題そのものや関係者の役位や数の多さなどから担当者では解決できなくなることがあります。そうした場合は、エスカレーションを検討します。

　エスカレーションとは、上長や上位者などの責任を有するステークホルダーに判断や指示を仰ぎ、対応を要請することです。エスカレーターのように問題が上位の人に上がっていくイメージです。

　エスカレーションを検討するにあたって、次の事柄は普段から行っておかなければなりません。

- 課題を迅速に把握し、記録する
  - 遅延や予算超過の兆候を迅速に把握し、即座に課題ログに記録する。
  - 課題ログは、発生した課題の詳細、進捗状況、解決策を追跡するためのツールとして使う。
- 責任者を割り当て、期限を決める
  - 各課題に、そのフォローアップと解決に責任を持つ責任者を割り当てる。
  - 解決策を実行するために現実的な期限を設定し、期限内に解決を目指す。
- 定期的なレビューと課題に優先順位を付ける
  - 定期的な進捗会議で課題をレビューし、課題への対処状況を確認する。
  - 未解決の課題は対応できる数に保ち、優先順位を付けて適切に処理する。
- エスカレーションのルールを決めておく
  - プロジェクトの目標に対して重大な影響を与える課題は、早急にプロジェクト・スポンサーや関係するステークホルダーにエスカレーションする。
  - エスカレーションは、問題の性質、影響する範囲、解決の緊急度合いな

どを考慮して行う。

- ガバナンスとコミュニケーションを念頭に置く
  ・プロジェクトの管理体制（ガバナンス）の中でリスクと問題を見つけ、エスカレーションの実施決定はそれらが拡大する前に行う。
  ・コミュニケーション・マネジメント計画に基づき、ステークホルダーと連絡を取り合いながら問題やリスクに対処する。

　プロジェクトは絶対に完了させなくてはならないというものでもありません。納期の遅れが確実な場合や、大幅な予算超過が見込まれるなど、事情によっては中断して延期や中止の検討を行うことも必要です。このような、プロセス段階で継続か否かの意思決定のポイントを「**フェーズ・ゲート**」といいます。収益や期待される価値の創出が叶わないなど、目的が達成できないと判断できた場合、プロジェクトを早めに中止することでコストや労力など、無駄な損失を防ぐことができます。
　プロジェクトの遅延や予算超過といった問題が発生したら、プロジェ

図 5-8 しきい値や許容度を超えた問題の対処のためのエスカレーション

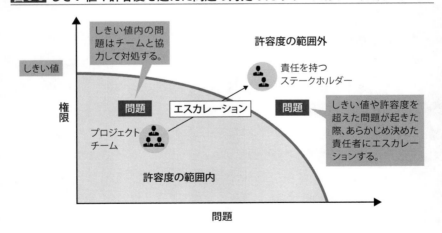

クトの運営責任者はフェーズ・ゲートにおいてプロジェクトの進捗状況、期待される価値、ビジネス環境などを多角的視点から検討し、プロジェクトの「継続」「中断」「完全中止」のいずれかを決定しなければなりません。なお、フェーズ・ゲートでの継続検討ポイントを「**レビュー・ポイント**」、中止検討ポイントを「**キル・ポイント**」といいます。

遅延や予算超過といった課題への適切な対処は、プロジェクトの成功確率を高めることに大きく奏効します。

おさらいすると、課題の早期識別と記録、責任者の明確な割り当てと期限設定、定期的なレビューと優先順位付け、必要に応じたエスカレーション、そして適切なガバナンスとコミュニケーションが、プロジェクトを円滑に進めるカギということです。

図 5-9 フェーズ・ゲートとレビュー対象となる成果物の例

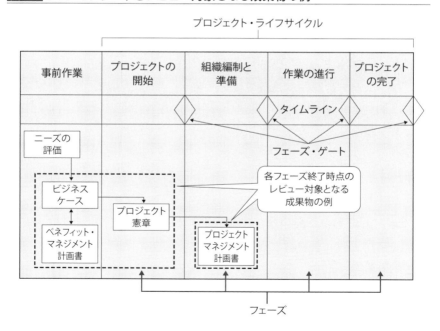

変更要求を引き起こす原因

　初期の不正確な見積り、仕様の変更、新たな規制、要求事項の見落としなど、プロジェクトの変更の原因はさまざまです。そうした事態に備え、プロジェクト・マネジャーは変更を管理し、変更要求に対処するための戦略的な手順となる変更管理システムを決めます。

　変更管理システムには、フォームの使用、変更の追跡方法、明確なプロセス、承認階層が必要です。そして変更の承認または却下を文書に残します。

　プロジェクトの変更はプロセスが複雑になるにつれ発生確率が高まりますが、その中でも変更要求は次の項目に特に見られがちです。

■スコープ

　プロジェクトの範囲や目標の変更。新しい機能の追加、既存の機能の変更、または特定の要件の削除などがある。

■スケジュール

　プロジェクトのスケジュールや納期の変更。資源の可用性、技術的な課題が原因となったりする。

■コスト（予算）

　プロジェクトの予算の増加や削減。資材コストの変動、資金ショート、または予期しない経済的要因によって発生する。

■品質基準

　製品やサービスの品質基準や性能基準の変更。顧客の要求の変更や新たな業界基準の適用などが主な原因となる。

■ **資源**

プロジェクトに関わる人員、機器・機材、資材・材料、またはその他の資源の変更。これには新しいチーム・メンバーの追加、既存メンバーの交代、または特定の資材の変更などにより発生する。

■ **リスク・マネジメント計画**

プロジェクトに関するリスクの評価や対策の変更。新しいリスクの識別、既存リスクの再評価、またはリスク対応戦略の調整が必要になる。

■ **技術仕様**

プロジェクトに使われる技術や方法論の変更。技術の進歩によるものや効率性を高めるための新たなツールの導入が原因で起こる。

変更に伴うコストは、プロジェクトが進行するにつれて要件の変更や設計の修正が必要になると、それを実施するコストは指数関数的に増加します。これを「**変更コスト**」といいますが、変更を早期に特定し、対処することで、プロジェクトのコストを適切に管理し、リスクを最小限に抑えることができます。

図 5-10 ソフトウェア開発プロジェクトにおける変更コスト（例）

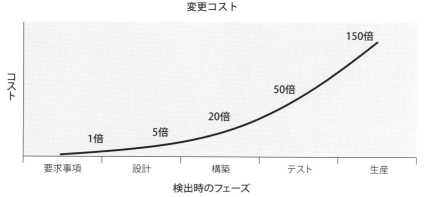

変更コスト

| | | | | |
コスト（縦軸） / 検出時のフェーズ（横軸）

1倍　5倍　20倍　50倍　150倍

要求事項　設計　構築　テスト　生産

検出時のフェーズ

変更は時間の経過とともにコストが高くつく

是正処置と予防処置

　プロジェクトマネジメントの変更要求には、問題の改善となる「是正処置」や、問題の未然防止となる「予防処置」があります。

是正処置の例

スコープの変更に対する是正処置

　初期のスコープの不完全さなどが原因で必要な成果物の条件を満たしていない場合、追加の機能や要件を含めるためのスコープを再定義する。

予算の変更に対する是正処置

　資材コストの予想外の上昇で予算超過が発生した場合、追加資金の確保や他の領域でのコストを削減する。

時間軸の調整に対する是正処置

　進行中のプロジェクトが予定より遅れている場合、追加資源の投入や作業手順の最適化によりスケジュールを調整する。

予防処置の例

スコープの変更に対する予防処置

初期段階で詳細な要求分析を行い、スコープの変更を予防する。

予算の変更に対する予防処置

予算計画に余裕を持たせ、予期しないコスト増加に備える。

時間軸の調整に対する予防処置

プロジェクトのスケジュールに余裕期間を設けて、遅延に備える。

　これらの処置は、プロジェクトの目標を達成するために現在の問題を解決する（是正処置）か、将来的な問題の発生を未然に防ぐ（予防処置）ために行います。適切な変更管理とリスク・マネジメントを通じて、これらの処置はプロジェクトの成功に寄与します。

5-09 品質を作り込む

　品質は、ステークホルダーのプロジェクトに対する期待を反映します。顧客重視のビジネス環境ならば、特にエンド・ユーザーの満足度に注目します。品質ニーズは見える形にせよ見えない形にせよ、プロジェクトの品質要求事項を決める際の重要な要素です。

品質マネジメントのアプローチやプロセス

　品質は、組織の品質方針などの内部の規則と業界における標準規格や法的規制などの外部のルールの両面を踏まえて定めます。

　プロジェクトも両方の要件を満たす必要がありますが、その実現のために予測型開発アプローチでは開始時に品質方針と手続きを計画します。

　また、適応型開発アプローチではデータとプロセスを作業サイクルと作業項目に組み込んで品質マネジメントを行います。

　品質はまた、継続的なプロセス改善にも注目します。特にスクラムやカンバンなどのアジャイルな方法によるソフトウェア開発において、迅速な対応と適応、柔軟な計画と調整は品質を高めることを目的に広く導入されています。

　予測型プロジェクトでは、品質マネジメント計画書を作成し、これにプロジェクトの品質面の実施方法を記述します。この計画書には、組織の品質マネジメント計画と合わせて、プロジェクトの品質とプロダクトの品質を含めます。

　利益重視など、経済合理性を優先してしまうと品質方針は見落とされがちですが、プロジェクトの品質の方向性を共有するために方針を定めることは必須の条件です。通常は、組織あるいは業務部門の品質方針を使いますが、作成されていなければプロジェクト・チームが作ります。

図 5-11 品質マネジメントに関係する要素

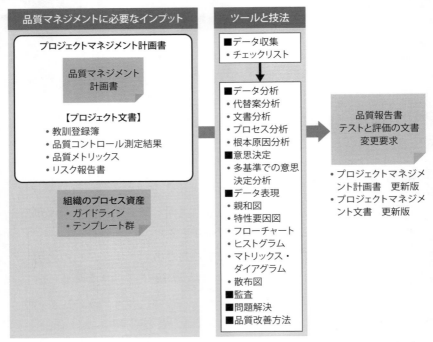

出所:『プロセス群:実務ガイド』から引用した図を一部加工

なお、品質マネジメントは、『プロセス群:実務ガイ ド』の「立ち上げ→計画→実行→監視・コントロール→終結」の5つのプロセス群のうち、「計画」「実行」「監視・コントロール」が該当します。

■ プロジェクト品質マネジメントに含まれるプロセス

プロセス群	プロセス
計画プロセス群	①品質マネジメントの計画プロセス
実行プロセス群	②品質マネジメント・プロセス
監視コントロール・プロセス群	③品質のコントロール・プロセス

品質マネジメントで活用されるツールや技法

　品質マネジメントでは、次に示すような品質目標を達成するためのツールや技法が多く使われています。

親和図	さまざまなアイデアや問題、データを分類し、整理するためのツール。特に、大量の情報の整理や複雑な問題の分析に有効。関連する情報をグループ化することで全体の構造を把握する。
特性要因図	問題解析や品質管理において、特定の問題や効果に影響を与える潜在的な原因を系統的に表示するツール。複雑な問題を構造的に分解し、潜在的な原因を視覚的に整理できる。それにより、チームでのブレーンストーミングが容易になり、問題の根本原因を効率的に特定し、適切な解決策を見つけることができる。
フローチャート	作業の流れ、決定点、操作の順序等を明確に示し、プロセスの理解や分析を促す。プロセス内での品質管理活動や品質保証ポイントを明示することで、製品やサービスの品質を高める。
ヒストグラム	データを視覚的に表現するための統計的ツールで、データ群内の分布を示す。データの傾向、分散（データがどの程度広がっているか）、中心傾向（データが集中している場所）等が把握できる。
マトリックス・ダイアグラム	異なる要素や情報の関係を視覚的に示す。複数のグループやカテゴリー間での関連性、相互作用、依存関係を明確にすることで異なる要因がプロセスや成果にどのように影響するかが一覧できる。
散布図	2つの変数間の関係性を視覚的に示す。一方の変数が変化するときに他方の変数がどのように動くかを捉えることで因果関係や相関関係を探る。例えば、製品の製造過程における温度と製品の品質、またはトレーニング時間と作業効率の向上度合い等、2つの要素の間にどのような関連があるかを分析する際に使う。
統計的サンプリング	全体の集団（母集団）から一部のサンプルを選んで調査することで、全体の特性や品質を推定する手法。統計的サンプリングを使うことで、コストや時間がかかる全数調査に代わる効率的な検査ができる。製造プロセスの品質管理、顧客満足度の調査、製品の検査等、さまざまな場面で活用されている。
管理図	品質マネジメントにおいてプロセスの安定性や変動性を監視し、分析するために使うデータ表現ツール。時間の経過とともに測定したデータを図に配置し、プロセスが統計的にコントロールされ、一定の範囲内で変動が収まっているかどうかを示す。データを定期的に記録し分析することで、プロセスの微細な変化を捉え、問題が発生する前に予防措置を講じることができる。

品質に関わるデータ収集や品質事項をまとめるための品質ツールと技法によるアウトプットは次のとおりです。

図 5-12 品質ツールと技法によるアウトプット

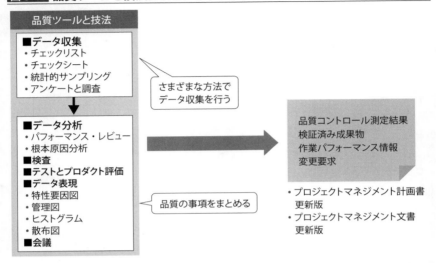

 Case

地域コミュニティの活性化プロジェクトで、品質マネジメントを行う際に使うデータ表現ツールや技法の具体的な使用例は次のとおりです。

図 5-13 地域コミュニティの活性化プロジェクトの課題を整理した親和図の例

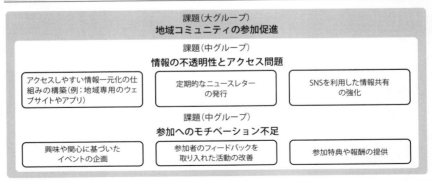

図 5-14 地域コミュニティ活性化プロジェクトの課題の根本原因を探る特性要因図の例

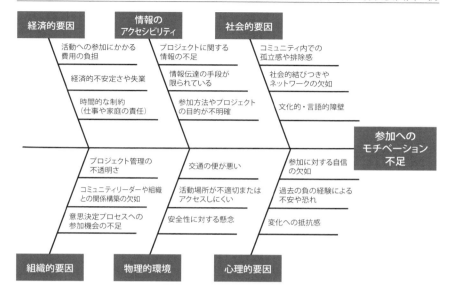

図 5-15 地域コミュニティ活性化プロジェクトの課題についての各地区住民からのアンケートから読み取れる参加へのモチベーション低下の原因を示すヒストグラム例

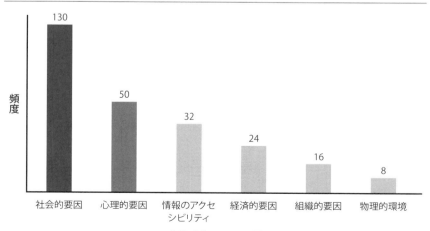

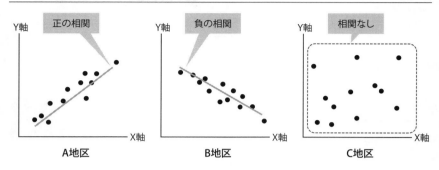

X軸　アンケートの有効回答数
Y軸　コミュニティ会議の回数

図 5-17 地域コミュニティ活性化プロジェクトの課題調査における統計的サンプリング

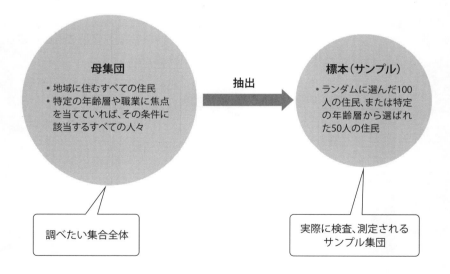

5-10 変化する要求にスコープを合わせる

　スコープは、市場動向や顧客の要求の変化、技術進歩といった外部環境のほか、プロジェクト実行中の予期せぬ課題などが原因で変化することがあります。そのため、プロジェクト・チームはプロジェクト遂行中、スコープの変化に影響することが起きていないか、常に注意を向けることが大切です。その際、開発アプローチのタイプによってスコープ管理の手法に違いがあることに配慮します。

　予測型開発アプローチでは、スコープの「定義」「作成」「監視・コントロール」「妥当性確認」を計画の初期段階で詳細に定め、全プロジェクトサイクルを通じて厳密に管理します。

　一方、適応型開発アプローチでは、漸進的あるいは反復的な進行プロセスを通じて、変化する要求に早い段階でスコープも対応させていくことで、顧客満足の最大化と価値ある成果創出を迅速に実現することが可能になります。

　こうした違いを鑑みて、プロジェクトの計画時点で立案するスコープ・マネジメント計画には環境変化やリスクも織り込みながら現実的な内容にすることがとても重要です。

▶ 予測型開発アプローチのスコープ・マネジメント計画

　予測型開発アプローチのスコープ・マネジメント計画では、まず、スコープの定義・作成・監視・コントロール・妥当性確認の方法を文書化します。これらはプロジェクトマネジメント計画書やプログラムマネジメント計画書の一部として組み込まれ、プロジェクトのスコープに関する作業に資するものです。

　また、プロジェクト・スコープ記述書の準備、WBSの作成、スコープ・ベースラインの承認と維持、そして成果物の公式の受け入れ方法も

計画に含めます。

価値ある製品やサービスをいち早く、そして継続的に作り出す適応型開発アプローチは漸進型あるいは反復型開発により、要求の変更を取り入れながら短い時間間隔で成果物をリリースすることを目指します。

そのため、顧客の要求に適宜対応し、定期的に振り返りを行いながら、スコープを最適化します。プロジェクト・チームは作業見積り、所要期間、その他の情報をスコープ・マネジメント計画に反映させ、スコープの変化に柔軟に対応しながらプロジェクトを完了させます。

図 5-18 予測型および適応型開発アプローチの漸進型と反復型の価値創出

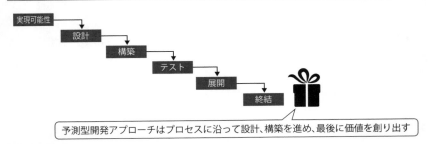

予測型開発アプローチはプロセスに沿って設計、構築を進め、最後に価値を創り出す

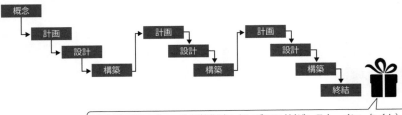

適応型開発アプローチの漸進型はオンデマンド（ジャスト・イン・タイム）方式で計画、設計、構築を進め、最後に価値を創り出す

適応型開発アプローチの反復型はイテレーションを通して、随時、価値を創り出す

5-11 チームをベストな状態に保つ

チーム・マネジメントの基本

　これまでプロジェクトの成功は「スコープ」「スケジュール」「コスト」をいかに上手にマネジメントしていくかを中心に述べてきましたが、もちろん、それを行うのはチーム・メンバーであり、チームを統率するプロジェクト・マネジャーです。

　プロジェクトを成功裡に完了させるには、プロジェクト・マネジャーがいかにチームを円滑にマネジメントできるかにかかっています。

　そこで、チームをベストな状態に保ち、最高の成果を引き出すためのプロジェクト・マネジャーとしての重要な役割を次に示します。

▶ チームを上手にマネジメントする視点

- **支援型リーダーシップ**→チームのニーズを優先的に考え、個々のメンバーの成長とチーム全体で成果を出すための支援を徹底する。

- **適切なリーダーシップ・スタイル**→指示型・率先型・関係重視型・育成型など、チーム状況に応じてリーダーシップ・スタイルを合わせる。

- **DE&I**（Diversity, Equity & Inclusion）→多様性・公平性・受容性をチーム運営の核にして、異なる行動様式や思考プロセスを尊重し、チームの多様性を活かす。

- **メンバーの動機付け**→契約条件や報奨システムといったインセンティブだけではなく、働きやすい環境作りに注力し、メンバーのモチベーションの向上と維持を促す。

- **エンゲージメントの向上**→プロジェクトのビジョンをチーム・メンバー1人ひとりに腹落ちさせ、意義ある仕事に携わっていることへの意識を強化することで組織とプロジェクトへのエンゲージメントを高める。

プロジェクト成果物の管理

- **管理要件の明確化**→「何を」「いつ」「どこで」「誰が」「どのように」管理するかを明確にする。
- **最新情報へのアクセス**→プロジェクトの情報が常に最新で、全ステークホルダーが適切な権限のもとアクセス可能な状態にする。

チーム・メンバーとステークホルダーへの権限付与

- **意思決定権限の委任**→チーム・メンバーに適切な意思決定権限を与えることで自律性と責任感を持たせる。

チームのパフォーマンス強化

- **パフォーマンスの評価とフィードバック**→重要業績指標（KPI：Key Performance Indicator）を用いてパフォーマンスを評価し、適切なフィードバックを行う。
- **チームの成長支援**→メンバーの成長を支援し、パフォーマンスの発揮レベルを向上させる。

感情的知性（EI；Emotional Intelligence）の理解

- **感情的知性の発揮**→『PMBOK® ガイド』で「自他の個人的な感情ではなく、集団の共感度も特定、評価、マネジメントする能力」と定義している感情的知性を日々の業務遂行の中で発揮する。
- **メンバーの行動の評価**→メンバーの行動を「自己認識」「自己管理」「社会的認識」「関係のマネジメント」などの指標を用いて評価する。

　こうしたことを日常のマネジメントに用いることは、プロジェクト・チームの柔軟性や効率性にプラスに影響します。それがチームのエンゲージメントの向上やパフォーマンスの最大化につながります。

図 5-19 感情的知性（EI）の4つの側面

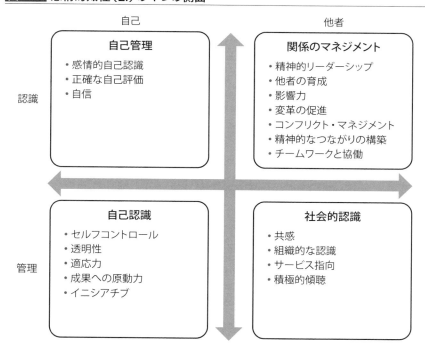

自己 　　　　　　　　　　　他者

認識

自己管理
・感情的自己認識
・正確な自己評価
・自信

関係のマネジメント
・精神的リーダーシップ
・他者の育成
・影響力
・変革の促進
・コンフリクト・マネジメント
・精神的なつながりの構築
・チームワークと協働

管理

自己認識
・セルフコントロール
・透明性
・適応力
・成果への原動力
・イニシアチブ

社会的認識
・共感
・組織的な認識
・サービス指向
・積極的傾聴

チーム内の対立や衝突に対処するコンフリクト・マネジメント

　意見・利害・価値観などの相違によって起こるチーム内やステークホルダー間のコンフリクトの発生はプロジェクトにおいて一定程度織り込んでおく必要があります。期待される価値を生み出すプロジェクトほど多彩な人たちの多様な意見が飛び交うことが多いからです。

　そこでプロジェクト・マネジャーはコンフリクト・マネジメントを理解し、対立や衝突の場面では適切に対処することが求められます。コンフリクト・マネジメント次第で、ステークホルダーの利害をポジティブな方向に向けられるようになり、生産性の向上にも寄与することになります。

コンフリクト・マネジメントはチームの意見の齟齬を調整すること

で、**パフォーマンスや生産性の向上を図る手法です**。よって、コンフリクトに適切に対処しないと反目的な行動や敵意を誘発し、当初期待されたパフォーマンスが発揮されなくなります。

　なお、コンフリクト・マネジメントはプロジェクト・マネジャーが率先して対応にあたらなくてはなりませんが、チーム・メンバーをはじめすべてのステークホルダーが取り組むべき課題でもあります。そこでプロジェクト・マネジャーの役割は支援型リーダーシップにより、当事者間の解決の支援が中心になります。また、自律的に運用されるアジャイル・プロジェクトではチーム・メンバーがコンフリクトの解消に責任を持ち、チーム・リーダーが解決を促していきます。

　このように、コンフリクト・マネジメントでは人間関係のスキルが重要です。例えば、感情的知性による共感、影響力を通じた意識変容、リーダーシップによるポジティブな主導、適時適切な意思決定と解決策の提案、そして積極的傾聴などです。これらのスキルを使い、守勢の人や攻撃的な人の声に耳を傾けます。

チームのコミュニケーション

　チームのコミュニケーションで近年考慮しなければならないこととして、オンライン環境やバーチャル・チームでの作業です。こうした状況の場合、オンライン・ミーティング・ツールの活用が定着していますが、オンラインが完全に対面の代替になるものではないことに違和感を覚える人が少なからずいるのが現状です。

　特に、ミーティングは一箇所に全員集合で行うことが常識だった世代にこの意識が強く残っていたり、また、若い世代でも簡潔な受け応えが求められたり、ちょっとした雑談ができないことにコミュニケーションの不安を覚えたりする人もいます。

　これらはオンライン・ミーティングが過渡期であることの課題の一部

ですが、プロジェクトのミーティングは関係者同士が適時適切に情報を共有し、目的完了までのプロセスを協働して実行していくために重要な場であることを認識し合うことが大切です。それが、チームにおけるミーティングの意義であり、運用次第で定期的なコミュニケーションの最適化に資するものになります。

　そしてコミュニケーションの最適化を図るには、チーム憲章に次に示すコミュニケーションに対する期待事項を明記することです。

❖ プロジェクトに必要なスキルの明示とフィードバックの方法

　まず、チーム・メンバーに求めるテクニカル・スキル（専門的能力：技術面での業務遂行力、プログラミング・スキル、ファシリテーション・スキル、プレゼンテーション力等）、ヒューマン・スキル（対人関係能力：リーダーシップ、コミュニケーション能力、チームワーク、適応性、自己管理力、感情的知性等）、コンセプチュアル・スキル（概念化能力：ビジョン構築力、論理的思考力、問題解決力等）を明文化します。プロジェクト・マネジャーは、メンバーが期待どおりにこれらのスキルを発揮しているかを面談などを通して適時適切にフィードバックを伝えます。

　特にプロダクト開発では製品やサービスの設計・機能性・使用性・顧客満足度などに関するフィードバックを行ってパフォーマンスの状況の相互確認を行いますが、その際にチームのコミュニケーションについても注意を向けるようにします。

❖ チームのタスクに対する説明責任

　チーム・メンバーは、自律的に完了させる作業とその実行方法を決める責任を持ちます。カンバンなどの見える化ツールを使ってタスクを可視化し協働しながら、チームの資源を活かして作業を行います。

　アジャイル・チームは、イテレーション期間中にバックログの作業に集中しますが、メンバーに権限を与え、タスクに対する説明責任を果た

すよう奨励することが優れたプロジェクト・リーダーのあり方です。

図 5-20 コミュニケーション監視に関係する要素

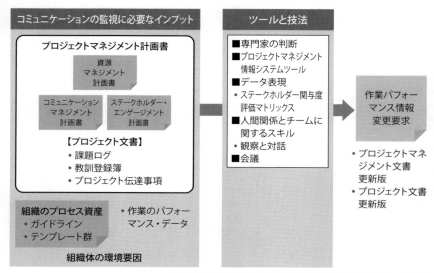

出所：『プロセス群：実務ガイド』から引用した図を一部加工

なお、コミュニケーションの監視は、『プロセス群：実務ガイド』の「立ち上げ→計画→実行→監視・コントロール→終結」の5つのプロセス群のうち、「計画」「実行」「監視・コントロール」が該当します。

■ プロジェクト・コミュニケーション・マネジメントに含まれるプロセス

プロセス群	プロセス
計画プロセス群	①コミュニケーション・マネジメントの計画プロセス
実行プロセス群	②コミュニケーションのマネジメント・プロセス
監視コントロール・プロセス群	③コミュニケーションの監視プロセス

5-14 教訓を残す

　プロジェクトの実行中は、常に教訓を残すことを習慣にします。ここでいう教訓は、プロジェクトの立ち上げ・計画・実行・監視コントロール・終結の各フェーズで得られた知見や経験のことです。成功に関することはもちろんですが、失敗や挑戦から得られた学びも具体的に記録するようにします。

　プロジェクトで得られる教訓は、将来のプロジェクトに役立てるために組織内で共有し活用することが目的ですが、プロジェクトの運営に際しての継続的改善意識の醸成にもなり得ます。それがプロジェクトマネジメントのナレッジとして昇華していきます。そして、ナレッジの源泉となる教訓には「形式知」と「暗黙知」が存在します。

　形式知とは、文字や数字、図表などで表現できる知識です。文書化することで誰もが閲覧でき、チームや組織全体の共有資産として保存も行えます。

　そして暗黙知とは、個人の経験や勘など、文書にして表現することが難しいノウハウなどの知見です。これを共有資産として保存するには、経験譚を動画や音声にする方法があります。暗黙知は明快な方法論を示すことが困難ですが、経験者の生の声から気づきや共感といった、形式知とは違った学びが得られることにその有用性があります。

　このように、プロジェクトの実行プロセスで得られた経験や教訓は他のプロジェクトへの応用や、組織に蓄積してさまざまな事業活動に展開できる知の資産ともなり得ます。これがPMBOK®でいうところの「**プロジェクト知識マネジメント**」です。

　そしてプロジェクト知識マネジメントには、個人、プロジェクト、組織の3つの視点があります。

個人の視点は、自身が保有する知識に加え、プロジェクト遂行に必要な新たな知識の習得です。

　プロジェクトの視点は、現在の目標の達成に活用できる他のプロジェクトや組織内の知識の習得です。組織の視点は、プログラムやポートフォリオのマネジメントに関する知識を共有することで、組織全体で最良の実務慣行とコンプライアンスを維持することです。

図 5-21　プロジェクト知識マネジメントに関係する要素

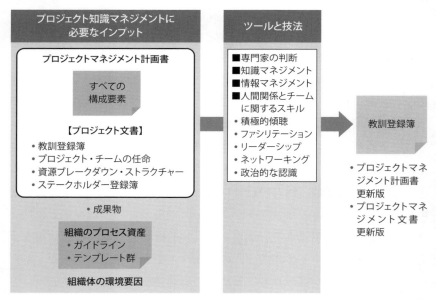

出所：『プロセス群：実務ガイド』から引用した図を一部加工

プロジェクトを振り返るための終了会議

　プロジェクトから学習した教訓を共有するために、プロジェクトの終了後速やかにレトロスペクティブ会議を開き、組織のナレッジとして共有するすべての情報をアーカイブしていきます。このプロセスで、プロジェクトの立ち上げから完了までに得られた教訓すべてをまとめた記録を完成させ、これらのナレッジを知識管理システムといったデータベースに蓄積していきます。

　このデータベースはプロジェクト・チームにとどまらず、組織全体に活用されることも視野に入れます。

　なお『PMBOK® ガイド』では、プロジェクト中に得られた教訓を記録し、他のプロジェクトや事業活動に使用するプロジェクト文書を「**教訓登録簿**」としています。また、組織が過去に運営したさまざまなプロジェクトの教訓を一元的に管理する場所を「**教訓リポジトリ**」としています。こうした記録はナレッジ・データベースの形で保管されることが多く、PMO（Project Management Office）のようなプロジェクトの母体組織が管理します。

　アジャイル型開発アプローチの場合、各フェーズやプロジェクトの最後に行うレトロスペクティブ会議が次回のプロジェクトのパフォーマンスと参加状況の改善をデブリーフィングする機会となり、同時に知識の獲得と次への反映を促す重要な場ともなります。何がうまくいったか、どこに改善が必要かを話し合い、知識とその理解を深めて次に活かすということです。

　一方、予測型開発アプローチの場合、プロジェクト完了後に最終会議を開催し、アジャイル・プロジェクトと同様に振り返りを行います。そこでは、次のようなことを目的にします。

- プロダクトおよびプロセスを学習する
- 主な成功要因と課題を理解する
- 定性的（主観による）データと定量的（測定）データを考慮する
- データを使って根本原因を特定し、対策を検討する。そこから、次の行動計画を策定する
- チームを称える祝賀会などを催し、メンバーを動機付ける

　教訓は組織にとって貴重な知識資産です。よって、これらを収集した文書は徹底的にレビューし、組織とステークホルダーが共有できる形にします。教訓として記録することには、例えば「スコープの変更」「スケジュールへの影響度」「リスクと課題」「ステークホルダーとの関係」「ベンダーとの関係」「作成物」「推奨事項」などがあります。
　そして、プロジェクトの最終報告書に次の内容を明記します。

◼ プロジェクトの最終報告書に記載する内容

プロジェクトの概要	■ プロジェクトの目的と目標の再確認 ■ プロジェクトのスコープ ■ プロジェクトの背景と状況
実績のまとめ	■ スコープ目標の達成度 ■ 品質目標の達成度 ■ コスト目標の達成度 ■ スケジュール目標の達成度 ■ ベネフィットの実現状況
リスクと課題	■ プロジェクト期間中に発生した全てのリスク ■ 各リスクに対する対処策と結果の報告 ■ プロジェクトで特定された全ての課題 ■ 各課題に対する対処策と結果の報告
プロジェクトアクション	■ プロジェクトで実施された主なアクションの説明 ■ 成果物とマイルストーンの達成状況と完了基準の証拠
品質評価と確認	■ プロジェクトとプロダクトの品質評価基準の説明 ■ 品質目標の達成度と評価の方法 ■ 品質に関する最終成果の報告

コストと予算	■ 予算と実際のコストの比較と差異の理由 ■ プロジェクトのコストに関する要約と説明
スケジュール	■ プロジェクトのスケジュールの評価 ■ マイルストーンの納期と実際の進捗の差異の説明
ベネフィットの実現	■ 最終プロダクト、サービス、または成果物がビジネス目標と期待されるベネフィットにどのように貢献したかの説明 ■ 不完全な場合は、達成されたベネフィットと達成スケジュールの詳細な説明
ユーザー満足度と承認	■ ユーザー満足度調査の結果とフィードバック ■ 最終プロダクト、サービス、または成果物の必要な承認に関する情報
今後の展望	■ プロジェクトの完了後のアクションアイテム ■ 今後の計画や継続的なサポートについての提案

これらの項目をすべて記載した最終報告書は成果と実績を要約した、今後の方向性を示す重要な文書となります。

ステークホルダー間のコミュニケーションの円滑化に注力する

　ステークホルダーとの良好なコミュニケーションを図りながらプロジェクトを進行させていくには、ステークホルダー・マネジメントとコミュニケーション・マネジメントをともに充足させる必要があります。留意点は次のとおりです。

■ステークホルダーの特定とエンゲージメントの構築

　ステークホルダーをビジネス・ケースやベネフィット・マネジメント計画書から特定し、ステークホルダー・エンゲージメント計画書に各ステークホルダーのコミュニケーション要件を記載する。

■ステークホルダー毎の接触方法などの調整

　個別の対面のほか、インタビューやアンケートなどによるグループ・コミュニケーションなど、ステークホルダー毎の接触方法や頻度に応じて、メール・文書・口頭など柔軟に対応する。

　また、会議での情報共有の方法、チーム・ミーティングやグループ・ディスカッションの開催条件といったことについてステークホルダーと事前に協議し合意しておく。

■コミュニケーションの実施と評価

　ステークホルダーの要望を勘案したコミュニケーションの方法をとりながら定期的にその方法を評価し、必要があればやり方を調整する。

■重要な考慮事項

　情報セキュリティとプライバシー保護の観点からソーシャルメディア運用方針やデータ保護の法規制なども考慮に入れる。

　また、すべてのステークホルダーがアクセスしやすいアクセシビリティにも配慮する。

第5章のまとめ

❖ プロジェクトの正式開始を宣言し、関係者間での共通理解を築くために、キックオフ会議を開く。この会議ではプロジェクトの目的、スコープ、重要性を明確にし、チームの一体感とプロジェクトのビジョンを共有する。

❖ 会議運営、コミュニケーションの指針、適切なコンフリクト・マネジメント、共有する価値観、そして意思決定プロセスを取り決め、チームの協力と一体感を促す。

❖ プロジェクトの進行状況を把握しマネジメントするために、スケジュールの進捗報告に関するルールを定める。これには、スケジュール・モデルの適用、進捗データの記録と評価、報告の形式と頻度の決定がある。

❖ EVM（アーンド・バリュー・マネジメント）を用いて、プロジェクトのスコープ、スケジュール、コストのパフォーマンスを監視し、計画と実績を比較・評価する。

❖ 情報ラジエーターやコミュニケーション・ツールを使って、プロジェクト情報を可視化し、透明性を高める。これにより、チームは説明責任を果たし、イノベーションやコラボレーションが高まる。

❖ プロジェクトの品質を確保するために定期的な品質監査とレビューを行い、製品テスト、プロセス評価、品質指標を測定する一方で、発生した問題に対する是正処置と予防処置を策定し適用する。

❖ プロジェクトの各フェーズで振り返り会議を実施し、チームメンバーからのフィードバックを通じて成功戦略と改善点を特定する。これらを教訓登録簿に文書化して組織内で共有し、組織全体の学習と成長を促す。

プロジェクトとしての企業変革

　企業活動の中で変革を進めるためには、一度きりの取り組みやプロジェクトでは十分ではありません。より広い範囲での戦略目標を達成するため、ポートフォリオの視点や、関連のある複数のプロジェクトを扱うプログラムの視点での取り組みが必要です。つまり、単一のプロジェクトだけでなく、関連する複数のプロジェクトが一体となって価値を生み出し、その成果を組織的に維持することが求められるということです。

　組織内で取り組まれている複数のプロジェクトを支援するプロジェクトマネジメント・オフィス（PMO）は、組織の戦略と整合した価値を生み出せるようプロジェクトマネジメントを仕組み化します。

　また、チェンジマネジメントの方法論を取り上げ、プロジェクトとチェンジマネジメントの統合による企業変革の進め方について紹介します。

価値を実現する仕組みとしての プロジェクトマネジメント

プロジェクトマネジメントは価値実現システム

　ここで改めて、プロジェクトとは何かを確認します。『PMBOK® ガイド』では「独自のプロダクト、サービス、所産を創造するために実施する、有期性のある業務」と定義しています。「これまでにない価値の高いモノやサービスを生み出すためにさまざまな作業を一体化して行う期限のある取り組み」ということですが、もっと端的にいうと「**一定の期限内に価値を実現する仕組みや仕掛け**」です。

　高度成長期の企業活動は消費者の旺盛なニーズに向けて大量生産することがその使命でした。それが今は、多様な消費者ニーズに応えるために、明確な価値がなければモノやサービスは売れなくなりました。従来の戦略が通用しない中で企業は、「これまでにない価値を生み出す」ことが生存さらには成長の戦略に必須となりました。そこで、従来から会社を支えてきた事業を進化や改廃をさせながら、新規事業の探索が経営戦略の大命題となっています。

　こうした背景のもと、プロジェクトマネジメントの重要性が改めて増してきています。プロジェクトマネジメントは、「価値実現システム」であるからです。

事業活動と価値実現システム

　プロジェクトマネジメントにおけるポートフォリオは戦略目標を達成するための事業群です。それは、「プログラム」「プロジェクト」「定常業務」を含むものです。そして、プログラムは、関連のある複数のプロジェクトと定常業務からなります。

例えば「新入社員研修プログラム」の場合、ビジネスマナーや会社の事業紹介など、いくつかのカリキュラムから構成されます。このカリキュラムがプロジェクトにあたり、日報を書くことなどが定常業務に該当します。

新規事業の場合、「ポートフォリオ」「プログラム」「プロジェクト」「定常業務」を一括りで捉えることで、組織の戦略に合った価値を生み出す仕組み、すなわち価値実現システムを機能させることができ、そこからスコープやスケジュール、コスト、タスクなどが具体化されていきます。

この価値実現システムは、これから取り組む事業の「方針」「プロセス」「手法」「フレームワーク」「ガバナンス構造」などの組み合わせにより構成され、組織が目標を達成し、価値を創り出すために設計される

図 6-1 価値実現システムにおけるプログラム・プロジェクト・定常業務の関係

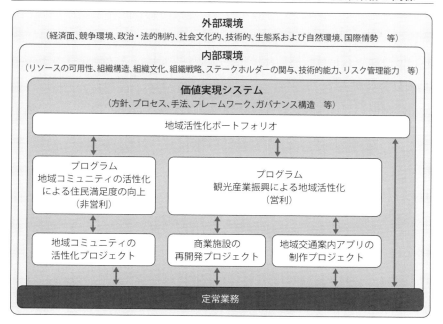

ものであり、組織の内部環境の一部に位置付けられます。

　なお、内部環境は、「経済面」「競争環境」「法的制約」などの外部環境の影響を受けます。

　価値実現システムの全体像から、プロジェクトマネジメントの位置付けを眺めると、プロジェクトはプログラム内またはポートフォリオ内に存在し、組織の内外の環境と相互に影響し合うことがわかります（図6-1）。

　各システムは独立したものではなく、システムの一部に変化があると、その影響がシステムの全体に波及することがあります。全体とその要素間の相互作用に焦点を当て、問題を理解し解決するアプローチであるシステム思考の観点からすると、価値実現システムを適切に運営し、組織的に価値を生み出すには、適切なガバナンスの仕組み（ガバナンス・システム）が必要です。

　価値実現システムはプロジェクトのライフサイクルや方法を通じて価値を実現します。また、ガバナンス・システムは円滑な業務フロー、課題管理、意思決定を支えます。これらのシステムは密接に連携しており、価値を生み出す方法と採用した開発アプローチとの関係性を反映しています。

　予測型開発アプローチでは、価値はライフサイクルの最終段階で顧客に提供します。

　これに対して、適応型開発アプローチでは、価値実現がライフサイクルに組み込まれ、顧客も価値の創造に参加します。そして各イテレーションの最後にプロジェクトのベネフィットが漸進的に受け取られることがあります。

「プロジェクト」「プログラム」「ポートフォリオ」

価値実現には、「プロジェクト」「プログラム」「ポートフォリオ」の3つの視点があります。

▶ プロジェクトの視点

まず、個々のプロジェクトが生み出す価値に注目します。プロジェクトは具体的なタスクや目標を達成するための取り組みです。資源を投入・配分し、プロジェクトの進捗管理を適切に行うことで価値実現の確率を高めます。

▶ プログラムの視点

関連するプロジェクトを統括することで、個別のプロジェクトでは達成できない大きな便益を生み出すことができます。便益とは、特定の行動やプロジェクトから得られる利益や価値のことであり、これには「経済的利益」「効率性の向上」「顧客満足度の向上」「社会的利益」など、直接的または間接的に得られるさまざまな形のメリットです。

プログラムは複数のプロジェクトを調整し、戦略的目標に沿った成果を追求します。

▶ ポートフォリオの視点

組織全体の俯瞰からポートフォリオを注視します。ポートフォリオはビジネス戦略に基づいて複数のプログラムやプロジェクトを調整しながら便益を生み出すものであり、組織の目的や目標を達成するための重要な要素とその相互関係をコントロールします。

企業変革に資するプロジェクトマネジメントの手法に「**組織のプロ**
ジェクトマネジメント（OPM：Organizational Project Management）」があ
ります。

　これは、「プロジェクト」「プログラム」「ポートフォリオ」を組織の戦
略的事業目的と整合させるにあたって、人・組織・要因・手段・道具・
方法を適切に割り当ててマネジメントするためのフレームワークです。

　図6-2は組織内のプロジェクトマネジメントにおけるシステム思考の
視点を示し、変革を総合的に考える際の土台となります。プロジェクト
は単なる個別の取り組みではなく、組織全体の取り組みの一部であり、
相互に影響し合う要素であることをこの図は表現しています。

　システムの一部で発生した変更が他のシステムにも波及する可能性が
あると認識したら、適切に対応します。そして、組織の構造や文化もプ
ロジェクトマネジメントに影響を与える要因になるため、組織内の構造
や力学を理解し、適切に調整します。

図 6-2「組織のプロジェクトマネジメント（OPM）」のイメージ

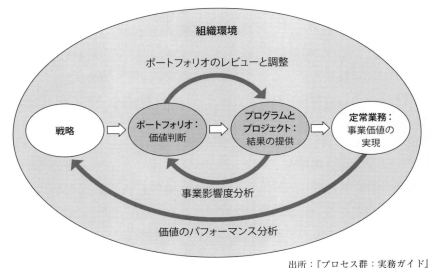

出所：『プロセス群：実務ガイド』

「組織のプロジェクトマネジメント」で変革文化を仕組み化する

変革文化に必要な要素

プロジェクトマネジメントの手法を活用して組織内に変革の文化を定着させるために、「組織のプロジェクトマネジメント」を使って仕組み化を実現します。このプロセスには次の要素があります。

目標と戦略の統合

プロジェクトマネジメントを仕組み化するために、組織の戦略とプロジェクトの目標を統合します。プロジェクトは、組織のビジョンや戦略に沿った成果のために計画すべきであり、プロジェクトの成果が組織の長期的な目標と一致している必要があります。

プロジェクト・ポートフォリオの設定

組織内で実行するプロジェクトを適切に管理するために、プロジェクト・ポートフォリオを設定します。プロジェクト・ポートフォリオは、組織の全体的な戦略と資源を最適な状態になるよう調整し、プロジェクトを選定、優先順位付けをし、監視します。

プロジェクト・マネジャーの役割と責任の明確化

プロジェクト・マネジャーの役割と責任を明確に定義し、組織内での役割を強めます。これにより、プロジェクト・マネジャーはプロジェクトを成功に導くために必要なリーダーシップとスキルを発揮できます。

プロジェクトマネジメント・プロセスの標準化

プロジェクトマネジメント・プロセスを標準化し、組織にとってのべ

ストプラクティスを用意することで、組織内のプロジェクトマネジメントの進め方に一貫性を持たせます。これにより、プロジェクト実行中に生じる混乱や不確実さを減らし、プロジェクトの品質と効率を高めます。

▶ 継続的改善と学習

プロジェクトマネジメントを仕組み化した組織は、プロジェクトの実施と完了後に振り返りと評価を行い、次のプロジェクトに活かすための教訓を得る仕組みを構築しています。これにより、継続的改善と学習の文化が醸成されていきます。

「組織のプロジェクトマネジメント」を浸透させる手順

「組織のプロジェクトマネジメント」を社内に浸透させるには、以下の手順とライフサイクルが有効です。

STEP 1 ＞ 組織の理解

組織および「組織のプロジェクトマネジメント」を理解することから始める。「組織とその使命・ビジョン・価値観」や「組織のニーズ・課題・目的」を理解する。また、「組織のプロジェクトマネジメント」を機能させるモデルや評価方法を選び、その内容を理解する。

STEP 2 ＞ 組織の評価

組織の能力を評価する際に、「組織のプロジェクトマネジメント」のモデルや評価方法を使って自組織と比較・検証する。

STEP 3 ＞ 改善の計画

「組織のプロジェクトマネジメント」のモデルに照らして自組織を比較・検証した後、組織にどのような改善が必要かを見極め、目標を定め

る。その目標を達成するために必要な規範や能力を高められるように計画を立てる。

STEP 4 > 改善計画の実行

プロジェクトマネジメントと「マッキンゼーの7S」などの組織変革の手法を使って、改善計画を実施する。

STEP 5 > プロセスの反復

業績に影響を与える組織的能力が改善したかを評価する。そして、さらなる改善が必要な場合、組織のプロジェクトマネジメント・サイクルを定期的に繰り返し、望ましい結果を達成する。

図 6-3 組織のプロジェクトマネジメントのサイクル

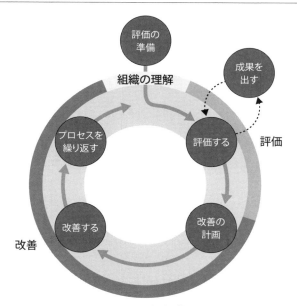

出所：『組織のチェンジマネジメント実務ガイド』

これらのフレームワークを活用したプロジェクトマネジメントを組織の変革プロセスに取り入れることで、イノベーティブな風土の土台を築くことができます。この風土が定着するに従い、組織全体の事業推進の効率性や成果の創出確率と品質向上を促し、成長戦略を着実に実現する事業体を構築することにもつながります。

プロジェクトマネジメント・オフィスの種類

　プロジェクトマネジメント・オフィス（PMO：Project Management Office）は、組織内における個々のプロジェクトマネジメントの支援を横断的に行う部門や事務局のことです。プロジェクトに関連したガバナンス・プロセスを標準化し、プロジェクトの管理方法、ツール、技法、知識の共有を促します。

　PMOには次のページで紹介するようにいくつかの形態があり、どのPMOにするかはプロジェクトの性質や組織のニーズに応じて検討することになります。ただし、いずれのPMOも以下の目的を果たすために設置されます。

- プロジェクトと組織戦略や目標との整合性を高める
- 予算内で実施できるようプロジェクトを改善する
- 失敗プロジェクトを減らす
- プロジェクトごとのコスト削減を図る
- 顧客満足度を向上させる
- PMOを組織の優れた戦略を推進する主体として位置付ける

　多数のプロジェクトが同時進行する組織ではPMOの設置が必要になりますが、必ずしも設置しなければならないというわけではありません。これについては、組織の事情に応じて柔軟に考えるとよいでしょう。

　そしてPMOを設置する場合、PMOの形態ごとにそれぞれ異なる役割と機能を有することを理解したうえで、どこにどの形態を採用するかを検討します。

主なPMOの形態

支援型PMO

　支援型PMOは、プロジェクトマネジメントの基準や手法の維持・普及に加え、プロジェクト計画や予算の編成・更新などの管理会計、財務、経理作業の支援を通して、さまざまなプロジェクトを積極的にサポートします。

コントロール型PMO

　コントロール型PMOは支援型PMOと同様、スケジュールや予算のサポートを行います。大きな違いは、コントロール型PMOは組織全体のプロジェクトにプロジェクト・マネジャーを供給することです。プロジェクトマネジメントを主な仕事として、人材マネジメントにおける組織内での拠点となります。PMOは、プロジェクト・マネジャーの給与やキャリアアップなどの管理には責任を持ちますが、プロジェクトの成功や失敗には責任を有さず、責任は出向先の組織が負います。

指揮型PMO

　指揮型PMOは、プロジェクトマネジメント・オフィス・モデルの源流であり、プロジェクトに最も高い推進力を持たせる形態です。指揮型PMOは、プロジェクトのスコープ、スケジュール、コストの目標を達成するために責任を負います。また、プロジェクト・マネジャーの長期的な拠点となり、キャリアパスや給与、経費といった管理業務を行います。その影響力の大きさは、次の2つの要素によって決まります。

1. プロジェクト指向が高い組織

　指揮型PMOがプロジェクト指向の組織を統括する場合、権限構造の最上位に位置します。一般的には、機能横断的なプロジェクトを担当しており、結果として典型的なマトリクス組織となっています。

2. 一貫したプロジェクトマネジメントを強く奨励する組織

プロジェクトマネジメントを基準として取り入れている企業では、プロジェクトの実行とプロジェクトマネジメント・プロセスの維持という2つの役割を担っているため、指揮型PMOの影響力は非常に大きくなります。

▶ センター・オブ・エクセレンス

センター・オブ・エクセレンス（CoE：Center of Excellence）の主な目的は、プロジェクトマネジメントの基準を維持し、組織内での活用を促進することです。CoEのスタッフは、プロジェクト・マネジャーの相談役としてサポートを求められますが、プロジェクトの意思決定に直接関与することはありません。特定のプロジェクトを管理するのではなく、プロジェクト・チームを側面から支援する役割を担います。例えば、アジャイルな方法論やスキルの普及、チームのコーチング、プロジェクト・スポンサーやプロダクト・オーナーのメンタリングを行い、組織全体にアジャイルな考え方や哲学、そして能力を根付かせます。そのため、知識だけでなく、組織の全階層の人々に説得力のあるアドバイスをするチェンジ・エージェントとしてのスキルも必要となります。

▶ プログラムマネジメント・オフィス

複数のプロジェクトの集合体であるプログラム運営を支援するプログラムマネジメント・オフィス（PgMO：Program Management Office）は、プロジェクトマネジメントの専門知識をプログラム全体に提供し、すべてのプロジェクトを結びつけます。大規模なプログラムマネジメント・オフィスには、スケジュール、予算、リスク管理など、プロジェクトマネジメント機能の多くを担うチームが所属します。プログラムマネジメント・オフィスは時限的な組織であるため、プログラムが終了すると解散します。

組織内でどの種類のPMOとするかは、プロジェクトの性質や組織の
ニーズに応じて検討します。PMOは組織のプロジェクトマネジメント
を強化し、プロジェクトの成功を支える重要な役割を担います。

図 6-4 マネジメント・オフィスの展開の例

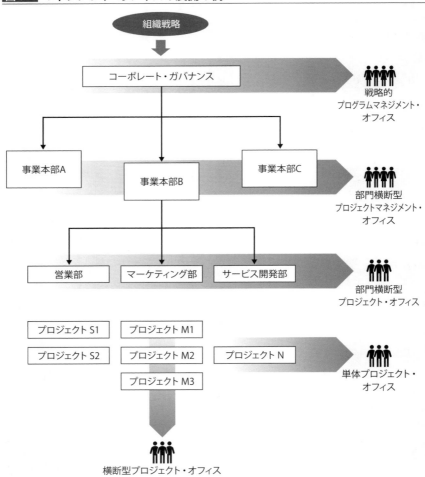

変革を推進するための「チェンジマネジメント」

ステークホルダーの理解を得ながら変革を推進する

　プロジェクトが組織に変革をもたらすものであることを理解しながらも、人は変革に対して期待と不安が入り混じった気持ちを抱きがちです。特に業務改革では従来から慣れ親しんだ方法を変えるとなると、必ず抵抗を示す人が出てくるのが通例です。業務改革ですら抵抗感を示すのですから、経営戦略の転換による組織変革では一定の抵抗勢力が出てくることは覚悟しておかなければなりません。

　それゆえ、まず焦点を当てなければならないのが、変革の受け入れに消極的な人の問題です。当然のことながら、人のことを蔑ろにしてプロジェクトを推進すれば、抵抗、遅延、離職、生産性の低下などのリスクが起きかねず、それはコストに影響し、経済的損失を招きます。

　コスト面で見ると、「やり直し」「再検討」「再スコープ」「再設計」「再作業」「再教育」といった追加コストの発生のほか、「撤退」ということになるとそれまでの費用が無駄に帰すことにもなりかねません。

　そこで、改革を計画的に推進するチェンジマネジメントの手法を活用します。これは、組織を現状から理想の状態へと移行させる体系的なアプローチによりステークホルダーの抵抗感を抑えながら、成長戦略を実現させるマネジメント手法です。VUCAの時代において、組織変革は大きな経営課題です。

　また、組織に愛着が持てる職場環境作りが求められる現在、社員の理解を得ながら組織を変革していくには、チェンジマネジメントの考え方や取り組み方は大変有効です。

プロジェクトマネジメントとチェンジマネジメントの関係

　規定の期限内に期待される価値を伴った成果物を創出するプロジェクトマネジメントに対し、チェンジマネジメントは永続的に成果を創出していく組織に変革するために社員をはじめとするステークホルダーの人的側面に焦点を当てて行う体系的アプローチです。プロジェクトマネジメントとチェンジマネジメントは価値創出という面で補完的な関係にありますが、次のような違いを理解しておく必要があります。

- プロジェクトマネジメントは変革を実施する際の技術的側面に焦点を当てるが、チェンジマネジメントは変革を実施する際の人間的側面に焦点を当てる
- 完了の定義や進捗状況の尺度が違う
- それぞれ、異なる考え方、能力、スキル・セットを必要とする

こうした違いがある一方で、いくつかの重要な共通点があります。

- 体系化されたアプローチである
- プロセスを重視し、ツールを多用する
- 特定の独立した事業あるいはプロジェクトに適用する
- 熟練した技術者が必要となる
- 変革を成功させ、組織レベルの改善により、組織に価値をもたらすことを目的として共有する

　プロジェクトは、プロジェクトマネジメントとチェンジマネジメントを併用することで成功確率が高まります。

　組織文化は、プロジェクトの成否に大きく影響します。そしてプロ

ジェクトを成功に導く適切な変革の定着にはリーダーの人間力が不可欠であり、信頼のおけるリーダーによるプロジェクトの位置付けと導き方が成功のカギを握ります。

　また、組織文化は共通のビジョンや行動規範に影響を与え、プロジェクトの目標達成能力にも影響します。

図6-5 プロジェクトマネジメントとチェンジマネジメントの同時進行の例

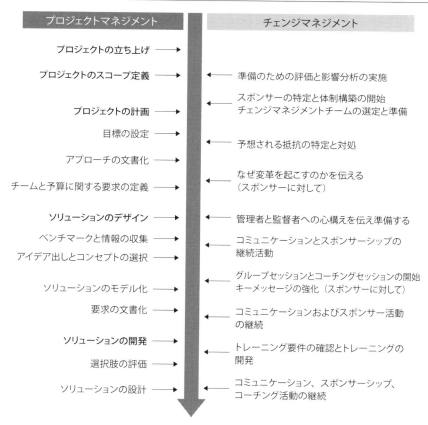

プロジェクト・スケジュールにチェンジマネジメント活動を組み込む

6-06 チェンジマネジメントの フレームワーク

チェンジマネジメントのフレームワークは、変革への理解やニーズの充足、変革実行に必要となる知識やスキル、そして変革意識の定着を創出するものであり、個人と組織の変革を促します。加えて、変革の組織文化がプロジェクトに与える影響を適切に評価します。その代表的なものは以下のとおりです。

❖ 組織のチェンジマネジメント

組織のチェンジマネジメントは、複数のモデルの共通要素に基づく反復型モデルです。このフレームワークには、相互に連携する5つの要素が含まれています。

- **変革の方向付け**：変革が必要な理由と将来的にどのように改善するかを理解するための根拠を示す。
- **変革の計画**：現状から将来の状態への移行を準備するための活動を特定する。
- **変革の実施**：未来の状態に必要な能力を示し、それが意図した影響を持つことを確認し、必要に応じて改善や適応を行う。
- **移行のマネジメント**：変革を達成した後のニーズに対処する方法を検討する。
- **変革の持続**：新たな能力を適用し、古いプロセスや行動を廃止することを継続して行っていく。

図6-6 環境変化に俊敏に対応する組織のチェンジマネジメントの例

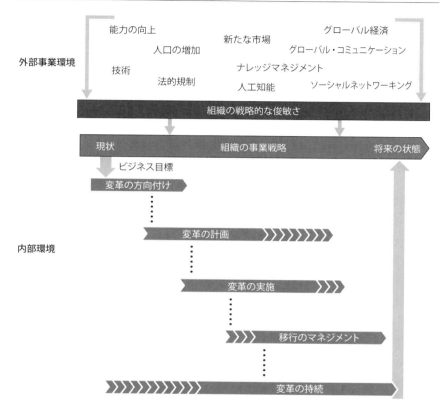

出所:『組織のチェンジマネジメント実務ガイド』から引用した図を一部加工

ADKAR モデル

　チェンジマネジメントの資格認定プログラムを提供する米国Prosci（プロサイ）社の創業者ジェフ・ハイアットが開発したADKARモデルは、変化に適応する際に個人がたどる5つの連続したステップに焦点を当てています。

▶ **ステップ1［認知（A：Awareness）］**：変化が必要な理由を特定する。

▶ **ステップ2［欲求（D：Desire）］**：変化を支持し、変化の一翼を担う意欲

を持つ。

▸ **ステップ3［知識（K：Knowledge）］**：変化の方法、新しい役割、責任、プロセスを理解する。

▸ **ステップ4［能力（A：Ability）］**：実践的な訓練や専門知識を通じて知識をサポートする。

▸ **ステップ5［定着（R：Reinforcement）］**：変化の持続をサポートするための報奨やフィードバックを行う。

図 6-7 ADKAR モデルのイメージ

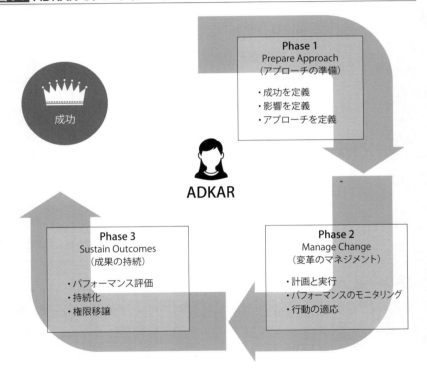

▶ コッターの8ステッププロセス

ジョン・P・コッター（ハーバード大学名誉教授）が提唱する「コッター

の8ステッププロセス」は、トップダウンによる組織変革の手順を示します。

- ▸ **ステップ1［危機意識の高揚］**：変革の必要性を高める脅威や機会を特定する。
- ▸ **ステップ2［推進チームの結成］**：変革リーダーを特定し、選出する。
- ▸ **ステップ3［変革ビジョンの作成］**：変革の核となる価値観を特定し、ビジョンを作成する。
- ▸ **ステップ4［ビジョンの周知］**：ビジョンを組織全体に伝え、実践する。
- ▸ **ステップ5［障害の除去］**：変革に伴う障害に対処する。
- ▸ **ステップ6［短期的成果の実現］**：早期に達成可能な成果を得る。
- ▸ **ステップ7［成果の活用］**：短期的成果に基づいて継続的改善目標を設定する。
- ▸ **ステップ8［企業文化への変革定着］**：新しい文化の定着と推進者の表彰を行う。

▶ ヴァージニア・サティアの変化モデル

米国の心理療法家ヴァージニア・サティア（1916～1988）が提唱した「ヴァージニア・サティアの変化モデル」は、人々が変化をどのように捉え、どのように対処するか、そのプロセスを分析したものです。

- ▪ **初期の現状**：「いつもどおり」の状態。快適だが、場合によってはマンネリ化する。
- ▪ **異質の要素**：変革の導入と初期の抵抗が起こる。
- ▪ **混沌**：不確実性とパフォーマンスの低下が見られる。
- ▪ **変容のアイデア**：新たなアプローチの模索とパフォーマンスの改善を始める。
- ▪ **実践と統合**：新しい方法の試行錯誤と学習を行う。
- ▪ **新しい現状**：新しい環境への適応とパフォーマンスの安定化を行う。

チェンジマネジメントを推進する役割

変革実践者の役割

チェンジマネジメントは、変革の人間的側面を管理する知識とスキルを持った変革実践者による組織的な取り組みです。変革実践者は、プロジェクト・マネジャーや他の変革推進担当者と協力しながら、変革を成功に導きます。優れたコミュニケーション・スキル、柔軟性、対人関係スキルを駆使し、変革の人間的側面の理解と、構造化された方法論を使い、プロジェクトの個々の課題に対処します。

プロジェクト・チームと変革実践者は、変革に向けてコラボレーションや資源の統合を行います。最適なプロジェクト組織体制は、プロジェクトの規模や複雑さ、変革の範囲、さらには利用可能な資源の数や種類を反映したものになりますが、変革実践者はチームの一員として参加する場合もあれば、チームの外にいながらチームを支援する場合もあります。

重要な点は、チェンジマネジメントとプロジェクトマネジメントの人材、プロセス、ツールを統合することで、プロジェクトの確実な価値実現と成果のために、それぞれが責任を負うべき特定の役割と責任があることです。

変革実践者は、変革の成功に貢献するプロジェクト・マネジャーに加えて、組織内の他の役割と協力しながら活動します。これらの中心的な役割を担うのは次の人たちです。

- **プロジェクト・スポンサー**：プロジェクト・スポンサーは、積極的な姿勢で変革のための支援体制を構築する。組織向けに伝達事項を伝える場合の発信者としても望ましく、従業員と直接コミュニケーションをとる

ことで、変革の成功に貢献する。

▪ **マネジメント**：部門長や部門マネジャーは、コミュニケーション担当者、プロジェクト・チームとの連絡役、変革の擁護者、時には変革の抵抗勢力、従業員のコーチとして、個々の変革のサポートを通して、変革の成果を成功に導く。

ここで重要なのは、変革実践者は組織内の他の多くの人たちと協力して、仕事をしなければならないことです。

特に、プロジェクト・スポンサーやマネジメントには変革を組織的に支援するうえでの役割を理解してもらい、従業員への教育・指導・指示など、変革を持続し、活性化させる取り組みが求められます。これには、情報共有のためのポータルサイト、要点をまとめたスピーチやスピーチ動画、プレゼンテーションなどがあります。

その他、特定のプロジェクトや取り組みのために定義される役割として、インフルエンサー、チェンジ・エージェントのネットワーク、専門家、その他の補完的な分野の有識者などがあります。

チェンジマネジメントがもたらすもの

チェンジマネジメントにより、変革による利益と望ましい結果を実現します。プロジェクトにはさまざまな規模や形態がありますが、変わらず普遍的なのは、影響を受ける従業員が仕事のやり方を変えなければならないことです。プロジェクトに期待される成果や結果の大部分は、個人が自分自身の変革を成功させるかどうかにかかっています。戦略的に重要な統合プロジェクトの場合はなおさらです。

プロジェクト・マネジャーとして、個人の変革を支援し、装備を整え、可能にする能力は、プロジェクトの価値実現とプロジェクト・マネジャー自身の成功の重要な原動力となります。

そして、人の側面に焦点を当てるチェンジマネジメントは、プロジェクト・チームが直面する困難な局面をうまく乗り切るための最善のマネジメントをもたらし、期待以上の「価値」と「成果物」を生み出す可能性を向上させます。

経営陣から十分な支援が得られるようにしている

　プロジェクトによる企業変革や改善を成功させるためには、経営陣からの支援が欠かせません。これは、プロジェクトが組織全体に大きな影響を与え、戦略的な目標を達成するためのカギとなる要素です。経営陣の支援は、次の点で特に重要です。

- **資源の提供**：経営陣は必要な予算・人材・技術的なサポート等の資源を提供する役割を果たす。プロジェクトの成功には、これらの資源が適切に確保される必要がある。
- **目標の明確化**：経営陣はプロジェクトの目標を明確に定義し、それを組織内に伝える役割を果たす。これにより、組織全体がプロジェクトの方向性を理解し、共感することができる。
- **コミュニケーションの促進**：経営陣はプロジェクトの進捗状況や成果に対するフィードバックを定期的に提供し、ステークホルダーとのコミュニケーションを促進する役割を果たす。これにより、問題が早期に解決され、プロジェクトが正常に推進する。
- **変革のリーダーシップ**：プロジェクトによる変革は、組織文化やプロセスに影響を及ぼす。経営陣は変革をリードし、組織のメンバーに変革への協力を奨励する役割を果たす必要がある。

　したがって、プロジェクト・マネジャーやチームは経営陣からの支援を確保し、組織全体にプロジェクトの重要性を伝えます。経営陣との協力の獲得と連携が図れることで、プロジェクトとしての企業変革の実現に向けた取り組みが円滑に推進するようになります。

第６章 ■ プロジェクトとしての企業変革

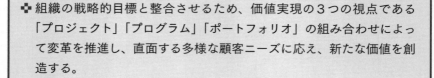

第6章のまとめ

- ❖ 組織の戦略的目標と整合させるため、価値実現の3つの視点である「プロジェクト」「プログラム」「ポートフォリオ」の組み合わせによって変革を推進し、直面する多様な顧客ニーズに応え、新たな価値を創造する。

- ❖ 組織内で変革文化を根付かせるために、「組織のプロジェクトマネジメント」を利用してプロジェクトの目標と戦略の統合を図る。組織のプロジェクトマネジメントを浸透させるには、組織の理解→組織の評価→改善の計画→改善計画の実行→プロセスの反復、このサイクルを回す。

- ❖ プロジェクトマネジメントの手法・ツール・技法の標準化と知識共有を促すPMO（Project Management Office）は、プロジェクトと組織戦略との整合性を高める。

- ❖ プロセスの標準化が組織内でのプロジェクト実施の一貫性と予測可能性を高める。プロジェクト・マネジャーが明確な責任と権限を持ってプロジェクトを適切にリードできるようになる。

- ❖ 組織変革には人的側面に焦点を当てたチェンジマネジメントが重要。変革を成功させるためには、プロジェクトマネジメントとチェンジマネジメントの統合が必要。

- ❖ 継続的改善と学習を促すために、プロジェクト完了後の振り返り会議と評価を行い、組織内でのベストプラクティスを共有する。

- ❖ 変革実践者は、プロジェクト・マネジャーやその他の関係者と協力し、プロジェクトの人間的側面に焦点を当て、構造化された方法論を用いて組織変革推進上の課題に対処する。

第 **7** 章

プロジェクトにおける品質管理

　品質をプロジェクトの初期段階から全段階にわたって組み込むことは、最終的な成果物の完成とそこからの価値創出の成功確率を確実に向上させます。そこで本章では、プロジェクトとプロダクトの品質管理におけるアプローチなどの品質への取り組みを扱います。

　プロジェクトにおいて品質を確保することは、コストの削減、顧客満足度の向上、そして市場での競争力の強化に直結します。それには、品質管理計画の策定、適切なテストと検査の実施、問題の特定と修正策の適用などを通じて、品質基準の維持を図ります。さらに、組織全体での品質に対するコミットメントを深めることで、プロジェクト完了後も継続的な改善が促され、長期的なビジネス価値の向上が期待できます。

　体系的な品質管理の取り組みは、プロジェクトの遂行だけでなく、その後の運用においても、持続可能な成果を生み出し続けます。

7-01 プロジェクトに品質を組み込む

　品質には、「要求事項への適合」という古典的な定義があります。一方で、製品の品質では「使用に適したもの」という使用観点からの定義があります。使用観点からの定義は、製品が利用者や顧客の要求や期待を上回る形で使われることを表します。プロジェクトマネジメントの現場では、これら両方の観点が重要であり、「要求事項への適合」を基本としつつ、「使用に適したもの」という視点で品質を洗練させることが求められます。

　プロジェクトにおける品質管理の目的は問題の発見であり、プロジェクト・マネジャーは品質管理の方針を定め、問題発見と修正のための時間を計画に組み込みます。また、プロジェクトに品質管理を組み込むことで、コストの削減と顧客満足度の向上にも寄与します。

　品質管理に加えて、プロジェクトではテストや検査の結果を記録し、プロジェクトが品質を満たしながら順調に進行していることの証拠とします。問題が発生した場合は、その修正と効果の監視が必要です。

　そこで、テストや検査を専門に行う人たちをプロジェクトの早い段階から関与させ、要求や設計の活動を改善する体制を整え、品質管理計画を遅滞なく進行させていきます。

　情報システム・プロジェクトでは、関係者と適切にコミュニケーションをとりながら要件定義をまとめるビジネスアナリストが要求を明確にし、開発中のプロダクトの動作や機能を検証するソフトウェア・テスターがテスト設計に重要な役割を果たします。つまり、ビジネスアナリストはプロセスや製品の要求を説明し、ソフトウェア・テスターはエラーが発生したらシステムの対応要求を明確にします。この際の要求は測定可能であることと、品質に関する知識と経験を持つ人たちが要求事項の作成に関与することが重要になります。

プロダクトとプロジェクトの品質管理

プロダクト・マネジメントにおける品質管理は、例えば、製品・サービスなど、プロジェクトの成果物が顧客の要求や仕様に合致しているかを確認するための活動です。これには、次のような活動があります。

[製品・サービスの品質管理]

- **成果物の検査とテスト**：製品やサービスが定められた品質基準に適合しているかを確認。
- **問題の特定と是正処置**：品質の不具合や逸脱が見つかった場合、原因を特定し、是正処置を実施。
- **データ分析と報告**：品質の測定結果を分析し、関係者に報告。

プロジェクトマネジメントにおける品質管理は、プロジェクトのプロセスを適切に設計し、品質基準に沿って効率的に進行していることを確実にするための活動です。これには、次のような活動があります。

[プロジェクトの品質管理]

- **プロセスの監査とレビュー**：プロジェクトのプロセスが計画どおりに進行しているかを定期的に監査。
- **品質管理計画の策定と実施**：品質基準とプロセスを文書化し、プロジェクト・チームに適用。
- **継続的改善**：プロジェクトのプロセスを定期的に見直し、改善の機会を特定し、実施。

以上のように、プロダクトにおける品質管理は「製品や成果物」に焦点を当て、品質が顧客の要求と一致しているかを監視します。一方で、プロジェクトマネジメントにおける品質管理は「プロセス」に焦点を当て、プロジェクトの進行方法そのものが品質基準を満たしていることを監視します。

図 7-1 プロジェクトマネジメントおよびプロダクト・マネジメントにおける
スコープと品質マネジメント活動の関係

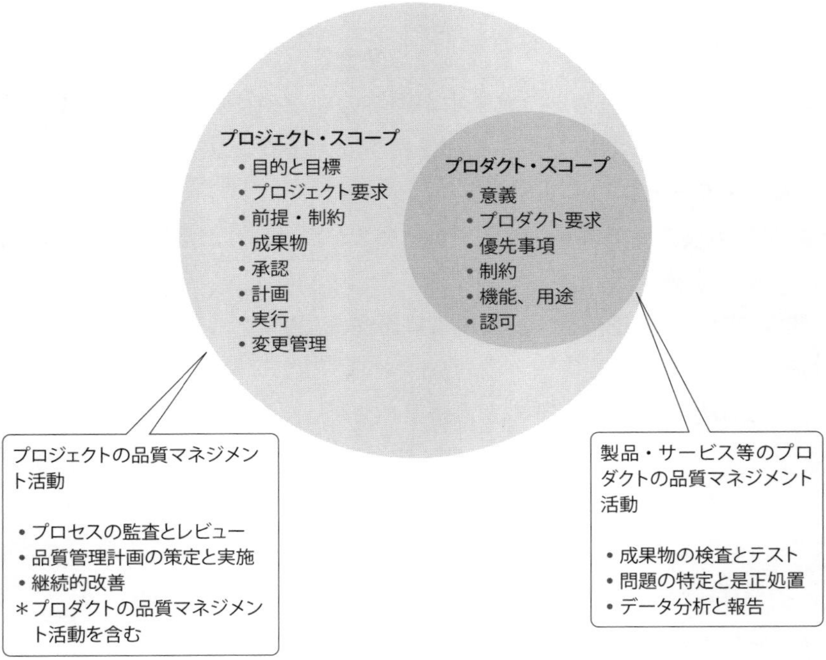

プロジェクト・スコープ
- 目的と目標
- プロジェクト要求
- 前提・制約
- 成果物
- 承認
- 計画
- 実行
- 変更管理

プロダクト・スコープ
- 意義
- プロダクト要求
- 優先事項
- 制約
- 機能、用途
- 認可

プロジェクトの品質マネジメント活動

- プロセスの監査とレビュー
- 品質管理計画の策定と実施
- 継続的改善
＊プロダクトの品質マネジメント活動を含む

製品・サービス等のプロダクトの品質マネジメント活動

- 成果物の検査とテスト
- 問題の特定と是正処置
- データ分析と報告

品質向上の取り組みと品質管理によるプロセス改善

プロジェクトにおける品質向上の取り組み

プロジェクトマネジメントの品質向上のための取り組みには、次の点を明確にします。

▶ 品質基準の設定と遵守

- **品質基準の明確化**：プロジェクトの成果物が満たすべき品質基準を明確に定義する。これには、業界標準や顧客の要求などを考慮する。
- **基準の遵守**：プロジェクト・チーム全体がこれらの品質基準に従うことを確実にする。

▶ 継続的な品質基準の評価

- **定期的な品質レビュー**：プロジェクトの進行中、定期的に品質レビューを行い、品質基準に沿っているかを評価する。
- **品質問題の早期発見と対応**：品質問題を早期に特定し、迅速に対応して解決する。

▶ 品質向上のためのプロセス改善

- **プロセスの最適化**：効率的で効果が高いプロセスを取り決め、プロジェクトマネジメントの品質向上を図る。
- **フィードバックの活用**：プロジェクトの過程で得られるフィードバックを活用し、継続的な改善につなげる。

▶ チーム・メンバーの能力向上

- **継続的な教育と訓練**：チーム・メンバーのスキルと知識を高めるための

継続的な教育と訓練を提供する。

- **コミュニケーションの強化**：チーム内のコミュニケーションを促進し、品質に関する意識を高める。

▶ ステークホルダーとの連携

- **ステークホルダーとのコミュニケーション**：ステークホルダーと定期的にコミュニケーションをとり、期待と要求を正確に理解する。
- **ステークホルダーの参加を促進**：ステークホルダーの積極的な参加を促し、品質に関する意識とコミットメントを高める。

　プロジェクトマネジメントの品質向上は、「明確な品質基準の設定」「継続的な品質評価」「プロセスの改善」「チーム・メンバーの能力向上」「ステークホルダーとの連携」を通じて達成します。これらの取り組みは、プロジェクトを成功に導くために不可欠であり、最終的な成果物の品質に大きく寄与します。

プロジェクトにおける品質管理のプロセス改善

　プロジェクトマネジメントにおける品質管理は、プロジェクトの成果物が顧客やステークホルダーの要求と合致していることを保証する活動です。これは、プロジェクト・プロセスの各段階で品質基準を適用し、持続的な品質向上を目指すことを意味します。

▶ プロセス改善へのアプローチ

- **品質計画の策定**：明確な品質目標の設定と、それらを達成するための具体的な戦略と手順を定義する。
- **データ収集と分析**：プロジェクトの過程で収集された品質データを分析し、プロセスの改善点を特定する。

- **是正処置と予防処置の実施**：検出された品質問題に対して是正処置を講じ、将来の問題発生を予防する。

チームとのコミュニケーション

品質管理におけるプロセス改善の成否は、チーム・メンバーの積極的な参加と協力の仕方による。定例会議や品質に関するトレーニング・セッション、オープンなコミュニケーションができる職場環境にすることで、チーム内の品質意識を高める。

持続的な改善

- **改善文化の促進**：持続的な改善文化を促進し、チーム・メンバーが品質向上のための新しいアイデアを提案しやすい環境を作る。
- **レビューと反省**：プロジェクトの各段階の終了時にレビューを行い、次のプロジェクトに向けた学びを共有する。

ステークホルダーとの連携

ステークホルダーとの継続的なコミュニケーションの中で品質基準とプロセス改善に関する意見を取り入れ、フィードバックを行う。

プロジェクトマネジメントにおける品質管理は、プロジェクトのプロセスを持続的に改善し、「品質計画の策定」「品質に関するデータ分析」「是正処置の実施」「チームとステークホルダーの連携」を通じて行います。

この取り組みを適切に遅滞なく行うことがプロジェクトの成功と最終成果物の品質向上を実現します。

7-04 品質に組織全体でコミットする

　プロジェクトの品質は単なる技術的な側面だけではなく、プロジェクト・チームはもとより組織全体のコミットメントに密接に関連します。品質基準の達成と維持は、組織の文化や価値観、業務プロセス、さらにはリーダーシップの影響を受けるため、これらの要素を適切に考慮することがプロジェクトの成功にとって大切です。これらの要素についての要点は以下のとおりです。

❖ 組織文化の強化

- **品質重視の文化**：組織内で品質へのコミットメントを促進し、品質重視の文化を定着させる。それには、リーダーシップチームが品質の価値を示し、従業員がこれを理解し、採用するよう努める。

❖ リーダーシップの積極的な役割

- **目標設定と資源配分**：組織のリーダーは明確な品質目標を設定し、それを達成するために必要な資源を提供する。品質向上のための戦略的計画と具体的な行動計画を立案・実行する。

❖ 継続的な品質改善

- **プロセスの見直しと改善**：組織はプロジェクトマネジメント・プロセスを継続的に評価し、改善の機会を特定し、実行する。それにはフィードバックの収集と分析、改善策を実施する。

❖ 全従業員の関与

- **品質意識の高揚**：組織内の全員が品質管理の目標に関与し、それを達成するための責任を共有する。そのために従業員に対する適切なトレーニ

ングと教育を行い、品質に対する意識を高める。

▷ ステークホルダーとのコミュニケーション

- **透明性と協力**：プロジェクトの品質に関する情報はステークホルダーと
  共有する。これにより、期待を適切に管理し、品質目標に対する理解と
  支援を得る。

　プロジェクトの品質向上は組織全体のコミットメントが重要です。そ
れを実現するために、「組織の品質文化の強化」「リーダーシップの積極
的な役割」「継続的な改善」「従業員の全面的な関与」「ステークホル
ダーとのコミュニケーション」がカギを握ります。
　これらの要素を統合することで、プロジェクトは高い品質で成果をあ
げることができます。

プロジェクト完了後の継続的な改善

　プロジェクトマネジメントは、単にプロジェクトを成功裡に完了させて終結にとどまらない場合があります。その成果物である製品・サービスは時間の経過と共に変化する市場の要求や顧客の期待に応じて進化し続ける必要があり、それに対応していかなければならないからです。その場合、プロジェクトの完了後も製品・サービスを継続的に改善し、適応させていきます。

　ここでは、プロジェクトおよび製品・サービスの継続的な改善に向けた具体的な取り組みを検討します。

プロセスと手法の改善

- **評価と分析**：プロジェクト終了後、実施されたプロセスや手法を評価し、成功した要素と改善が必要な要素を分析する。
- **改善計画の策定**：分析結果に基づき、次のプロジェクトに向けた改善計画を策定する。

製品・サービスの市場適応

- **顧客フィードバックの収集**：製品・サービスを提供した後、定期的に顧客からのフィードバックを収集し、それに基づいて改善する。
- **市場動向の監視**：継続的に市場動向を監視し、製品やサービスを時代や技術の進歩に合わせて更新する。

技術革新の統合

- **新技術の採用**：最新の技術を積極的に採用し、製品やサービスの品質と機能を高める。
- **革新的なアプローチの探求**：業界のイノベーションを追求し、独自の革

新的アプローチを開発する。

内部コミュニケーションと協働の促進

- **組織内の知識共有**：プロジェクトの知見を組織内で共有し、チーム間の協力を促す。
- **部門間連携**：異なる部門間での協力を促進し、組織全体としての効率と効果を最大化する。

　このとき、PDSAサイクルが継続的な改善を促します。PDCAサイクルの源流であるPDSAサイクルは米国の統計学者ウォルター・シューハート博士（1891～1967）により発案され、それを引き継いだ日本の統計の父と称されるウィリアム・エドワーズ・デミング博士（1900～1993）によって提唱がなされました。プロジェクトにおけるこの方法の主眼は、プロセスの持続的な改善を目指すことです。

　なお、PDSAサイクルとは、Plan（計画）→ Do（実行）→ Study（学習）→ Act（行動）の循環を継続的に行うことで改善意識を企業風土に定着させる取り組みです。

　PDSAサイクルでは、標準を定めた後も、環境や条件の変化に応じて定期的に見直しを行います。この見直しにより、標準自体を進化させ、常に最適なプロセスを保持することができます。進化させた標準は、さらなる効率向上や効果の最大化に寄与し、組織全体のパフォーマンス向上を促進します。

　この継続的な改善が、長期的な事業価値の向上につながります。

図 7-2 PDSA サイクル

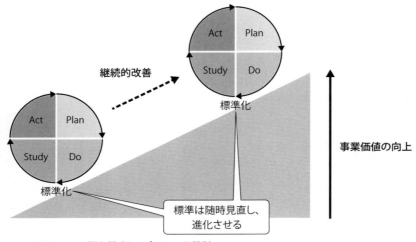

PLAN 目標を設定し、プロセスを設計
DO 計画を実施し、パフォーマンスを測定
STUDY 測定結果を評価し、分析し、学習する
ACT プロセスの継続的改善・向上に必要な処置を実施

　プロジェクトマネジメントとその成果物である製品やサービスの継続的な改善は、組織全体の取り組みです。プロセスの改善、市場適応、技術革新、内部コミュニケーションの強化を通じて、企業は持続可能な成長と競争力を確保することができます。

第7章のまとめ

❖ 品質管理はプロジェクトの初期段階から積極的に取り入れる。計画の最初から品質基準を設定し、それに基づいた設計と実施が行われることが、プロジェクトの成功に直結する。このアプローチによって、修正コストの削減やリスクの最小化が可能となり、最終的な成果物の品質を高めることができる。

❖ プロジェクトの各段階でのテストと検査は、品質基準に達しているかを確認し、必要に応じて修正を加えるための重要なプロセスであり、製品が顧客の期待を満たすことを保証し、顧客満足度を向上させる。テスト結果の記録と分析は、将来のプロジェクトの改善にも寄与する。

❖ プロジェクトの品質を保持するうえで問題を早期に特定し、迅速に是正処置を講じる。是正処置を効果的に実施するためには、問題の根本原因を明確に特定し、その解決策を適用する必要がある。このプロセスは品質の維持だけでなく、顧客信頼の維持にも直結する。

❖ 継続的改善のプロセスを通じて、プロジェクトの手法やプロセスを定期的に見直し、改善する。品質の取り組みは、プロジェクトの成果を最大化し、組織の持続的な成長に貢献する。

❖ 品質を組織全体での取り組みとして、品質に対する意識を高め、すべての関係者が品質基準を理解し、遵守する。リーダーシップの下、品質向上への取り組みを組織文化として根付かせることが、プロジェクトの成功の基盤となる。

❖ PDSA サイクルは、計画（Plan）→実行（Do）→学習（Study）→行動(Act)のサイクルを繰り返すことで改善意識を企業風土に定着させ、標準の定期的な見直しと進化を通じて常に最適なプロセスを保持し、効率向上や効果の最大化に寄与する方法である。

プロジェクト・マネジャーの
リーダーシップ

　最終章となる本章では、リーダーシップとマネジメントの違いの理解から始まり、チームの形成・運営、コミュニケーションのあり方、問題解決へのアプローチ法、成長のための継続的学習、政治力の必要性など、プロジェクト・マネジャーが備えるべきリーダーシップの要件について取り扱います。

　リーダーシップ・スキルは、プロジェクト・マネジャーが課題に直面したり、チーム運営に悩みが生じたりしたときに、それを乗り越える力になるものです。リーダーシップとは何かをよく知り、プロジェクトの全プロセスでリーダーシップを発揮しながらメンバーと協働していくことは、ステークホルダーがプロジェクト・マネジャーに期待することの1つです。

　プロジェクトは目的のために参集した人たちがそれぞれに持つ知識や知恵、スキルをパフォーマンスとして発揮することで成果を出す取り組みです。それには個々のパフォーマンスは1つの方向に向かうことが必須条件ですが、そのパフォーマンスを1つに束ねるのがプロジェクト・マネジャーのリーダーシップです。

リーダーシップと
マネジメントの違い

　プロジェクト・チームを主導していくプロジェクト・マネジャーに必要なスキルを考える時、リーダーシップとマネジメントの違いを明確にしておくことが大切です。この2つは混同されることが多いのですが、はっきりとした違いがあり、その違いを理解しないかぎり、チームをマネジメントしていくうえで良いリーダーシップを発揮することができません。

　リーダーシップとマネジメントの違いについてよく知られるのが、ハーバード・ビジネス・スクールのジョン・P・コッター名誉教授が提唱した「リーダーシップ理論」です。コッター氏は、「**マネジメントとは、複雑な状況にうまく対処するために組織を効率的に管理運営していくことだ**」と明言しています。そして、「**リーダーシップとは、変化に対処し変革に立ち向かうために人と組織を導くことだ**」と述べています。

　加えて、「変革の時代に必要なのは、リーダーシップとリーダーの掲げるビジョンがその中核である」としています。

　プロジェクトの成功は、チーム・マネジメントだけではなく、リーダーシップのあり方が大きく奏効するということです。

リーダーシップとマネジメントの役割

　リーダーシップは組織を変革し、新たな方向へ導くことに焦点を当てることに対し、マネジメントは既存のシステムを効率的に運用・運営し、問題を解決することに重点を置く――。これをリーダーとマネジャーの仕事で捉えてみましょう。

- **リーダー**：ビジョンを提示し、人々を鼓舞し、動機付ける。そしてリスクを取り、イノベーションを促し、信頼を築く。
- **マネジャー**：タスクを割り当て、計画を進め、リスクを低減する。プロジェクトの流れをうまく掴み、計画どおりに仕事を進めることに注力する。

現代のプロジェクトマネジメントで考えてみると、リーダーシップとマネジメントは共存・相補的であることが求められます。

これに依拠すると、リーダーとしてのスキルを磨くことはリーダーシップとマネジメントの双方を備えていなければならないということであり、それがチームの成功とプロジェクトの成果に必要とされているということです。

■ マネジメントとリーダーシップの違い

マネジメント	リーダーシップ
職権を利用して指示する	リーダーの影響力により、人々が動き出し、コラボレーションが生まれる
維持する	発展させる
管理する	革新する
システムと構造に重点を置く	人との関係に重点を置く
コントロールに依拠する	信頼を引き出す
短期的なゴールに重点を置く	長期的なビジョンに重点を置く
How（どのように）とWhen（いつ）を尋ねる	What（何をするか）とWhy（その理由）を尋ねる
短期的な結果に重点を置く	長期的な展望に重点を置く
現状肯定	現状打破
物事を正しく行う	正しいことを行う
業務処理上の課題と問題解決に重点を置く	ビジョン、協調、動機付け、インスピレーションに重点を置く

最高のチームのための文化を創る

チーム文化とは、チームの価値観を示す「目に見える行動」のことです。 多様な意見を尊重することがチームの価値だとすると、多様な意見を傾聴することがチームの行動の第一歩です。また、最適なパフォーマンスがチームの価値であるならば、双方向の正直なフィードバックがチームの行動の原動力になります。

価値観を可視化する環境を整え、誰もが望ましいと思える行動を強化することが、チーム文化を育むためのプロジェクト・マネジャーのリーダーシップといえます。

カギは"心理的安全性"

自由闊達に行動できる自律的なチームの重要な条件が、心理的安全性が保持できていることです。自由な発言が受け入れられるとの安心感から建設的なフィードバックがそこかしこで行われ、自分たちの意見そして自分自身の存在が認められていると実感できることでメンバーのパフォーマンスが向上していきます。

身構えずに言い合うには、チーム・メンバー間の強い信頼関係が必要です。例えば問題が起きたときに話を聴いてもらい解決に協力してくれるとわかっていれば、どんな問題が起きても相談しやすくなります。これがチーム文化として醸成されていくことで、最高のチームが築かれていくのです。

逆に、チーム・メンバーの総意を得ずに重要事項が粛々と決定していったり、会議で意見や反論が出しにくかったりする雰囲気の組織では、チーム文化が築かれることはありません。

チームの発展段階とリーダーシップの進化

　プロジェクト・チームはプロジェクトごとに編成されるため、初対面のメンバーがいることもあります。初顔合わせの時点ではお互いをよく知らなくても、プロジェクトが進むにつれ、協力や対立などを経て、やがてお互いをリスペクトし合うチームへと成長していきます。

　このことを象徴的に示しているのが、米国の心理学者ブルース・W・タックマン（1938～2016）が提唱した「**タックマン・モデルの5段階**」です。

図 8-1 チームの発展段階（タックマン・モデルの5段階）

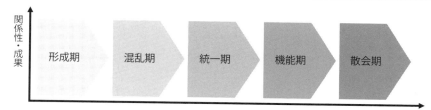

関係性・成果　→　形成期　混乱期　統一期　機能期　散会期　時間

	どんな段階？	プロジェクトリーダーの役割は？
形成期	メンバー相互の理解と目標の共有段階	コミュニケーションの円滑化
混乱期	プロジェクトが開始され、メンバー間での意見衝突が発生する段階	個々のメンバーへの傾聴とコミュニケーション
統一期	意見衝突を乗り越え、各人が役割を再認識し、建設的な議論が交わされる段階	目標に向けての意見の調整とファシリテート
機能期	メンバーが自信を持って役割を遂行し、パフォーマンスが最大化される段階	メンバー個々が自信を持って役割が遂行できるための環境整備などの支援
散会期	目標を達成し、スキルを向上させたメンバーが納得感を抱いたまま、新たな役割に移行する段階	目標達成についての慰労と感謝を自分の言葉で伝えることでのメンバーのさらなる動機づけ

タックマン・モデルによれば、どのチームも最初の編成会議からチームが解散するまでに、「形成期」→「混乱期」→「統一期」→「機能期」→「散会期」の5段階をたどります。チーム編成とそのマネジメントを担うプロジェクト・マネジャーは、この5つの発展段階をチーム運営に活用することで、チームを段階的に成長させることができます。そして、その際のポイントは各段階のチーム状態に応じて、リーダーシップ・スタイルを臨機応変に変えていくことです。それというのも、チームをまとめる初期段階から協力体制ができあがる終盤段階において、メンバーのコミュニケーションやチームへの馴れの度合いに変化があるのが通例で、その変化に応じて指示や依頼の仕方も変わってくるからです。

　初期段階の「形成期」にはリーダーによる強い方向付けや指示出しが必要ですが、メンバーが自律的に自らを管理し、人間関係が良好に変わってくる「機能期」ではメンバーの自発的動機の支援がリーダーの役割です。

　かつては、リーダーが強権的な態度でチームを引っ張る、力任せのマネジメントが行われたこともありましたが、現在ではメンバーはイコール・パートナーとしてそれぞれが持つパフォーマンスを強く発揮してもらうことがプロジェクトをうまく進めるために必要です。

　そのために、プロジェクト・マネジャーはチームの発展段階の違いを把握し、チームの要望や状況に合わせてリーダーシップ・スタイルを変えていかなければならないのです。

　このとき、注意したいのが、チーム・メンバーやチーム目標の変更により、「統一期」のチームが「混乱期」に戻るといった、発展段階には行きつ戻りつがあることを理解しておくことです。つまり、プロジェクトにおけるチーム・マネジメントではグループの状態や発展段階に合わせて、臨機応変にリーダーシップ・スタイルを調整していく柔軟性がプロジェクト・マネジャーには必要になるということです。

「専門家の権威」と「人としての品格」を備える

　プロジェクト・マネジャーだからといって、すべてのステークホルダーに対して権限を有しているわけではありません。しかしながら、権限の及ばない人やグループに指示を出さざるを得ない状況もあります。そうした場合、組織内での地位に基づく権限以外に、個人的な権威で補わなければなりません。ここでいう個人的な権威とは「専門家の権威」のほかに、「人としての品格」から醸し出される権威の2つです。

　「専門家の権威」とは、その人の卓越した知識や能力への敬意から醸成されるものです。これは、経験や実績に裏打ちされたプロジェクトマネジメントの専門家としての権威です。

　一方の**「人としての品格」から生じる権威は、確たる倫理観によって物事に対処する姿勢や、誰とも隔てなく接する対人関係力、総意を汲んだうえでの恣意を排除した意思決定力などの日頃の態度から醸し出される人間力**です。

プロジェクト・マネジャーの"政治力"

　プロジェクト・マネジャーはさまざまなステークホルダーと向き合いますが、プロジェクトの目的を果たすために、自分が直接コントロールできない人たちの意思決定に影響を与えなければならないこともあります。そのために必要なのが、政治力です。

　一般に政治力という言葉には、どこかしらネガティブな雰囲気が付きまといます。駆け引きや有力者との人脈などを使って物事を進めるようなイメージがあるからです。しかし、少なからずヒエラルキーが存在する組織には大なり小なり政治力が大義を果たすうえで必要になることもあります。プロジェクトの場合では「目標達成をし、価値を生む」とい

うことが大義といえますが、その大義を果たすためにはあらゆる人脈の中から有力者を探り当て、その力に頼ることも時には必要になります。

　また、部門を超えたステークホルダーがそれぞれのビジョンや思惑から多様な意見が交錯するプロジェクトでは議論が紛糾することがありますが、このとき、誰かが決断しなければ物事が前進しないのであれば、プロジェクト・マネジャーは決定権を持つ人の政治力を活かすことも考慮しなければならないこともあるでしょう。

個人的な権威と公式な権威を確立する

　個人的な権威はそれ自体が強いリーダーを証明するものですが、優れたプロジェクト・マネジャーほど組織体制やルールに基づいた、周囲か

図 8-2 公式な権威と個人的な権威

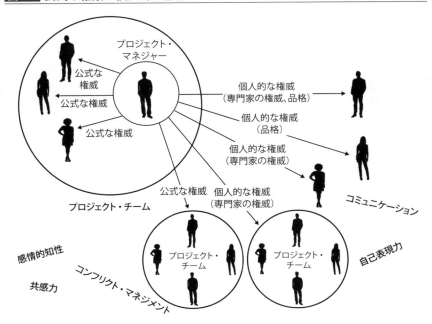

らの公式な権威をしっかりと確立しています。こうした周囲が認める権威は、良識のある言動からの透明性や実務能力に対する評価を得ることで強めることが可能です。

　特に、ステークホルダーから公式な権威を得るためには、多くのプロジェクトマネジメントを実践し、さまざまなプロジェクトで実績を上げることが一番の近道です。

8-04 最高のチームを作る

　プロジェクト・マネジャーは、チームをまとまりのある有能な集団に作り上げることが目的の1つです。しかしながら、プロジェクト・マネジャーがメンバーを選ぶことができる場合もあれば、そうでない場合もあります。条件がどうあれ、メンバーのパフォーマンスを向上させ、期待どおりに、さらにはそれ以上の力を発揮できるようにするのがプロジェクト・マネジャーの責任です。

　チーム・ビルディングはプロジェクトの定義や計画と同様に、プロジェクト成功の鍵を握りますが、その担い手がプロジェクト・マネジャーです。

チームの結束力

　プロジェクトではチーム全員の結束力が強いことが理想ですが、必ずしもすべての人が協力し合わなくても仕事を進めることはできます。

　例えば、定例会議で情報共有はしますが、各メンバーの役割と責任がはっきりしていれば、1人ひとりがその役割と責任を果たせばよいことになります。各々が他者の目標と制約を知り、その進捗状況を把握しながら、自分の活動を調整していく必要はありますが、結束力に重点を置かなくても作業は進みます。

　しかしながら、プロジェクトというものはメンバーそれぞれの仕事が依存し合うことでチームとしての総合力が発揮され、それが結実した結果が成果であることをメンバーが共有しておくことは重要です。

　自分のパフォーマンスが他者とつながることで成果を生み出すのだと意識することで、働く動機付けにもなり、それが結束力に昇華するのです。

最高のチームになるために必要なこと

それでは、結束力が強い最高のチームを作るには何が必要になるのでしょうか。

プロジェクトマネジメントのプロの養成機関の代表を務めるエリック・ヴェルズ氏によれば、経験豊富で有能な人材で構成されたチームには積極的なチーム文化があり、「行動規範」「チーム・アイデンティティ」「リスニング・スキル」「会議体の管理」に支えられ、高い生産性を発揮するとしています。

また、課題対応の際、「継続学習」「コンフリクト・マネジメント」「意思決定」「問題分析」において協働的な問題解決能力を駆使し、課題解決を図るとしています。

「積極的なチーム文化」「協働的な問題解決能力」「リーダーシップ」は、最高のチームの3つの主要な構成要素です。以下から、このことを詳しく見ていくことにします。

図 8-3 最高のチームの構成要素

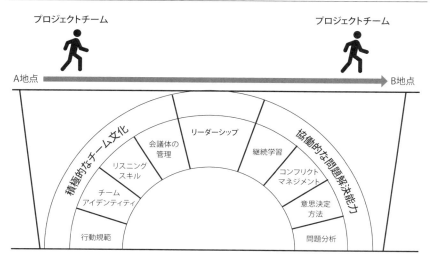

8-05 積極的なチーム文化を醸成する

　積極的なチーム文化は、チーム・メンバー間の信頼と互いの敬意を促し、より生産的な習慣によってパフォーマンスを向上させます。そうした文化を醸成するもととなるのが次の4点です。

- 行動規範
- チーム・アイデンティティ
- リスニング・スキル
- 会議体の管理

　この4つの要素に分けて考えると、積極的なチーム文化とは抽象的な感覚や雰囲気ではなく、プロジェクト・マネジャーが植え付けることのできる行動やスキル・セットであることがわかります。

　さらに、このポジティブな環境は、最高のチームの特徴として現れる次の2つを生み出します。

1. チーム目標の個人的所有権

　チーム・メンバーは、自分の成功をチームの目標に照らし合わせる。チームの成功が個人や仕事上の誇りとなれば、強いモチベーションとコミットメントを手に入れたことになる。

2. 信頼と敬意に基づいた強い対人関係

　プロジェクトの仲間意識は、目標を達成するという行為よりもはるかに満足度の高いものである。信頼が信頼を生み、敬意が敬意を生む。信頼と敬意は、相互に依存して仕事をする人々にとって必要不可欠なものである。

それでは以下から、「行動規範」「チーム・アイデンティティ」「リスニング・スキル」「会議体の管理」の4つを順に説明していきます。

行動規範

積極的な文化の構築は、チームが初めて集まったときから始まります。先述したタックマンのチーム発展段階のモデル（「形成期」「混乱期」「統一期」「機能期」「散会期」の5つの発展段階）によれば、チームは最初から「機能期」ではなく、段階的に進化します。

タックマンが指摘したように、形成期では、チームはリーダーに具体的な指示を求めています。リーダーはその求めに応え、チーム憲章および行動規範を設定することでチームの文化を確立していきます。

行動規範とは、「チームの意義」「合意しておくこと」「運用指針」を記録した文書であり、プロジェクトのチーム・メンバーが事前に共有すべき行動指針になるものです。行動規範の例として挙げられるチーム憲章には以下のような項目があります。

- チームの価値観
- コミュニケーションのガイドライン
- 意思決定の基準とプロセス
- コンフリクトの解決プロセス
- 会議のガイドライン
- チームの合意

そして、行動規範は基本的に「チーム規範」と「行動規範」の2つのカテゴリーに分けられます。

- **チーム規範**：チームの価値観を支える行動や態度を明らかにすること
- **行動規範**：会議の場などで期待される行動を明らかにすること

チーム・アイデンティティ

　臨時に組織されたチームに共通する課題、それは共通の目標に向かって各メンバーが責任を持ってチームとプロジェクトにコミットすることです。

　このコミットメントを生み出すための大部分は、次に示すチームのアイデンティティを構築するための5つの要素によって占められます。これらの要素がうまく機能することにより、積極的なチーム文化が生み出されていきます。

- プロジェクトの目的とスコープを伝える
- プロジェクトの目的を繰り返し意識させる
- プロジェクトの組織的整合性を確立する
- プロジェクトに対して経営陣が支持を表明する
- 強みと多様性を理解した上でチームを構築する

リスニング・スキル

　共通の課題のもとにチームが結成され、創造性と忍耐力をもって課題を克服するとき、そこには強いコミュニケーション・スキルが働いています。

　問題解決が求められる環境において、聴くこと以上に重要なコミュニケーション・スキルはありません。なぜなら、聴くことは相手を受容することであり、聴くことは信頼関係の基礎であり、敬意を示す基本行動でもあるからです。

　特に、傾聴はコミュニケーションの基本であり、メッセージの意図を

正確に理解するために不可欠です。プロジェクト・マネジャーは、メンバーの言葉だけでなく、非言語的なシグナルにも注意を払い、理解と信頼を築くことに注力します。

そして、積極的傾聴は、コミュニケーションにおける最も重要なスキルの1つであり、話し手の言葉だけでなく、その背後にある感情や意図を理解することを目的としています。特に、積極的傾聴では、以下に留意します。

- **全注意を向ける**

  話し手に完全に集中し、他のことに気を取られないことが重要。視線を合わせ、相槌を打ちながら話を聴くことで、話し手に注意を払っていることを示す。

- **非言語的な手がかりを読み取る**

  言葉だけでなく、話し手の表情や身振り、声のトーンからも情報を得ることができる。これらの非言語的な手がかりは、話し手の真の感情や意図を理解するために役立つ。

- **反映と確認**

  話し手の言ったことを自分の言葉で要約し、それが正しく理解されているかを相手に確認する。これにより誤解を避けるとともに、話し手に対する理解を深める。

- **開かれた質問をする**

  話し手の話を深く理解するために、適切なタイミングで開かれた質問（「はい」や「いいえ」ではなく、自由に答える質問のこと）をすることが重要。これにより、話し手は自分の考えをより明確に表現する機会を得る。

- **非評価的な姿勢を保つ**

  話し手の見解や感情を批判せず、オープンマインドで受け入れる。これにより、安全なコミュニケーション環境を作り出し、話し手が自由

に意見を表現することを促す。

プロジェクト・マネジャーが積極的傾聴を実践することで、チーム・メンバーは理解されていると感じる環境を作ることができます。これは信頼関係の構築にも寄与し、チームの一体感を高め、より生産的な作業環境を作り出すことにつながります。

会議体の管理

会議では、情報の収集と伝達、活動の調整、新たな問題の発見、タスクの割り当て、意思決定などを行います。

また、会議は、共通の目標に向かって前進するために、チームのアイデンティティを強化します。生産性の高い会議は、最高のチームの特徴を全て発揮し、チーム・メンバーが個々に活動する以上の成果を生み出します。

プロジェクト・マネジャーは、会議を通じてプロジェクトの目標達成に必要な情報の共有、問題解決、決定の合意形成を目指します。会議管理は、プロジェクトの進行を円滑にし、チーム間のコミュニケーションを強化します。

ファシリテーションの役割

プロジェクト・マネジャーがファシリテーター役を務めるとき、会議の目的を明確にし、参加者間の活発な討議の促進に責任を持ちます。また、時間管理を徹底し、議題に沿った議論を時間内で確実に進めます。

会議のポイント

- **議題の明確化**：会議の目的と議題を事前に共有することで、参加者の発言が活発になることを促す。

- **時間管理**：各議題に割り当てられた時間を厳守し、議論が脱線しすぎないように管理する。
- **積極的な参加の促進**：全ての参加者が意見を共有できるように促し、多様な視点からの発言を保証する。
- **合意形成**：意見の相違がある場合は、合意に向けての議論を円滑に進むよう支援する。

　会議の成功は、参加者の積極的な関与に大きく依存します。プロジェクト・マネジャーは、全ての参加者が発言しやすい環境を作り、建設的なフィードバックを奨励します。

8-06 協働的な問題解決能力を高める

協働的な問題解決能力を高めるためのポイントが、次の4つです。

- 問題分析
- 意思決定方法
- コンフリクト・マネジメント
- 継続的学習

問題分析

　チームで問題を分析することのリスクを最小限に抑え、メリットを最大限に活かすためには、問題解決のプロセスを理解し 問題分析の手法をよく理解しておくことです。

　問題分析の一般的な手順は次のとおりです。

[問題分析のステップ]
①問題の特定
②問題の根本原因の発見
③ソリューション要求の設定
④問題に対する可能な代替案の発見
⑤代替案の選択
⑥選択した代替案のリスク分析と費用対効果分析
⑦意思決定とアクションプランの作成

図 8-4-1 問題分析のアプローチ

問題の特定から代替案の発見、アクションプランの作成まで

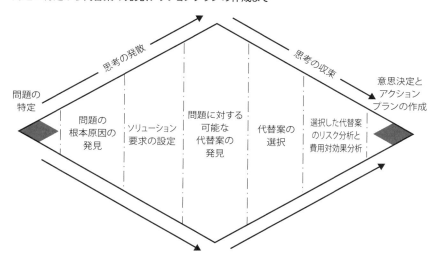

意思決定方法

　グループ内での意思決定は、「多数決で決める」「専門家やサブグループに決定を委ねる」「リーダーが議論の末に決定する」などの方法により合意に導きます。場合によっては、グループ内で諮らずに、リーダーが独断で決断を下すこともあります。

　問題解決の際、チーム・メンバーは「どのような問題」に対し、「どのような意思決定方法」で臨むか、そして「どう対処」するかについての理由を知っていると、より協調して問題解決に対処するようになります。だからこそ、リーダーは意思決定の方法を理解しておかなければなりません。

　主な意思決定の方法を以下に示します。

- **コンセンサス**：チーム全体が、問題の理解や代替案の作成など、一緒に意思決定に参加すること。 コンセンサスが正しく行われると、チーム全体のアイデアを使ってソリューションが構築される。
- **投票**：選択肢が十分に理解されていることを前提とし、民主的に多数決で決定する。
- **委任**：チームの1人または数人に、意思決定に必要な情報や専門知識を有していることを前提に決定権を委ねる方法。
- **独裁的意思決定**：プロジェクト・マネジャーが権限により決定を下す。

コンフリクト・マネジメント

　グループで問題を解決する際、メンバー間でのコンフリクトの発生は想定内の出来事です。そのため、プロジェクト・マネジャーにはコンフリクト・マネジメントのスキルは必須です。

　問題解決に際して、コンフリクトを恐れずに意見を出し合うチームが最高のチームです。メンバー各人が問題に焦点を合わせて、プロジェクトを前進させるための解決策につながる意見を忌憚なく出し合うことは多様な考えをチーム内で共有できることで真の学習につながり、大きなブレークスルーをもたらすことにもなり得ます。

　ただ、コンフリクトが存在する場合の意思決定には、2つのリスクがあることには留意します。1つが、コンフリクトが問題解決のプロセスに影響を与えた場合、誤った決定を下す可能性があることです。もう1つが、問題解決の過程で人間関係が損なわれるかもしれないことです。プロジェクト・チームはコンフリクトが解消された後も共同作業が続くので、良い決定を下すことと関係を維持することの両方が不可欠です。

　コンフリクトの解決に用いられる手法の1つに、「**トーマス-キルマン・コンフリクト・モード検査**」があります。これは、米国の心理学者ケネス・W・トーマスとラルフ・H・キルマンが1970年代に開発した

「二重関心モデル」を企業のマネジメントに応用させたものです。

　この手法では、コンフリクトに対峙したときの対処方法として、「撤退／回避」「沈静／適応」「妥協」「強制」「協調」という行動がとられるとしています。「協調」以外は非生産的なアプローチですが、チーム内が危機的状態で紛糾するようであれば、これらも選択肢として活用せざるを得ないこともあります。その際、これがなぜ非生産的なのかを理解しておくことがとても重要になります。

- **撤退/回避**：問題そのものと関与する人の両方を回避。問題が現実のものであれば、問題の先送りとなり、スケジュール上のプレッシャーが状況を悪化させ、さらに緊張感を高める。
- **沈静/適応**：コンフリクトによる意見の相違を解決するよりも、人間関係を優先。短期的な解決策にすぎない。

図 8-4-2 トーマス-キルマンのコンフリクト・モード検査

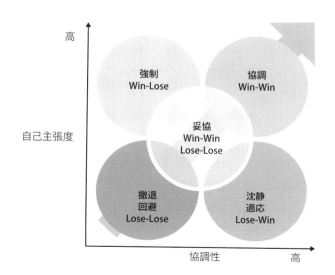

- **妥協**：一時的または部分的にコンフリクトを解決。関与者全てを尊重することになるが、納得感は得られない。
- **強制**：強制された側の決定へのコミットメントは非常に低いものとなる。
- **協調**：自分の意見や利害と他人の意見や利害の双方を重視する。双方の意見の背景を理解することで歩み寄りができるようになる。

継続的学習

継続的学習とは、プロジェクトを通じてチームが学習し、現状に安住せず、常に改善する意識を持ちながら学習を継続していくことです。

コラボレーション能力の重要な要素には、プロジェクトを通して継続的学習を促進する文化と習慣の両方が含まれています。

▶ 継続的に学ぶ文化の創造

継続的に学ぶ文化をチーム内に醸成するには、自分の意見が自由に出せて、それが誰からも罰せられることのない「心理的安全性」が保証されていることです。その環境を作るために、プロジェクト・マネジャーは次のことに留意します。

- 失敗した時に誰もが寛容か
- 新しいアイデアや珍しいアイデアを否定せずに、まず受け入れることができているか
- 反対意見を理解するために、自身の固定観念を見直すことができるか
- 意味を持たない習慣を意識的に変えているか

こうした日々の思考習慣や行動習慣が、継続的に学ぼうとするチーム文化を創っていきます。

✥ 継続的に学ぶ習慣

継続的な学習に最も貢献する習慣は、

- 行動規範を設定する
- 日常的に自己評価する
- 本音で話し合うために積極的傾聴や意思決定のガイドラインに従う

などです。しかし、これらのことをすべて行っても、チームはその潜在能力を発揮するには至りません。プロジェクト・チームは日常的に自己評価を行うことで、チームが直面している問題のより深い理解を得ることができます。行動規範や自己評価は、望ましい行動を強化するためのものです。

ここで、行動規範で求めることができる行動について説明します。プロジェクトを進めていくなかで、定期的に教訓会議を行う際には、これらの行動の具体例を挙げられるようにしておきます。

▸ 前提条件を疑う習慣を持つ

思い込みが無意識のうちに思考の制約になることに留意します。思い込みを「客観的な証拠や具体的な情報に裏付けられていない仮定」と定義すると、事実ではなく、思い込みで思考を進めていることに気づきやすくなります。思い込みを裏付ける事実が見つからない場合はその思い込みを疑い、事実に基づいて判断するよう意識しましょう。

▸ 適合性よりも誠実さを追求する

人によっては、調和を保つためにコンフリクトを避けることがあります。それは、悪いニュースや計画に影響を与える新しい情報が伝えられないことにつながります。

もし、重要な問題が全員参加の会議場ではなく、別の場所で話し合われるなら、それは人々が不都合な真実を避けている危険な兆候です。

▶ **継続的に学習することを意識する**

会議の終了時に、次の質問をすることで継続的学習の習慣を浸透させます。

- どんな学びを得たか？
- どんなことを学ぶ必要があるか？
- 理解を深めるにはどのような情報が必要か？

▶ **創造性を発揮する**

複雑な問題に対する最良の答えを見つけるには、問題を多角的に見て、多様な選択肢から検討することです。それには、ブレーンストーミングなど問題の根源を明らかにするために深く掘り下げ、潜在的なソリューションを創造していく思考ツールが有効です。

▶ **プロジェクトの「目的」「スコープ」「スケジュール」を問う**

「目的」「スコープ」「スケジュール」はチームのすべての活動の基礎となるものです。これらはプロジェクトの初期に設定されるものですが、プロジェクトが進むなかで、当初のビジネス・ケースの前提条件や事実に新たな光が当てられる可能性があります。定期的にプロジェクトの前提条件を問い直します。

▶ **レトロスペクティブ会議を継続的な学習習慣の場にする**

継続的改善を目的としたレトロスペクティブ（振り返り）会議を行うことでチームにナレッジが蓄積していき、問題解決能力が向上していきます。

▶ **継続的学習がチームの真の創造性を発揮させる**

継続的な学習行動と価値観が機能するためには、積極的なチーム文化と協働的な問題解決の両方の構成要素が揃っていなければなりません。

継続的学習により、チームは問題や選択肢をこれまでのやり方から改善・進化させ、チームの真の創造性を発揮することができるようになります。

協働による問題解決

成熟した最高のチームは、「問題分析」「意思決定方法」「コンフリクト・マネジメント」「継続的学習」の4つの要素を組み合わせて、問題を効率的かつ適切に解決します。

問題解決のために構造化されたアプローチを用いることで、焦点が絞られ、問題解決のための共通言語が得られます。

意思決定は、チームの活動を遅滞なく推進させるために機能します。コンフリクト・マネジメントは、チームにより良いアイデアを生み出し、メンバーの関係性を良好に維持し、個人間の意見の相違の解消に役立つ視点を与えます。継続的学習は、最良のソリューションを見出すための創造性を喚起します。

これらのスキルが向上することで、積極的なチーム文化が根付いていきます。コミットメント、団結力、忍耐力が、創造性や継続的学習と結びついて、チーム・メンバー全員の強みを最大限に発揮します。チームの目標達成力も強くなり、プロジェクトそのものがエキサイティングで満足のいくものになります。

2つのリーダーシップ・スタイルを使い分ける

指示型と支援型

プロジェクトマネジメントにおけるリーダーシップは、単なるスキル・セット以上のものです。それは、プロジェクトを成功に導くための基本的な要素であり、特に多様なプロジェクト環境やチーム構成において何にも増して不可欠です。

よって、プロジェクトを成功に導くプロジェクト・マネジャーは、そのリーダーシップ・スタイルを状況に応じて柔軟に変えていかなければなりません。

高度成長期時代ではモノは作れば売れていったため、リーダーは先頭に立って指揮を執る「指示型」が大勢を占めていましたが、顧客起点で商品・サービスを開発・リリースする時代になるとメンバーのスキルを引き出していく「支援型」が台頭してくるようになりました。

あらためて述べると、「指示型リーダーシップ」は明確な指示と指導に重点を置き、プロジェクトの方向性と意思決定を主導するリーダーシップ・スタイルです。このスタイルは、特に新しいチームや未経験のメンバーが関与するプロジェクト、あるいは厳格なガイドラインや締め切りが存在する状況に適しています。

一方、「支援型リーダーシップ」は、チーム・メンバーの自律性を促し、メンバーの意見や創造性を尊重します。このスタイルは、経験豊富なチームや自己組織化が重要なアジャイル・プロジェクト環境に特に有効です。

指示型リーダーシップ

- **指示とガイダンス**→具体的な指示と明確なガイダンスを提供する。

- **決定権の中央集中**→リーダーが主な決定を行い、方向性を設定する。
- **構造と規律の強調**→プロセスとプロジェクトの構造に重点を置き、規律を維持する。
- **緊急時や危機管理に効果的**→緊急事態や危機時に迅速な決定と指導が必要な場合に効果的。
- **新しいチームや未経験者に有効**→チームが未経験者で構成されているか、明確なガイダンスが必要な場合に適している。

支援型リーダーシップ

- **自律と自己決定の促進**→チーム・メンバーの自己決定を奨励する。
- **共同意思決定**→チーム・メンバーと共に意思決定を行う。
- **チーム・メンバーの成長支援**→メンバーの成長やキャリア開発を支援する。
- **フィードバックとコーチングの重視**→メンバーへのフィードバックとコーチングを適宜適切に行う。
- **経験豊富なチームやアジャイル環境に親和**→チームが自己管理し、柔軟性が求められる環境に適している。

図 8-5 指示型リーダーシップと支援型リーダーシップ

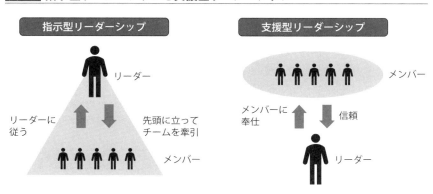

コーチング、メンタリング、トレーニング

チーム・リーダーがメンバーの成長支援を行うにあたり、コーチング、メンタリング、トレーニングについての一定の知識と実践法を備えておかなければなりません。そして、これらを使うにあたり注意したいのが、「育てる」よりも「（自立的に）育つ」ことを意識することです。つまり、教えること以上に学ぶことへの支援が大切です。

人間の成長というものは、知識や技術を提供しただけではうまくいきません。それを自分なりに工夫を加えて、試しながら身につけていくことで真の成長が果たせます。

この意識を持ちながら、コーチングの技法を使って相手に良い質問をし、その答えをじっくりと傾聴することで問題解決力や発想力の練磨を支援し、自律的な行動を促します。またメンタリングにより対話の中から相手の悩みや課題を引き出し、適宜アドバイスを行って心理的なケアを行いながら成長を支援します。そしてトレーニングによりスキルを鍛錬する場を提供し、パフォーマンスの向上につながるアドバイスを行います。

■ コーチング、メンタリング、トレーニング

	コーチング	メンタリング	トレーニング
目的	知識を実践に移すことを支援し、個人またはグループの成長を促進する	経験豊富な人物から経験の浅い人物へのスキル・セットと知識の移転	個人とチームの専門的スキルの育成
内容	目標設定、問題解決、自己発見のプロセスをサポートする	キャリア開発、個人的な成長、職業人としての高度なアドバイスを提供	ソフト・スキルから技術スキルまで、幅広いトピックが対象
方法	ペアやグループで行い、長期間にわたる協働が特徴	個人間の長期的な関係に基づく	公式または非公式の設定で提供される
特徴	個々のポテンシャルを最大化することに焦点を置く	メンターの経験と知識が、メンティーの成長に影響を与える	知識とスキルの直接的な伝達が主目的

プロジェクトマネジメントの「スキル」と「人間力」

　プロジェクトマネジメントは、技術的なスキルと深い人間力の組み合わせで成り立つのが理想です。スキルは、ツールや方法論を駆使して成果を出す技能です。一方の人間力は、チームを動機付け、困難な決断を下し、失敗に直面しても誠実さを保つ素養です。プロジェクト・マネジャーはこの両面を兼ね備えることを意識することがリーダーとして成長することにつながります。

　リーダーシップは経験と感性、マネジメントスキルが一体となったものともいえ、これらがしっかりと備わることで影響力のあるリーダーの基盤が整います。

　技術的スキルは学習で身につけることができますが、真の人間力は豊かな経験と自己の内省により培われるといわれます。

　リーダーとして成長するには、プロジェクトだけにとどまらずあらゆる経験を自己成長の糧として無駄にしないことです。さまざまな経験を積むには、何事にも怯まずに挑戦していくことです。

　結果的にその経験がプロジェクトマネジメント力を磨くことにもつながっていくのです。

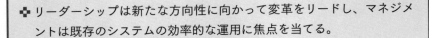

第**8**章のまとめ

❖ リーダーシップは新たな方向性に向かって変革をリードし、マネジメントは既存のシステムの効率的な運用に焦点を当てる。

❖ リーダーはビジョンを示し、メンバーの動機付けと成長支援を行う。信頼を築き、リスクを管理し、変革を促す。

❖ プロジェクトが進行する中での協力や対立を通じてリスペクトし合うプロジェクト・チームにしていくために、「タックマン・モデルの5段階」を参考にしてみる。「形成期」「混乱期」「統一期」「機能期」「散会期」の段階毎に適切なリーダーシップ・スタイルを適用する。

❖ プロジェクト・マネジャーは、政治的な洞察力を持ち、個人的な権威と公式な権威を築くことで、ステークホルダー間の関係を管理し、プロジェクトの目標達成に向けて支持を得ることができる。

❖ 専門家としての権威と人間としての品格をもって影響力を行使し、政治力を用いてステークホルダー間の調整と目標達成を図る。

❖ メンバー間の信頼と敬意により成り立つ積極的なチーム文化を醸成するには、「行動規範」「チーム・アイデンティティ」「リスニング・スキル」「会議体の管理」に留意する必要がある。

❖ 明確な指示が必要な状況では「指示型リーダーシップ」を、チームの自律性を高める状況では「支援型リーダーシップ」を使い分ける。

❖ 適切なコミュニケーション戦略と問題解決技術は、チーム内の協力と継続的改善を促進する。リーダーは、明確なコミュニケーションと協働による問題解決を通じて、チームの結束力を高める。

謝 辞

　書籍を執筆することは、長期にわたる複雑なプロジェクトです。締め切りが迫り、未完の部分が残っていればプレッシャーは一層高まります。

　このプロセスはマラソンに似ており、数カ月から数年にわたってアイデアを練り、頭の中に留め、整理しながら進めていきます。

　最終的に完成に至ったときには、長い努力と献身が報われたとの大きな満足感と安堵感を得られます。

　さて、私たちが住む世界は常に変化しており、プロジェクトとプロジェクトマネジメントの重要性がますます高まっています。多くの献身的な努力が、より良い未来を築く基盤となっています。

　そんな世界をより良いものにしようと尽力している、プロジェクトマネジメントに携わる方々に、まずは本書を捧げたいと思います。

　また、家族の支えなしでは、このような取り組みを成し遂げることは不可能だったでしょう。私の素晴らしい妻、亜純。家族。すでに他界した父母に本書を捧げます。

　そして、2022年刊行の拙著『アジャイル型プロジェクトマネジメント』の出版のきっかけをいただいた中嶋秀隆氏および日本能率協会マネジメントセンターの関係者の方々に感謝します。

　最後に、日々のプロジェクトで一緒に活動しているアクシスインターナショナル株式会社のリーダーやメンバー、本書の執筆に直接的に貢献してくれた友人や同僚もおり、彼らには特に感謝します。各テーマで議論し貴重な示唆を与えてくれた方々にも心より感謝を申し上げます。

　2024年5月

中谷 公巳

参考文献

（順不同）

『PMBOK®Guide 7th Edition』（PMI, 2021）

『PMBOK®ガイド第7版』日本語版（PMI, 2021年）

『Process Group：A Practice Guide』（PMI, 2022）

『プロセス群：実務ガイド』日本語版（PMI, 2023年）

『Managing Change Organizations A Practice Guide』（PMI, 2013）

『Business Analysis for Practitioners A Practice Guide』（PMI, 2015）

『Agile Practice Guide』（PMI, 2017）

『Navigating Complexity A Practice Guide』（PMI, 2014）

『Governance of Portfolios, Programs, and Projects A Practice Guide』（PMI, 2016）

『Requirements Management A Practice Guide（PMI, 2016）

『Benefits Realization Management A Practice Guide』（PMI, 2019）

『Portfolio Management Standard 4th Edition』（PMI, 2017）

『Program Management Standard 5th Edition』（PMI, 2024）

『BABOK®Guide 3rd Edition』（IIBA, 2015）

『BABOK®ガイド第3版 日本語版』（IIBA日本支部2015年）

『改訂7版PMプロジェクトマネジメント』（中嶋秀隆、日本能率協会マネジメントセンター、2022年）

『アジャイル型プロジェクトマネジメント』（中谷公巳、日本能率協会マネジメントセンター、2022年）

『Agile Project Management 2nd Edition』（Jim Highsmith, 2009）

『アジャイルプロジェクトマネジメント』（ジム・ハイスミス著、平鍋健児/小野剛/高嶋優子訳、日経BPセンター、2005年）

『The Culture Code』（Daniel Coyle, 2018）

『THE CULTURE CODE －カルチャーコード－ 最強チームをつくる方法』（ダニエル・コイル著、桜田直美訳、かんき出版、2018年）

『Developmental sequence in small groups. Psychological Bulletin』（Bruce Tuckman, B. W., 1965）

『心と体をゆたかにするマインドエクササイズの証明』（ダニエル・ゴールマン/リチャード・J・デビッドソン著、藤田美菜子訳、パンローリング、2018年）

『Emotional Intelligence：Why It Can Matter More Than IQ』（Daniel Goleman,2012）

『EQ こころの知能指数』（ダニエル・ゴールマン著、土屋京子訳、講談社＋α文庫、1998年）

『Primal Leadership』（Daniel Goleman, Harvard Business Review Press, 2013）

『EQ リーダーシップ成功する人の「こころの知能指数」の活かし方』（ダニエル・ゴールマン／リチャード・ボヤツィス／アニー・マッキー著、土屋京子訳、日本経済新聞出版社 2002年）

『Political Savvy』（Joel R. DeLuca, Evergreen Business Group, 1999）

『Survival of the Savvy』（Rick Brandon, Marty Seldman, 2004）

『The Lean Startup』（Eric Ries, 2011）

『リーン・スタートアップ ムダのない起業プロセスでイノベーションを生みだす』（エリック・リース著、井口耕二訳、日経BP、2012年）

『The Mythical Man-Month：Essays on Software Engineering』（Frederick Brooks, 1975）

『Scrum：The Art of Doing Twice the Work in Half the Time』（Jeff Sutherland, 2014）

『The Principles of Product Development Flow：Second Generation Lean Product Development』（Donald G Reinertsen, 2014）

『A Scrum book：the spirit of the game』（Jeff Sutherland, 2019）

『Lean-Agile Pocket Guide for Scrum Teams』（Al Shalloway, Jim Trotto, 2014）

『Leanban Primer：Lean Software Development at the Team Level』（Al Shalloway, 2016）

『人月の神話』（フレデリック・ブルックス著、滝沢徹訳、丸善出版、2014年）

『The Fast Forward MBA in Project Management』（Eric Verzuh, 2021）

『The Radical Team Handbook』（John C. Redding, 2000）

『The Practical Guide to Facilitation』（Weaver, R. G., 2000）

『The Fifth Discipline』（Peter M. Senge, 1994）

『学習する組織 システム思考で未来を創造する』（ピーター・Mセンゲ著、枝廣淳子／小田理一郎／中小路佳代子訳、英治出版、2011年）

『知識創造企業』（野中郁次郎／竹内弘高、東洋経済新報社、2020年）

「Prosci ADKAR® モデルの5つの構成要素」（Prosci 社HP）

「Prosci® 3フェーズプロセス」（Prosci 社HP）

「An Overview of the Scrum Framework」（Scrum Alliance®HP）

「PMI Standard +」（PMI HP）

「アジャイルソフトウェア開発宣言」（アジャイルマニフェストHP, 2001）

『Quality Is Free』（Philip B. Crosby, 1979）

「The Scrum Guide」（Ken Schwaber, Jeff Sutherland, 2020）

『スクラムガイド』日本語版（Ken Schwaber, Jeff Sutherland, 2020）

プロジェクトマネジメント関連用語集

∴英字

ADKARモデル：組織変革に際して個人がたどる「認知・欲求・知識・能力・定着」の5つの連続したステップに焦点を当て設計されたチェンジマネジメントのフレームワーク。

EVM（アーンド・バリュー・マネジメント）：プロジェクトのパフォーマンスと進捗を評価するために、スコープ、スケジュール、コスト、資源の測定値を結び付ける方法論。

PDCAサイクル：計画（Plan）、実行（Do）、評価（Check）、行動（Act）の4つのフェーズから成り立ち、継続的改善を促すために設計されている。「デミング・サイクル」とも呼ばれる。

PDSAサイクル：PDCAサイクルとよく似た、プロセス改善に用いられる反復的な手法。計画（Plan）、実行（Do）、学習（Study）、行動（Act）の4つのフェーズから成り立ち、継続的改善を促すため、学習と知識の生成に焦点を当てている。

RACIチャート：責任分担マトリックスの一般的な形式。実行責任（R：Responsible）、説明責任（A：Accountable）、相談先（C：Consulted）、報告先（I：Informed）という区分で、ステークホルダーのプロジェクトへの関わりを定義する。

WBS（ワーク・ブレークダウン・ストラクチャー）：プロジェクト目標を達成し、必要な成果物を作成するために、プロジェクト・チームが実行する全作業範囲を階層的に分解したもの。

WBS辞書：WBSの各コンポーネントに関する詳細な成果物、アクティビティ、およびスケジュール情報を記載した文書。

∴あ行

アーンド・バリュー：実行した作業の測定値。実行した作業に対する承認済み予算額で表す。

アーンド・バリュー分析：プロジェクトのコストとスケジュールのパフォーマンスを判断するために、範囲、スケジュール、コストに関連付けられた一群の尺度を使用する分析方法。

アウトプット：プロセスによって生成されるプロダクト、所産、サービス。後続プロセスへのインプットとなることがある。

アクティビティ：プロジェクトの過程において実施されるべくスケジュールに組み込まれた個々の作業。

アクティビティ・コスト：プロジェクトの過程において実施されるべくスケジュールに組み込まれた個々の作業を完了するために必要なコスト。

アクティビティ所要期間：あるスケジュール・アクティビティの開始から終了までの期間をカレンダーでの単位で示したもの。

アクティビティ所要期間見積り：アクティビ

ティの完了に必要と想定される期間を定量的に評価すること。

アクティビティ属性：アクティビティ・リストに含まれる、各スケジュール・アクティビティに関連する複数の属性。アクティビティコード、先行アクティビティ、後続アクティビティ、論理的順序関係、リードとラグ、資源要求事項、指定日、制約条件、前提条件などがある。

アジャイル：アジャイル宣言で表明されている価値と原則のマインドセットを説明するために使用される用語。

暗黙知：信条、経験、洞察など、明示または共有が困難な個人の知識。

イテレーション：価値を実現するために必要なすべての作業が実行されるプロダクトまたは成果物の開発のためにタイムボックス化されたサイクル。

イテレーション計画会議：各イテレーションの開始時に、イテレーションで実行する作業の計画を立てる会議。

イテレーション・バックログ：開発チームによる、開発者のための計画。スプリント・ゴールを達成するために開発者がスプリントで行う作業がリアルタイムに反映される。

イテレーション・レトロスペクティブ会議：品質と効果を高める方法を計画することを目的に、各スプリントの終了時に、アジャイル・チームがスプリントの有効性を議論する振り返りの会議。

イテレーション・レビュー会議：イテレーションの成果を検査し、今後の適応を決定することを目的に行われる会議。アジャイル・チームは、主要なステークホルダーに作業の結果を提示し、プロダクトゴールに対する進捗について話し合う。

インクリメント：プロダクトゴールに向けた漸増的な活動およびそれらを合わせた作成物。インクリメントは随時、漸増されたすべてのインクリメントが連携して機能することを保証するために、徹底的に検証する必要がある。

受入れ：スポンサーや顧客が、成果物の完了を認めること。

受入基準：成果物が受け入れられる前に満たしておく必要がある条件。

エピック：一群の要求事項を階層的に整理し、特定のビジネス成果を実現することを目的とした、大規模な関連する一連の作業。

オンデマンド・スケジューリング：資源が必要とされる瞬間にリアルタイムで調整や割り当てを行う時間管理テクニック。

か行

開始日：スケジュール・アクティビティを開始した日付。通常、以下の種類がある。実開始日、計画開始日、予測開始日、予定開始日、最早開始日、最遅開始日、目標開始日、ベースライン開始日、現時点の予定開始日。

開発アプローチ：プロジェクトのライフサイクル期間において、プロダクト、サービス、または所産を創り発展させるために使う手法。予測型、反復型、漸進型、アジャイル型、ハイブリッドなどがある。

開発チーム：スクラム・チームの一員であり、各スプリントにおいて、利用可能な漸増活動（インクリメント）を行う。

課題ログ：課題についての情報が記録され監視されるプロジェクト文書。

価値工学：製品やサービスの価値を、機能とそのコストの関係性をもとに捉え、必要な機

能を最も低いコストで実現することを目指し、体系的に提供する価値を研究する手法。

価値実現システム：組織を構築・維持発展させることを目的とした戦略的な事業活動の集合。

ガバナンス：確立済みのポリシー、実務慣行、その他の関連する文書を通じて、組織の方向性を決定し実現するための枠組み。

感情的知性：自他の個人的な感情と集団としての感情を明らかにし、評価し、マネジメントする能力。

完成時総コスト見積り：全作業の完了までに予測されるコストの総額。ここまでの実コストと残作業見積りの合計で表す。

完成時総予算：作業を実施するために確定された予算の総額。

ガントチャート：スケジュール情報を横線で示したもの。縦軸にアクティビティをリストアップし、横軸に日付を示す。横棒は開始日と終了日、所要期間を表示する。

カンバン：仕掛り作業を示し、ボトルネックと過剰な割当てを特定する可視化ツール。それによってチームはワークフローを最適化できる。

カンバン方式：継続的デリバリーに配慮したプロジェクト管理手法。プロジェクトのワークフローを可視化し、生産工程に上限を設けることで過負荷や無駄を省く。

キックオフ会議：プロジェクトの始めに開催されるチームメンバーと他の主要なステークホルダーとの会合。正式に期待を設定し、共通の理解を図り、作業を開始する目的で行う。

供給者：製品やサービスを市場に提供する個人、企業、または組織。ベンダーとも呼ばれる。

教訓：今後のパフォーマンス改善のためにプロジェクトにどのように取り組んだか、あるいは将来どのように取り組むべきかについて、プロジェクトから得られた知見。

教訓登録簿：プロジェクト期間に得られた知見を現行プロジェクトで使ったり、教訓リポジトリに記入したりできるように、それらの知見の記録に使うプロジェクト文書。

教訓リポジトリ：プロジェクトから得られた教訓に関する過去の情報の保存場所。

クラッシング：資源を追加することによって、コストの増大を最小限に抑え、スケジュールの所要期間を短縮する技法。

クリティカル・シンキング：客観的かつ論理的な方法で情報を分析し、多面的な観点から問題解決を図る思考法。

クリティカル・パス：あるプロジェクト全体で最長の経路に相当する一連のアクティビティ。これにより、最短の所要期間が決まる。

クリティカル・パス法：プロジェクトの最短所要期間を見積もり、スケジュール・モデル内で論理ネットワーク・パスにおけるスケジュールの柔軟性を判定するために使う方法。

クリティカル分析：与えられた情報や主張を客観的に検討し、その内容や根拠を推論していく分析法。

計画プロセス群：プロジェクトの目標達成に向け、プロジェクトのスコープを確定し、目標を洗練し、求められる一連の行動を定義するために必要なプロセス群。

形式知：言葉、数字、絵のような記号でコード化できる知識。

係数見積り：見積り方法の1つ。過去のデータやプロジェクトのパラメーターに基づいて

コストや所要期間を算出するためにアルゴリズムを使う。

継続的改善：組織のプロセス、サービス、製品の品質を段階的にかつ恒常的に向上させるためのアプローチ。

継続的学習：個人や組織が知識、スキル、能力を絶えず更新し、改善するプロセス。

欠陥修正：不適合プロダクトまたは不適合プロダクト構成要素を修正するための意図的な活動。

検査：作業プロダクトを精査して、文書化された標準に適合しているかどうかを確認すること。

検証：プロダクト、サービス、または所産が、規制、要求事項、仕様指定された条件などに適合しているかどうかの評価。「妥当性確認（Validation）」と対比すること。

公式な権威：組織から与えられる権限を利用して他人の行動を変えさせる力。

行動規範：プロジェクトチームメンバーとして容認できる振る舞いについての期待。

コーチング：個人やチームがその潜在能力を最大限に引き出し、具体的な目標達成を支援するプロセス。

コスト効率指数：予算化された資源のコスト効率の尺度で、アーンド・バリュー（EV）の実コスト（AC）に対する比率で表した値。

コスト差異：ある時点での予算の黒字額や赤字額。アーンド・バリュー（EV）と実コスト（AC）の差で表す。

コスト・ベースライン：時間軸ベースのプロジェクト予算の承認済み版で、マネジメント予備を除いたもの。変更するには正式な変更管理手順を経る必要があり、実績との比較基準として使われる。

コスト・マネジメント計画書：プロジェクト

マネジメント計画書またはプログラムマネジメント計画書の構成要素の1つ。コストをどのように計画し、構成し、コントロールするかを記述する。

コスト見積り：プロジェクトを完了するために必要な概算見積りを作成すること。

コミュニケーション・マネジメント計画書：プロジェクトマネジメント計画書、プログラムマネジメント計画書、またはポートフォリオマネジメント計画書の構成要素であり、いつ、誰が、どのようにプロジェクトの情報を管理し、発信するかを記述したもの。

コミュニケーション方法：プロジェクト・ステークホルダーの間で情報を伝達するための系統的な手続き、技法、またはプロセス。

コンティンジェンシー：プロジェクトの実行に影響を及ぼすイベントまたは出来事。予備でまかなうことがある。

コンティンジェンシー予備：既知のリスクに備え、能動的な対応戦略によってスケジュールまたはコストのベースラインに割り当てられた時間または資金。

コンフィギュレーション・マネジメント計画書：プロジェクトマネジメント計画書の構成要素の1つ。コンフィギュレーション・コントロールの対象となるプロジェクト生成物をどのように特定し、それらに対する説明責任をどのように果たすのか、また、それらの変更をどのように記録し報告するのかを記述する。

コンフリクト：個人やグループ間の意見、目的、価値観の相違によって生じる緊張や不一致の状態。

さ行

差異分析：ベースラインと実際のパフォーマンスの違いが生じた原因と度合いを判定する技法。

作業工数：スケジュール・アクティビティまたはWBSコンポーネントを完了するのに必要な労務単位の数値。通常、時間数日数、または週数で表す。「所要期間（Duration）」と対比のこと。

作業パフォーマンス情報：コントロールプロセスから収集したパフォーマンス・データ。プロジェクトマネジメント計画書の構成要素、プロジェクト文書その他の作業パフォーマンス情報との比較によって分析される。

作業範囲記述書：プロジェクトが生み出すべきプロダクト、サービス、所産を描写的に記述したもの。

作成物：テンプレート、文書、アウトプット、またはプロジェクトの成果物。

残作業コスト見積り：プロジェクトのすべての残作業を終了するためにかかると予測されるコストの見積り。

三点見積り：個々のアクティビティ見積りが不確かなときに、楽観値、悲観値、最頻値の平均または加重平均を適用してコストや所要期間を見積もる技法。

支援型リーダーシップ：チームのニーズに焦点を当て、積極的にサポートし、チームの能力を最大限に引き出すことを目指すリーダーシップ・スタイル。

事業価値：事業活動から得られる正味の定量化可能なベネフィット。ベネフィットは有形、無形、またはその両方がある。

資源：プロジェクトの完了に必要なチームメンバーやすべての物資。

資源円滑化：資源最適化技法の1つ。フリーフロートとトータルフロートを使って、クリティカル・パスに影響を及ぼさずに資源を調整する。

資源カレンダー：各資源の投入可能な稼働日とシフトを示す日程表。

資源最適化技法：アクティビティの開始日と終了日を調整して資源の需要と供給のバランスを取る技法。

資源の獲得：プロジェクト作業を完了するために必要となるチームメンバー、設備、装置、資材、消耗品その他の資源を確保するためのプロセス。

資源平準化：資源の配分を最適化するためにプロジェクト・スケジュールを調整する資源最適化技法。クリティカル・パスに影響を及ぼすことがある。

資源マネジメント計画書：プロジェクトマネジメント計画書の構成要素の1つ。プロジェクト資源の獲得、配分、監視、コントロールの方法を記述する。

指示型リーダーシップ：リーダーがチームの目標達成のために明確な指示とガイダンスを提供するリーダーシップ・スタイル。

システムズ・エンジニアリング：複雑なシステムの設計・統合、マネジメントおよびライフサイクルに対する分野横断的なアプローチ。

システム思考：複雑な事象を効果的に対処するために、組織についての全体的な視点を取り入れて行う思考法。

システム分析：システムの問題を特定し、その問題の解決策を分析・評価するプロセス。

シックスシグマ：ビジネスを成功に導き、それを持続、最大化するための包括的かつ柔軟なシステム。顧客ニーズを理解し、事実に

基づくデータを統計的に分析し、ビジネスプロセスを革新することによってこれを可能にする。

実行プロセス群：プロジェクトの要求事項を満たすことを目的として、プロジェクトマネジメント計画書に定義された作業を完了するために実施するプロセス群。

実コスト：所定の期間で実行した作業実行時に費やしたコスト。

実費償還契約：事業やプロジェクトに関連する実際の経費をもとに支払いを行う契約形式。

実務慣行：プロセスの実行に寄与し、場合によってはいくつかの技法やツールを使って行われる、ある種の専門的活動やマネジメント活動。

ジャスト・イン・タイム：生産プロセスにおいて、必要な部品や素材を必要なときに、必要な量だけ供給するシステムや管理手法。

終了日：スケジュール・アクティビティの完了に関連した日付。通常は次のいずれかの形で用いられる。実終了日、計画終了日、予測終了日、予定終了日、最早終了日、最遅終了日、ベースライン終了日、目標終了日、あるいは現時点の予定終了日。

仕様書：満たされなければならないニーズおよび求められる必須特性の正確な記述。

情報ラジエーター：組織の他の人々に提供し、タイミングよく知識を共有できるように、情報を視覚的・物理的に表すもの。

所要期間：アクティビティまたはWBSコンポーネントを完了するために必要な総作業期間。時間数、日数、あるいは週数で表す。

所産：プロジェクトマネジメントのプロセスとアクティビティを実行して得られるアウトプット。所産には成果（例：統合されたシス

テム、改定されたプロセス、再構築された組織、テスト、トレーニングを受けた要員など）と文書（例：方針書、計画書、調査報告書、手続き書、仕様書、報告書など）がある。

進捗報告：一定期間に実施した作業報告。

信頼性：成果物やサービスが普通の状態で問題なく期待どおりに動作すること。

親和図：多くのアイデアをレビューや分析のためにグループ分けできる技法。

スクラム：短期間で作業と検証を繰り返し行うことでアウトプットを生み出すソフトウェア開発を中心に使われているフレームワーク。

スクラム・チーム：スクラムにおいて、1つの目的（プロダクトゴール）に集中している専門家が集まったチーム。

スクラム・マスター：スクラム・チームの中で進行や調整の役割を担う人。スクラム・チームと組織において、スクラムの理論とプラクティスを全員に理解してもらえるよう支援する。

スケジュール効率指数：プランドバリュー（PV）に対する、アーンド・バリュー（EV）との比率として表すスケジュール効率の尺度。

スケジュール差異：スケジュールの進捗状況を測る尺度。アーンド・バリュー（EV）とプランド・バリュー（PV）の差。

スケジュール短縮：プロジェクト・スコープを縮小することなく、スケジュールの所要期間を短縮する技法。

スケジュール・ベースライン：プロジェクの進捗管理をするための基準となる承認済みのスケジュール。変更は必ず正式な変更管理手順に従って行う。実績値と比較する基準として用いる。

スケジュール・マネジメント計画書：プロ

ジェクトマネジメント計画書またはプログラムマネジメント計画書の構成要素の1つ。スケジュールの作成、監視、コントロールに必要な基準と活動を規定する。

スケジュール・モデル：所要期間、依存関係、その他の計画情報を含むプロジェクトのアクティビティを実行するための計画を示すもの。プロジェクト・スケジュールを作成するために他のスケジュール生成物と共に用いる。

スコープ：プロジェクトが提供するプロダクト、サービス、所産の総体。

スコープ記述書：プロジェクトのスコープを記述したもの。

スコープ定義：プロジェクトの主要な要素成果物をより小さく管理可能な構成要素に分割する作業。

スコープ・ベースライン：スコープ記述書、WBS（ワーク・ブレークダウン・ストラクチャー）、およびWBSに付随するWBS辞書の承認済み版。変更は必ず正式な変更管理手順を通して行い、実績値と比較する基準として用いる。

スコープ・マネジメント：プロジェクトに含むものと含まないものを定義しコントロールするためのプロセス。

スコープ・マネジメント計画書：プロジェクトマネジメント計画書またはプログラムマネジメント計画書の構成要素の1つ。スコープの定義、策定、監視、コントロール、および妥当性確認の方法を記述する。

ステークホルダー：プロジェクト、プログラム、またはポートフォリオの意思決定、活動、もしくは成果に影響したり、影響されたり、あるいは自ら影響されると感じたりする個人、グループ、または組織。

ステークホルダー・エンゲージメント計画書：プロジェクトマネジメント計画書の構成要素の1つ。プロジェクトやプログラムの意思決定と実行においてステークホルダーの生産的な関与を促すために必要となる戦略と処置を特定する。

ステークホルダー関与度マトリクス：ステークホルダーの興味や権力のレベルを評価し、適切なエンゲージメント戦略を策定するために使用されるツール。

ステークホルダー登録簿：プロジェクト文書の1つ。これにより、プロジェクト・ステークホルダーの特定、評価、分類等を行う。

ステークホルダー分析：定量的情報と定性的情報を系統的に収集分析し、プロジェクトの期間を通じて誰の関心を考慮すべきかを決める技法。

ストーリー・ポイント：ユーザー・ストーリーを実現するために必要な相対的な工数を見積もるために使用される単位。

ストーリー・マップ：特定のプロダクトに望まれるすべてのフィーチャーと機能を視覚化したモデル。チームが、何を、なぜ構築しているかを全体的に把握できるようにするために作成される。

スプリント：使用可能かつリリース可能なプロダクトの増分が作成される、プロジェクトにおける短い期間。

スラック・タスク：スケジュール上で特定のタスクを遅らせることができる時間の余裕。

成果物：プロセス、フェーズ、またはプロジェクトを完了するために生成することが求められる固有で検証可能なプロダクト、所産、または能力。

制約条件：プロジェクト、プログラム、ポートフォリオ、またはプロセスの実行に影響を

及ぼす制限要素。

責任分担マトリックス：ワーク・パッケージとそれに割り当てたプロジェクト資源を格子状に示す表。

是正処置：プロジェクト作業をプロジェクトマネジメント計画書に沿うような再調整を意図する活動。

積極的傾聴：相手が話している内容を注意深く聞き、理解し、その理解を相手にフィードバックするプロセス。

先行関係：プレシデンスダイアグラム法で使用する論理的依存関係。

漸進型開発アプローチ：徐々に段階を追って成果物を構築し、進化させていくアプローチ。

センター・オブ・エクセレンス：特定の専門分野や重要なビジネス領域において、知識、技能、リーダーシップ、ベストプラクティスを集約・共有し、組織全体の能力を向上させるための内部グループまたは部門。

前提条件：計画を立てるにあたって、証拠や実証なしに真実、現実、あるいは確実であると見なす要因。

専門家の権威：個人の知識や専門分野を利用して他人の行動を変えさせる力。

戦略計画書：組織のビジョンとミッション、さらにこのミッションとビジョンを達成するために採用されるアプローチを説明した高次の文書。この文書で対象とされる期間に達成すべき特定の目標と目的も含まれる。

組織体の環境要因：チームの直接のコントロールは及ばないが、プロジェクト、プログラム、またはポートフォリオに影響を及ぼす、制約を与える、または方向性を示す状況。

組織のプロセス資産：母体組織が使う、同組織に特有の計画書、プロセス、文書、知識リポジトリ。

た行

対人関係スキル：他人との関係を構築し維持するために使われるスキル。

タイム・アンド・マテリアル契約：定額契約と実費償還契約との折衷案。

タイムボックス：その間に作業を完了すべき短い固定の期間。

タイムボックス・スケジューリング：作業を固定された期間（タイムボックス）に制限し、その時間枠内で完了できる作業を計画する時間管理テクニック。

タスク・ボード：全員が各タスクの状態を確認できる、計画された作業の進捗状況を視覚的に表現したもの。

ダッシュボード：プロジェクトの重要な尺度に対する進捗状況またはパフォーマンスを示す一群のチャートやグラフ。

立上げ：プロジェクトの開始または次のフェーズへの移行を組織にコミットする活動。

妥当性確認：プロダクト、サービス、または所産が、顧客や特定のステークホルダーのニーズを満たしていることを確認すること。「検証（Verification）」と対比すること。

チーム憲章：チームの意義、合意、運用指針を記録した文書。プロジェクトチームメンバーに受け入れられる振る舞いへの明確な期待を確立するもの。

チェンジ：組織の目標、プロセス、技術の変革、変更のこと。

チェンジマネジメント：組織の目標、プロセス、技術の変革、変更を効果的に管理し、導

入するプロセス。

知識エリア：統合、スコープ、スケジュール、コスト、品質、資源、コミュニケーション、リスク、調達、ステークホルダーの各マネジメントエリア。

知識マネジメント：組織内での知識の創造、共有、利用、保存を体系的に管理するプロセス。

調整会議：計画された今後の作業を調整し、イテレーションの目的に対する進捗を検査し、必要に応じてイテレーション・バックログを適応させることを目的に行われる短時間の定期的な会議。

調達戦略：求める結果を達成するために使われるべきである、プロジェクト達成方法および法的拘束力のある契約のタイプを決めるために購入者が用いるアプローチ。

調達文書：契約の締結、履行、終結に使われるすべての文書。調達文書には、プロジェクト立ち上げ前の文書が含まれることがある。

調達マネジメント計画書：プロジェクトマネジメント計画書またはプログラムマネジメント計画書の構成要素の1つ。プロジェクト・チームが母体組織以外から物品やサービスを入手する方法を記述する。

ツール：プロダクトや所産を生成するためにアクティビティの実施時に使う、テンプレートやソフトウェアプログラムなど、有形のもの。

提案依頼書：調達文書の一種。プロダクトやサービスの納入候補にプロポーザルの提出を求める際に使う。適用分野によっては、より狭義の、あるいは具体的な意味を持つことがある。

定常業務：企業や組織が日々行う定期的で反復的な業務。

定性的リスク分析：リスクを定性的に分析し、プロジェクト目標に対するリスクの影響度を順位付けする分析。

定量的リスク分析：リスクを定量的に測定し、プロジェクト目標に対するリスクの影響を算定する分析。

テーラリング：プロジェクトをマネジメントするために、プロセス、インプット、ツール、技法、アウトプット、ライフサイクル・フェーズの適切な組合せを決めること。

適応型開発アプローチ：要求事項の不確かさと変動性の度合いが高く、プロジェクト全体にわたって要求事項が変わり得る開発アプローチ。

適応型ライフサイクル：反復型または漸進型のプロジェクト・ライフサイクル。

統計的サンプリング：検査のために母集団から一部を抽出すること。

特性要因図：望ましくない影響を生み出した根本原因を遡って追跡するために役立つ要素分解技法。

トリガー条件：リスクが発生間近であることを示すイベントまたは状況。

な行

内外製分析：プロダクトの要求事項に関するデータを収集して整理したうえで、そのプロダクトを購入するか内部で製造するかといった取りうる選択肢に照らして分析するプロセス。

二重関心グリット／二重関心モデル：対人関係のコンフリクト・マネジメントや交渉における戦略を理解するために使用されるフレームワーク.

ノミナル・グループ技法：ブレーン・ストー

ミングに投票プロセスを加えた技法。この投票プロセスは、引き続き行うブレーン・ストーミングや優先順位付けに最も役に立つアイデアを格付けするために使われる。

は行

バーチャル・チーム：異なる場所で作業し、基本的に電話や電子コミュニケーションツールを通じて互いに関わり合い、ゴールを共有している人々のグループ。

バーンアップ・チャート：必要な機能を作り終えるための作業量と時間の2つの軸を使って簡潔かつ明確にプロジェクトの進捗状況を視覚化する図。左端をプロジェクトの開始点として横軸を経過時間、縦軸を必要な作業量として表示する。完了した作業量は「完了ストーリー・ポイント」と呼ばれる。

バーンダウン・チャート：必要な機能を作り終えるための作業量と時間の2つの軸を使って簡潔かつ明確にプロジェクトの進捗状況を視覚化する図。左端をプロジェクトの開始点として横軸を経過時間、縦軸を必要な作業量として表示する。残作業量は「残ストーリー・ポイント」と呼ばれる。

バーン・チャート：タイムボックス内の残りの作業、またはプロダクトやプロジェクトの成果物のリリースに向けて完了した作業を図示したもの。

ハイブリッド・アプローチ：アジャイル要素と非アジャイル要素の2つ以上の組み合わせによる開発アプローチ。非アジャイルの最終結果をもたらす。

バックログ：あるプロダクトのためにチームが維持する、ユーザー中心の要求事項を優先順位付けしたリスト。

発生確率影響度マトリックス：発生するリスクの相対確率を図表の片側あるいは一方の軸に表し、リスクの相対影響度をもう一方の側、あるいは軸に表現したマトリクスあるいはチャート図。

パフォーマンス測定ベースライン：スコープ、スケジュール、コストを統合したベースライン。プロジェクトの実行をマネジメントし、測定し、コントロールするために、比較対象として使われる。

ビジネス・アナリシス：ビジネス目標と一致し、継続的な価値を組織にもたらすようなソリューションの実現を支援するために実施される一群の活動。

ビジネス・アナリスト：ビジネス・アナリシスの作業を行う人。

ビジネス・ケース文書：経済的な実現可能性調査結果をまとめた文書。選択した構成要素の定義が十分になされていないとき、そのベネフィットの妥当性を明らかにするために使われる。そして、その後のプロジェクトマネジメント活動を認可する根拠として使われる。

費用便益分析：プロジェクトのコストに対して、プロジェクトによって得られるベネフィットを明らかにするために用いる財務分析ツール。

品質管理：品質基準を満たし品質改善のための教訓を得るためにプロジェクトを監視すること。

品質報告書：プロジェクト文書の1つ。品質マネジメントの課題、是正処置の提言、品質コントロール活動で発見した事項の要約を含む。さらに、プロセス、プロジェクト、プロダクトの改善提案が含まれることがある。

品質方針：組織が品質マネジメントに組織の

システムを組み入れる際に、組織行動のガバナンスを実行する基本原則となる。

品質保証：プロジェクトに関する品質基準を満たすための定期的な実績評価。

品質マネジメント計画書：プロジェクトマネジメント計画書またはプログラムマネジメント計画書の構成要素の1つ。品質目標を達成するために適用する方針、手続き、ガイドラインの実行方法を記述する。

品質メトリックス：プロジェクトやプロダクトの属性と、その属性をどのように測定するかを記述したもの。

品質要求：結果としての品質属性を受容できるかどうかの妥当性を確認して、適合性を評価するために使う条件や能力。

ファスト・トラッキング：通常は順番に実施されるアクティビティやフェーズを、少なくともそれらの実施期間の一部で並行して実行するスケジュール短縮技法。

フィーチャー：組織に価値を提供する一群の関連する要求事項または機能。

フェーズ・ゲート：フェーズの終結時点で実施するレビュー。次のフェーズに進むか、一部修正して進むか、あるいはプロジェクトやプログラムを中止するかを判断する。「キル・ポイント」とも呼ばれる。

プランド・バリュー：予定作業に割り当てられた承認済みの予算。

プランニング・ポーカー：チームがタスクの作業工数や相対的なサイズを見積り、優先順位付けを行う際に使用されるゲーム形式の見積り技法。

振り返り会議：品質と効果を高める方法を計画することを目的に、活動の有効性を議論する振り返りの会議。

ブレーン・ストーミング：特定の問題について、グループで討議して、アイデアや解法を作り出す技法。多くのアイデアを出し合うことを優先し、良し悪しの判断を加えることはしない。

フロー：所定のプロセスまたはフレームワークを通じた作業の流れの効率を測る尺度。

フローチャート：システムにおける1つ以上のプロセスのインプット、プロセス・アクション、アウトプットを図の形式で示したもの。

フロート・タスク：スケジュール上で特定のタスクを遅らせることができる時間の余裕。

プログラム：調和の取れた方法でマネジメントされる、関連するプロジェクト、サブプログラム、プログラム活動。個別にマネジメントしていては得られないベネフィットを実現する。

プログラムマネジメント：知識、スキル、原理・原則をプログラムに適用してプログラム目標を達成し、プログラムの構成要素を個別にマネジメントすることでは得られないベネフィットとコントロールを得ること。

プロジェクト：独自のプロダクト、サービス、所産を創造するために実施される有期的な業務。

プロジェクト計画の策定：他の計画プロセスの結果をまとめ、首尾一貫したプロジェクト計画書を作成すること。

プロジェクト計画の実行：プロジェクト計画書で定義されたアクティビティを実行すること。

プロジェクト計画書：すべてのプロジェクト計画書を調整、統合しプロジェクト計画の実行とコントロールをガイドするための文書。

プロジェクト憲章：プロジェクトの存在を正式に認可する文書。プロジェクトのイニシ

エーターまたはスポンサーが発行する。これによって、プロジェクト・マネジャーは母体組織の資源をプロジェクト活動のために使う権限を得る。

プロジェクト・スケジュール：スケジュール・モデルのアウトプットの1つ。関連性のあるアクティビティを、予定日、所要期間、マイルストーン、資源と共に示す。

プロジェクト・スケジュール・ネットワーク図：プロジェクトのスケジュール・アクティビティ間の論理的順序関係を示す図。

プロジェクト・スコープ：特定の特性やフィーチャーを持つプロダクト、サービス、所産を生み出すために実行する作業。

プロジェクト・スコープ記述書：プロジェクトのスコープ、主要な成果物、除外事項を記述した文書。

プロジェクト・スポンサー：プロジェクト、プログラム、またはポートフォリオに資源を提供し支援する個人またはグループ。成功に導く説明責任を負う。

プロジェクト組織図：特定のプロジェクトについてプロジェクトチームメンバーと、メンバー間の相互関係を図示した文書。

プロジェクト・チーム：プロジェクト作業を実行して、プロジェクト・マネジャーがプロジェクト目標を達成できるように支援する人たちの集団。

プロジェクト・フェーズ：論理的に関連のあるプロジェクト活動の集合。1つ以上の成果物の完了によって終了する。

プロジェクトマネジメント：プロジェクトの要求事項を満たすために、知識、スキル、ツールと技法をプロジェクトの諸活動へ適用すること。

プロジェクトマネジメント計画書：プロジェ

クトを実行し、監視し、コントロールし、終結する方法を記述した文書。

プロジェクトマネジメント情報システム：プロジェクトマネジメントのプロセスから生み出されるアウトプットを収集し、統合し、配付するために使われるツールと技法からなる情報システム。

プロジェクトマネジメント知識体系：プロジェクトマネジメントという専門職における知識を指す用語。

プロジェクト文書：プロジェクトの計画、実行、監視、および終結に関連するすべての情報の文書、記録。

プロジェクト・マネジャー：プロジェクト目標の達成に責任を持つチームを統率するために、母体組織が任命する人。

プロジェクト・ライフサイクル：プロジェクトがたどる開始から完了に至る一連のフェーズ。

プロジェクト・リーダー：主にプロジェクトの作業を調整することによって、プロジェクト・チームがプロジェクトの目標を達成するのを支援する人。

プロセス：1つ以上のインプットから1つ以上のアウトプットを生むような、最終的な結果に向けて系統的に実行する一連の活動。

プロセス・アプローチ：目的達成に向けて活動を実行する際に、相互に関連するプロセスを適切に理解し、マネジメントするアプローチ。

プロダクト：生産され、定量化可能で、それ自体が最終生産物やその構成要素となる作成物。プロダクトを表す別の用語として「物資」と「物品」がある。

プロダクト・オーナー：プロダクトの価値を最大化し、最終プロダクトの責任を負う人。

プロダクト・スコープ：プロダクト、サービス、所産を特徴付けるフィーチャーや機能。

プロダクト・バックログ：顧客から要求されている機能の優先順位を付けたリスト。

プロダクト分析：プロダクトを成果物とするプロジェクトでのスコープ定義のツールの1つ。一般には、あるプロダクトに関する問いを立て回答することで、これから生成するものの用途、特性、その他の側面について記述することを意味する。

プロダクト・マネジメント：プロダクトやサービスを作成、維持、進化させるために、ライフサイクル全体を通じて、人員、データ、プロセス、ビジネスシステムを統合すること。

プロダクト・ライフサイクル：プロダクトの進展を示す一連のフェーズ。概念から提供、成長、成熟、そして撤退に至る。

プロトタイプ：期待されたプロダクトを構築する前に、動作確認をするための試作モデル。その動作するモデルを提供することによって、要求事項へのフィードバックを早い段階で得られる。

プロンプト・リスト：リスクや問題とその要因、または問題解決のアイデアを網羅的かつ敏速に識別し、抽出するためのリスト。リスク評価、品質保証などのプロセスで使用されるツール。

ベースライン：作業プロダクトの承認済み版。正式な変更管理手続きを通してのみ変更可能であり、実績値との比較基準として使われる。

ベネフィット：ある行動や決定、プロジェクト、投資などから得られる利益や価値。

ベネフィット・マネジメント計画書：プロジェクトまたはプログラムから得られるベネフィットを創出し、最大化し、持続するためのプロセスを定義した文書。

ベロシティ：事前も定義された期間内に成果物が生産され、妥当性確認がなされ、受け入れられたときのチームの生産性の尺度。

変更管理：プロジェクトに関連する文書、成果物、またはベースラインへの変更を特定し、文書化し、承認または却下するプロセス。

変更管理委員会：プロジェクトへの変更をレビューし、評価・承認・保留または却下するなどして、その決定を記録伝達することに責任を持つ正式に認可されたグループ。

変更管理システム：プロジェクト成果物と文書への修正をどのようにマネジメントし、コントロールするかを記述した一連の手続き。

変更マネジメント計画書：プロジェクトマネジメント計画書の構成要素の1つ。変更管理委員会を設置し、その権限範囲を文書化し、変更管理システムの導入方法を記述する。

変更要求：文書、成果物、またはベースラインへの修正を求める正式な提案。

変更ログ：プロジェクトの期間中に提出された変更と、それらの現状を漏れなく記載したリスト。

ベンチマーキング：ベストプラクティスを特定し改善案を生み出してパフォーマンス測定基準を提供するために、実際のまたは計画対象のプロダクト、プロセス、実務慣行を比較対象組織のものと比較すること。

ベンチマーク：社内外における過去のプロジェクトの実績や成果物の特性と比較することによって品質改善のアイデアを生み出す技法。

ポートフォリオ：戦略目標を達成するためにグループとしてマネジメントされるプロジェ

クト、プログラム、サブポートフォリオ、定常業務。

母体組織：プロジェクトを主催や支援したり、または資源や資金を提供する組織。

ボトムアップ見積り：WBS（ワーク・ブレークダウン・ストラクチャー）の下位レベルのコンポーネント単位の見積りを集計してプロジェクトの所要期間やコストを見積もる技法。

ま行

マイルストーン：プロジェクトプログラム、ポートフォリオにおいて重要な意味を持つ時点やイベント。

マイルストーン・チャート：予定日とマイルストーンを示すスケジュールのタイプ。

マネジメント予備/マネジメント予備費：マネジメント面のコントロールを目的として、パフォーマンス測定ベースラインの範囲外に設定したプロジェクト予算またはプロジェクト・スケジュールで、プロジェクト・スコープでの予期しなかった作業のために確保しておくもの。つまり、将来の未知の事象に対して準備しておく費用。

見積りの根拠：前提条件、制約条件、詳細度、見積幅、信頼度といった、プロジェクトの見積りを立てる際に使った詳細情報の概要を述べた裏付け文書。

メンタリング：経験豊富な個人（メンター）が、キャリアや個人的な成長を目指すメンティー（被指導者）に対して指導、アドバイス、サポートを提供するプロセス。

モデル：システム、現象、プロセス、または概念を表す抽象的な表現や単純化された表現。

や行

ユーザー・ストーリー：特定のユーザーにとっての成果を簡潔に記述したもの。それは、詳細を明確化するために会話をする約束である。

要求：ビジネス・ニーズを満たすために、プロダクト、サービス、所産が備える必要がある条件や能力。

要求事項トレーサビリティ・マトリックス：プロダクトの要求事項を、その発生元からそれを満たす成果物にまで結び付けて格子状に示した図。

要求事項文書：個々の要求事項がプロジェクトのビジネス・ニーズをどのように満たすかについて記述した文書。

要求事項マネジメント計画書：プロジェクトマネジメント計画書またはプログラムマネジメント計画書の構成要素の1つで、要求事項の分析、文書化、マネジメントの方法を文書化したもの。

要素分解：プロジェクト・スコープやプロジェクト成果物を、より小さくマネジメントしやすい部分に分解し、さらに細分化する技法。

予測型開発アプローチ：時間軸に沿って直線的なアプローチを取る。代表的な例として、ウォーターフォール型がある。

予備設定分析：プロジェクトマネジメント計画書に組み込む構成要素の基本的な特徴と関連性を決定する分析技法の1つ。プロジェクトのスケジュール所要期間、予算、コスト見積り、または資金についての予備を設定するために使われる。

予防処置：プロジェクト作業の将来のパフォーマンスがプロジェクトマネジメント計

画書に沿うようにするための意図的な活動。

ら行

リード：関係する先行アクティビティに対して、後続アクティビティの開始を前倒しできる時間。

リーン生産方式：トヨタ生産方式を起源とする開発手法であり、無駄を排除し、効率を最大化することを目的とした生産管理手法。

リスク選好：組織や個人が見返りを期待して不確かさを積極的に受け入れる度合い。

リスク対応計画：プロジェクト目標を達成するうえでの脅威を減らし、好機の可能性を増やすための計画。

リスク登録簿：リスクマネジメントプロセスのアウトプットが記録されたリポジトリ。

リスクの識別：プロジェクトに影響しそうなリスクを洗い出し、それぞれのリスクの特性を文書化する。

リスクの特定：個別リスクと全体リスクの要因を特定し、それぞれの特性を文書化するプロセス。

リスク・ブレークダウン・ストラクチャー：潜在的リスク要因の階層表示。

リスク・マネジメント計画書：プロジェクトマネジメント計画書、プログラムマネジメント計画書、ポートフォリオマネジメント計画書の構成要素の1つ。リスク・マネジメント活動を構造化し実行する方法を記述する。

リスク・ログ：リスクを特定、評価、監視し、その対応を追跡するために使用される文書またはツール。

リリース：同時に本稼働することが意図されたプロダクトの構成要素。

リリース計画書：一連の複数のイテレーショ

ンを通じて実現が期待される日付、フィーチャー、成果を明確化する計画書。

類推見積り：類似のアクティビティやプロジェクトにおける過去のデータを使って、アクティビティやプロジェクトの所要期間やコストを見積もる技法。

レトロスペクティブ会議：品質と効果を高める方法を計画することを目的に、活動の有効性を議論する振り返りの会議。

レビュー：製品、サービス、プロセス、文書、情報、またはパフォーマンスなどを評価し、フィードバックを提供するためのシステム的なプロセス。

ロードマップ：マイルストーン、重要なイベント、レビュー、意思決定の時期などのスケジュールの大枠を示すもの。

わ行

ワーク・パッケージ：ワーク・ブレークダウン・ストラクチャーの最下位のレベルに定義される作業。この作業に要するコストと所要期間を見積もり、マネジメントする。

索　引

さ行

た行

ま行

や行

ら行

わ行

中谷 公巳（なかたに ひろみ）

アクシスインターナショナル株式会社 代表取締役。1974年石川県小松市生まれ。立教大学文学部卒業後、ソフトバンク、ベライゾン、アクセンチュアを経て現職。プロジェクトマネジメント、アジャイル開発、サイバーセキュリティ、クラウドコンピューティング、システム監査を中心としたコンサルティングやトレーニングを専門に活動。PMI認定講師、ISC2認定講師、CompTIA認定講師、PMI会員、PM学会会員、IIBA会員、PMI認定資格（PMP、DAVSC、DAC、DASSM）、IIBA認定資格（CBAP）、スクラムアライアンス認定資格（CAL、CSP-SM、CSP-PO、CSP-D）、SAFe®認定資格（SPC）、ISC2認定資格（CISSP）、ISACA認定資格（CISA、CISM、CDPSE）、ECC認定資格（CEH）、CompTIA認定（全認定資格）他。
著書：『アジャイル型プロジェクトマネジメント』（日本能率協会マネジメントセンター）
訳書：『プロジェクトマネジメント・ツールボックス』（ドラガン・ミロシェビッチ著、共訳、鹿島出版会）、『スクラムマスター』（ジョー・ジャスティス著、共訳、アジャイルビジネスインスティテュート）、『プロセス群：実務ガイド』（プロジェクトマネジメント協会著、監修、PMI日本支部）

PMBOK第7版実践活用術

2024年6月10日　初版第1刷発行

著　者——中谷 公巳 ©2024 Hiromi Nakatani
発行者——張 士洛
発行所——日本能率協会マネジメントセンター
〒103-6009 東京都中央区日本橋 2-7-1　東京日本橋タワー
TEL 03（6362）4339（編集）／03（6362）4558（販売）
FAX 03（3272）8128（編集）／03（3272）8127（販売）
https://www.jmam.co.jp/

装　　丁——岩泉 卓屋
本文DTP——株式会社森の印刷屋
編集協力——根本 浩美（赤羽編集工房）
印　刷　所——広研印刷株式会社
製　本　所——株式会社三森製本所

ISBN978-4-8005-9217-0 C2034
落丁・乱丁はおとりかえします。
PRINTED IN JAPAN

JMAMの本

アジャイル型プロジェクトマネジメント
最高のチームで価値を実現するために

中谷公巳　著

PMBOK®第7版に基づき、立上げ、計画、実行、監視・コントロール、終結の各プロセスの順に必要な準備や作業とそのテーラリング、モデル、方法、作成物、ツールや技法等の実務を解説。

A5判336ページ

改訂7版PMプロジェクトマネジメント
PMBOK®ガイド対応

中嶋秀隆　著

大規模建設などに広く活用されている予測型（ウォーターフォール型）のプロジェクトマネジメントに対象を絞って、そのエッセンスを「具体的な事例」で詳述するPM本のロングセラー。

A5判272ページ

ジョブ型人事制度の教科書
日本企業のための制度構築とその運用法

柴田 彰・加藤守和　著

「ジョブ型は成果主義のことだ」などとの誤解があるジョブ型人事制度。「処遇は職務の価値によって与えられる」ことを根底に、制度設計から評価法、運用法などの実務を専門家が詳述。

A5判224ページ

日本版ジョブ型人事ハンドブック
雇用・人材マネジメント・人事制度の理論と実践

加藤守和　著

ジョブ型を導入する現場では「職務記述書」と「職務評価」の運用がカギとなる。その具体的な取り組み方や基幹人事制度および人材マネジメントへの活用法を丁寧に解説。制度導入・運用の手引きに使える。

A5判216ページ

日本能率協会マネジメントセンター